The Law
of
International Organizations

国际组织法

第2版

葛勇平⊙编著

知识产权出版社
全国百佳图书出版单位
—北京—

图书在版编目(CIP)数据

国际组织法 / 葛勇平编著．—2 版．—北京：知识产权出版社，2020.9(2021.11 重印)
ISBN 978-7-5130-7092-8

Ⅰ．①国… Ⅱ．①葛… Ⅲ．①国际组织—机构组织法—研究 Ⅳ．①D912.104

中国版本图书馆 CIP 数据核字(2020)第 142178 号

责任编辑：彭小华　　**责任校对**：谷　洋
封面设计：刘　伟　　**责任印制**：孙婷婷

国际组织法(第 2 版)
葛勇平　编著

出版发行：知识产权出版社有限责任公司　　**网　　址**：http://www.ipph.cn
社　　址：北京市海淀区气象路 50 号院　　**邮　　编**：100081
责编电话：010-82000860 转 8115　　**责编邮箱**：huapxh@sina.com
发行电话：010-82000860 转 8101/8102　　**发行传真**：010-82000893/82005070/82000270
印　　刷：北京九州迅驰传媒文化有限公司　　**经　　销**：各大网上书店、新华书店及相关专业书店
开　　本：787mm×1092mm　1/16　　**印　　张**：20.5
版　　次：2020 年 9 月第 1 版　　**印　　次**：2021 年 11 月第 2 次印刷
字　　数：400 千字　　**定　　价**：88.00 元
ISBN 978-7-5130-7092-8

第2版前言（2020年）

笔者编著的《国际组织法》（知识产权出版社2018年版）出版发行后，被一些学校及教师选用，获得认可。

本次修订主要在每章中增加**核心概念、重点内容、案例事件和问题思考**，旨在进一步提高教材内容的系统性、教学过程的生动性、教学内容的实践性及读者分析现实问题的能力。

在第二编分论中，考虑到2020年的新冠肺炎疫情和国际公共卫生的重要性，增加**世界卫生组织**一章。

在第三编其他问题中，考虑到世界形势的变化和全球治理的重要性，增加**二十国集团的国际法律人格和成员标准**一章。

在第四编教学中，考虑到**英国“脱欧”**和**美国“退群”**对国际社会及国际组织的影响，增加**模拟谈判“英国脱欧”及学生总结**和**模拟会谈“伊朗核协议”及学生总结**。

在附录“中国人在国际组织的任职情况”中，增加两幅图表，**九位中国人在联合国担任副秘书长职务**和**在重要国际组织任要职的中国人**。增加附录**《安全理事会暂行议事规则》**。

葛勇平

河海大学法学院教授

2020年6月于南京

第1版前言（2018年）

相对于国际法学近四百年的历史而言，国际组织法是一门相当年轻的学科，在欧美发展很快，在中国起步较晚。而国际组织日新月异，在国际关系中发挥着不可忽视的作用。所以，在这个领域里，无论是教学方面、还是科研方面，都有许多工作要做。为适应社会发展与学生需求，在十多年讲授国际组织法课程的基础上，笔者编著了《国际组织法》一书。

一、本领域教材现状

在绝大多数的国际公法教科书中，国际组织法基本上独占一章。关于国际组织法的具有总论性质的教科书主要有梁西独著的《国际组织法（总论）》（武汉大学出版社2001年版），杨泽伟修订的《梁著国际组织法》（武汉大学出版社2011年版）和饶戈平主编的《国际组织法》（北京大学出版社1996年版）。分论性质的论著逐渐增多，但研究范围较窄、理论探讨太深，不适合作为教材。

二、本书特色

新编的《国际组织法》有如下特色和创新。

第一，内容基础性与体例系统性相结合，更符合教学规律。本书在导论之后，分为总论、分论、其他问题、教学共四编，由总到分，由浅入深，辅以教学实例，方便读者学习和探索，各取所需。

第二，更具趣味性和可读性，适当选取与国际组织相关的人物和事例加以评析，加大对重要政治、贸易、军事等类国际组织本身的介绍和研究，例如，联合国、北约、欧共体和欧盟、世界贸易组织、国际货币基金组织和七十七国集团。附录介绍联合国历任秘书长、中国人在国际组织的任职情况等。

第三，文献更丰富，以中文文献为主，辅以德文和英文文献。

第四，精选新兴国际组织加以介绍和研究，例如，上海合作组织、亚洲基础设施投资银行。

第五，加强学术性，力争使学术与实践更紧密结合，探讨国际组织法中的重要理论问题和实践问题，例如，法律人格、争端解决、欧盟成员资格的取得标准与丧失等。英国“脱欧”正在进行中，笔者2009年的学术预言成真。

三、读者对象

本书兼顾教学、学术研究和实用的需求，为法学专业本科生和研究生参考书，也可供从事该领域研究工作和有关政府职能部门的人员使用。

不足之处，敬请指正。预祝开卷有益。

有任何反馈请联系编著者：geyongping2005@163. com.

葛勇平

河海大学法学院教授

2018年4月于南京

目　录

导　论

◎ 核心概念

国际组织；国际组织法；国际组织的法律人格；国际行政联盟

◎ 重点内容

——国际组织发展的六个重要阶段：民间交往、政府间会议、“欧洲协作”、国际行政联盟、国际联盟、联合国和其他国际组织。

——国际组织的基本形态：基本文件、成员资格、组织机构、会议和表决制度。

——国际组织在国际法上具有的特征。

——表决制度是国际组织决策程序的核心，概括为两个问题：第一，投票权的分配问题，这是表决的先决条件；第二，表决权的集中问题，涉及通过决议案所需可决票的数量。

——区域性国际组织一般具有三个特征：地域性、相似性和集团性。

经过17世纪欧洲的“三十年战争”和《威斯特伐利亚和约》，以及前后持续了一个世纪的“欧洲协作”（1815—1914），国际组织获得长足发展，并为以后国际组织的运作提供了许多有益的借鉴。① 在第二次世界大战后，与政府间国际组织密切相关的法律原则和规范逐渐形成国际法的一个重要分支——国际组织法，极大地推动了国际法的发展。② 在国际法和国际关系的实践中，可以将国际条约法和国际组织法视为国际法对国际现实施加影响的左膀右臂，其重要性可见一斑。

---

① 葛勇平编著：《国际关系理论与实践》，哈尔滨工业大学出版社2014年版，第17页。

② 饶戈平主编：《国际组织法》，北京大学出版社1996年版，前言。

第一节 概 说

国际社会存在大量的国际组织。根据一定的分类标准，可以将国际组织划分成各种类型。国际组织拥有基本相同的表现形态。国际组织在国际法上具有一系列特征。

一、国际组织的类型

按照组织的基本性质和职能范围考察，可分为一般综合性的和专门性的两大类：一般综合性的国际组织是以某些领域为中心并广泛涉及其他多个领域的组织，如联合国和欧洲联盟；专门性的国际组织是以某一专门技术活动为任务的组织，例如，国际海事组织和非洲邮政联盟。

按照组织成员的地域特点考察，可分为世界性的和区域性的两大类：世界性的组织向国际社会所有成员开放，不论地理位置及其他因素，如世界卫生组织；区域性的组织由一定地区的国家组成，其职权以该地区为限，如非洲统一组织。

按照组织是否向国际社会所有成员开放，可分为封闭性和开放性组织：封闭性的组织是以成员间相同或相近的政治、经济、宗教、文化等特点或利益为纽带而组成的组织，不向国际社会所有成员开放，如北大西洋公约组织；开放性的组织向国际社会所有成员开放，如联合国。①

按照组织是否具有超国家因素，还可分为国家间组织和超国家组织。如欧洲共同体和欧洲联盟常被称为超国家组织。事实上，欧洲共同体和欧洲联盟虽然拥有若干超越其成员政府的直接权力（如欧洲联盟的共同安全防卫政策），但从根本上讲，这些权力仍是由成员通过签订条约来授予的。“超国家”涉及的不是完全的主权让渡，而是部分的主权让渡；如果一国将全部主权都让出去，那么它就不再是主权国家了，而是被吞并或成为殖民地。

按照国际组织成员的性质，可分为政府间组织和民间组织。从广义上说，国际组织包括政府间组织和民间组织；从狭义上说，国际组织仅指政府间组织。从广义上讲，凡是两个以上的国家、其政府或民间团体、个人基于某种目的，以一定协议形式而创立的各种机构，都可称为国际组织。广义上的国际组织包括政府间国际组织、非政府间国际组织和跨国公司。

---

① 梁西：《梁著国际组织法》，杨泽伟修订，武汉大学出版社2011年版，第26~27页。

根据国际组织的连续性，可分为常设的与临时的组织，例如，世界卫生组织是常设的组织，而21世纪初的几年里为防治禽流感而专门成立的国际联合机构是临时的。①

二、国际组织的基本形态

总的来说，国际组织的类型虽然不同，但拥有一些基本相同的表现形态，包括国际组织的基本文件、成员资格、组织机构和会议及表决制度等。

（一）基本文件

国际组织的基本文件是其产生、存在和活动的法律基础，它的所有其他有关内部管理和对外关系的法规均不得违背基本文件的宗旨与原则。国际组织的基本文件虽然名称可能各不相同，但都属于国家间的正式协议，其效力和作用无实质差别。

（二）成员资格

真正在国际组织中发挥主导作用的，是国际组织的成员，离开了成员间的合作，国际组织将不能正常运转或存在。

关于成员资格取得的条件，一般来说，政治性较强的组织对成员资格的要求较为严格，例如，《联合国宪章》要求成员为国家。专门性国际组织为了扩大活动范围，发挥其最大专业功能，在吸收成员的条件上一般比较宽松，参加程序也较为简单，如世界气象组织等。

关于国际组织成员的分类，以建立时间为准，可分为创始成员与纳入成员两种。这种区分不影响成员的权利和义务。以成员的法律地位及参与程度为准，可分为正式成员与准成员。这种区分影响成员的权益。关于国际组织成员的接纳，一般地说，开放性组织采取普遍原则，而封闭性组织采取限制原则。

（三）组织机构

依据职能范围，可将国际组织的机关分为审议、执行、秘书和司法/裁判四大机关。国际组织一般都有一个作为决策或最高权力机关的审议机关，由所有成员派代表参加，一般被称为“大会”“代表大会”或“全体会议”。国际组织一般都有一个执行最高权力机关决定的执行机关，一般被称为执行局、理事会或委员会，权力大小不等。多数国际组织设有一个以秘书长或总干事为首的常设机关，一般被称为秘书处。国际组织为保证秘书处的独立性与工作效率，一般要求

① 梁西：《国际组织法（总论）》，武汉大学出版社2001年版，第25～27页；饶戈平主编：《国际组织法》，北京大学出版社1996年版，第49～58页；张贵洪编著：《国际组织与国际关系》，浙江大学出版社2004年版，第13～20页。

秘书长和所有工作人员以“国际官员”（即国际公务员）身份为本组织执行职务，只对本组织负责。此外，在现代国际组织中，有极少数设立审判机关，用以处理国际争端。例如，1922年国际联盟设立国际常设法院。

（四）会议及表决制度

国际组织开展工作、进行决策的一种最重要、最常用的方式是召开会议，包括经常会议、定期会议和特别会议等。而表决制度是国际组织决策程序的核心，我们可以将表决程序概括为两个基本问题：第一，投票权的分配问题，这是表决的前提条件，主要包括一国一票制和加权投票制；第二，表决权的集中问题，涉及通过决议案所需可决票的程度，主要包括全体一致通过和多数通过。① 表决制度有一致同意制、多数表决制、加权表决制和协商一致四种。

一致同意制主要在19世纪被使用，在一国一票基础上，组织的决议以出席会议并参加投票的会员国一致同意（投票表决）为通过；其特点是全面体现国家主权平等原则；决议对反对者不发生效力；现在只有少数国际组织采用。

多数表决制目前为绝大多数国际组织所采用；依事项的重要性分为简单多数、特定多数和绝对多数（指超过50%）。

加权表决制多为国际经济组织所采用，这一制度给予某些占有优势的大国以较大的投票权；加权的标准通常有成员的人口、综合国力、对组织的出资额或所占股份、在组织内承担的责任等。②

协商一致是20世纪60年代在国际组织和国际会议中发展起来的一种新的决策程序，其最大特点是在广泛协商、取得一般合意基础上不经表决而通过决议。其优点是避免了硬性表决可能带来的弊端，体现了国家主权平等原则，适应当今社会需要，具有灵活性和实用价值。而缺点是其概念和程序还相当模糊，反复协商耗时长，可能影响国际组织的工作效率。③

综上所述，除了加权表决制以外，其他三种均体现平等投票原则。除了协商一致以外，其他三种均需要进行表决。

---

① 饶戈平主编：《国际组织法》，北京大学出版社1996年版，第203页。

② 鉴于加权表决制明显违背国家主权平等原则，该制度的合理性问题倍受关注。有学者认为，它比较真实地反映了国际组织内成员在人口、经济实力、对组织的贡献、责任大小等方面的差异，有助于保障组织的资金来源和组织决议的形成和执行。参见饶戈平主编：《国际组织法》，北京大学出版社1996年版，第210～215页。还有学者从国内法上的股份公司原理来论证加权表决制的合理性，详见张雪慧：“国际组织中的加权表决制浅论”，载《中外法学》1997年第1期。

③ 余民才、程晓霞编著：《国际法教学参考书》，中国人民大学出版社2002年版，第175～176页。另见王军敏：“国际会议和国际组织的协商一致原则”，载《外国法译评》1998年第3期。

三、国际组织的概念和特征

1969年《维也纳条约法公约》第2条（一）（壬）规定："称'国际组织'者，谓政府间之组织。"即若干国家（政府）为特定目的以条约建立的各种常设机构。第一种观点认为，国际组织是由两个以上的国家组成的一种国家联盟或国家联合体，该联盟是由其成员政府通过符合国际法的协议而成立的，并且具有常设体系或一套机构，其宗旨是依靠成员间的合作来谋求符合共同利益的目标。①第二种观点认为，国际组织一般是指两个以上的国家的政府、民间团体或个人为特定的国际合作的目的，通过协议形式而创设的常设机构。②第三种观点指出，国际组织指两个以上国家或其政府、人民、民间团体基于特定目的，以一定协议形式而建立的各种机构。③

如前所述，广义上的国际组织包括政府间组织和非政府间组织，狭义上的国际组织仅指政府间组织。既然是政府间组织，则该国际组织必定介于国家之间，而不是凌驾于国家之上。超国家因素只是特例。从上述诸定义可以看出，国际组织的权力来源于组成该组织的成员，最终服务于成员所设定的特定的共同目的。国际组织以基本文件——政府间的协议——作为其存在的法律基础。各种基本文件虽然名称不同，但内容都包含该组织的宗旨原则、组织结构、职权范围和活动程序及成员权利义务等规定。国际组织以其常设机构与一般的国际会议相区别，更具稳定性和连续性。

可见，国际组织在国际法上具有如下特征：

第一，主体。国际组织的主要参加者是国家。

第二，目的。国际组织是国家为实现国际合作而建立的。

第三，法律基础。国际组织依据国家间协议而创立。

第四，机构。国际组织设有常设机构。

第五，法律人格。国际组织具有相对独立的法律人格。④

四、国际组织法内容分类

国际组织法的内容大体上分为静态规范和动态规范两大部分，静态规范主要指国际组织的机构法和程序法，动态规范主要指调整国际组织运作过程中的法律关系、操作规则和实施机制的法律规范。

---

① 饶戈平主编：《国际组织法》，北京大学出版社1996年版，第14页。

② 邵津主编：《国际法》，北京大学出版社、高等教育出版社2000年版，第226页。

③ 马呈元主编：《国际法》，中国人民大学出版社2012年版，第2页。

④ 邵津主编：《国际法》，北京大学出版社、高等教育出版社2000年版，第226～227页。

国际组织的机构法和程序法主要涉及的内容包括：国际组织的基本文件、国际组织的成员资格与代表权、国际组织的法律地位、国际组织的机构与职能、国际组织的程序规则、国际组织内部的管理规则与制度、国际组织的对外关系。

调整国际组织运作过程中的法律关系、操作规则和实施机制的这一部分的法律规范的主要内容包括：国际组织的造法职能、国际组织决策机关职权及程序的合法性、国际组织决议的法律地位和效力、国际组织决议在成员方内部的实施、国际组织的监督实施机制、国际组织的制裁惩罚机制、国际组织的争端解决机制、国际组织自身及其成员的责任。①

第二节　国际组织的形成和发展

国际组织的形成和发展离不开理论推动和国家行为的实践。维也纳和会与"欧洲协作"对国际组织的形成具有重要的意义。国际组织的发展经历了六个重要阶段。

一、国际组织形成和发展过程中的各种主张

在国际组织的形成阶段，哲学家、社会学家在理论上起到了倡导的作用，表现在主张、倡议和著书立说上；而各国的外交家、政治家则以国家行为/政府行动对国际组织的形成和发展起了推动作用，主要表现在召开和参与国际会议上。

例如，法国人杜布瓦（Pierre Dubois）主张基督教国家应组织到一起，以仲裁解决彼此之间的争端，抑制战争的发生。法国人克律塞（Emeric Cruce）呼吁消除战争，主张超出宗教派别的限制，由所有国家组成一个联盟大会来处理国家间的争端。彭威廉（William Penn）力主欧洲国家联合起来，组成"欧洲议会"，由该议会和平解决国家间的争端，各国按比例委派代表，进行圆桌会议，采用2/3多数决。卢梭（J. J. Rousseau）则建议把欧洲建成一个永久性的欧洲联邦，主张各国都放弃战争权。康德（Immanuel Kant）在1795年出版的《永久和平论》（*Perpetual Peace: A Philosophical Sketch*）一书中，提出议制政府与世界联邦的构想。② 1889年，英国和平主义者威廉·兰德尔·克里默及法国和平主义者弗雷德里克·帕西成立国联的先驱——各国议会联盟。

---

① 曾令良、饶戈平主编：《国际法》，法律出版社2005年版，第317~319页。

② 梁西：《国际组织法（总论）》，武汉大学出版社2001年版，第16页。

二、维也纳和会与“欧洲协作”及其对国际组织的借鉴意义

在17和18世纪，欧洲各国解决国家间矛盾的主要办法是战争，所以，欧洲从“三十年战争”开始一直到1814年拿破仑战争结束，是大小各种战争频繁发生的年代。人们称这个时期是“战争的两个世纪”。在这两百年内，欧洲通过会议形式先后产生两个国际体系，除了上述的威斯特伐利亚体系外，还有1814年拿破仑战争后的维也纳体系。① 在长期实践中，政府间的各种国际会议已形成若干带有常规性的习惯程序。

维也纳体系和“欧洲协作”在19世纪国际组织形成时期占有重要地位，它对国际组织的形成和发展产生了多方面的影响，并为以后国际组织的运作提供了借鉴。

首先，“欧洲协作”规定定期举行会议，使多边外交成为一种比较稳定的体制，从而直接孕育了国际组织的发展。其次，“欧洲协作”时期外交会议的内容逐渐增多，不以过去的媾和为限，宗旨诸多。再次，“欧洲协作”使会议程序有所创新，如《维也纳最后议定书》。最后，在维也纳会议上创立的莱茵河委员会在国际组织发展史上具有重要意义。②

由此可见，维也纳和会与“欧洲协作”为国际组织形成与发展架起了一座通向现代国际组织的桥梁，它们创立的某些制度长时期在起作用，现代国际组织的一些活动程序在许多情况下以此为依据。

三、国际组织发展的几个重要阶段

国家形成以后，世界各国之间的关系长期处于一种相对隔离状态，但是随着社会生产、文化技术特别是交通运输方面的进步，国家之间出现了民间交往。直到19世纪初期，民间交往才以民族国家的体制作为其活动的基础。从这个意义上说，它们才真正带有“国际”的性质。可以说，国际组织的发展经历了民间交往、政府间会议、“欧洲协作”、国际行政联盟、国际联盟、联合国和其他国际组织等6个重要阶段。

其中，国际行政联盟是在19世纪中期各国关于协调交通、电信等行业关系的双边协定向多边协定演进的过程中出现的、国家间为特定目的而建立起来的、以专门性的和行政的及技术性的国际协作为职能的形式稳定的组织机构。例如，1874年的邮政总联盟、1875年的国际度量衡组织、1883年的国际保护工业产权

---

① 葛勇平编著：《国际关系理论与实践》，哈尔滨工业大学出版社2014年版，第7页；详见刘德斌主编：《国际关系史》，高等教育出版社2003年版，第44～70页、第87～127页。

② 杨泽伟：《宏观国际法史》，武汉大学出版社2002年版，第87～93页。

联盟、1886年的国际保护文化艺术作品联盟和1886年的国际铁路货运联盟等。国际行政联盟涉及重大政治问题以外的行政技术事项，开始建立较完善的常设机构，例如，代表大会、执行机关和国际秘书处分立的体制，改进了各种程序规则，例如，条约的起草、通过和生效、各机构的投票程序等。可见，这些组织的出现为常设国际组织的发展奠定了基础。①

国际联盟是根据1919年4月28日巴黎和会所通过的《国际联盟盟约》成立的，它是人类历史上第一个具有常设机构的全球性的国际组织，具有重大的政治和法律意义。国际联盟成立于第一次世界大战后的1920年，它的出现一方面反映了“一战”期间各国和平运动思潮的影响；另一方面表明国际联盟实质上是英法美等战胜国用来推行其战后政策的一个工具，战后政策的核心是维持战胜国的既得利益。例如，和会将德国在中国山东的特权转交给日本。②

联合国的成立开创了国际组织发展的崭新阶段。第二次世界大战后成立联合国是为了维护国际和平与安全、发展国家间的友好关系、促进社会进步、提高生活水平和促进人权。各会员国均受《联合国宪章》各项原则的约束，《联合国宪章》是规定各会员国作为这个国际组织成员的权利和义务的国际条约。2000年9月，约150个国家的国家元首和政府首脑和其他领导人会聚联合国总部，制订了未来的蓝图，通过了《千年宣言》。

第三节　政府间国际组织的法律人格

政府间国际组织在维持其内部工作机能和对外开展活动中，需要必要的法律地位，其前提条件是拥有独立于成员的法律人格，包括国内法上的和国际法上的法律人格。

国际组织的法律人格（权利能力）指它依法独立参与国际法律关系、享受权利和承担义务的一种资格。一般地说，此资格的取得取决于建立该组织的基本文件如何规定。这种权利能力是其行为能力的基础。

国际组织是国家间既相互独立又相互依存的国际体系的产物，包括政府间国际组织和非政府间国际组织。政府间国际组织经成员创立后，具有一定的自主权，其内部形成某种独立的法律秩序，在外部可能得到非成员的承认和尊重。国际组织在国际上一般能独立参与国际关系，享有国际法上的权利，并承担相应义务。它们可以成为独立于成员而存在的国际人格，该人格取决于成立条约的规

---

① 梁西：《国际组织法（总论）》，武汉大学出版社2001年版，第20～21页。

② 张贵洪编著：《国际组织与国际关系》，浙江大学出版社2004年版，第40～43页。

定。关于国际组织法律人格比较集中的至少有三个问题：该人格的法律依据和法理基础、内涵和表现形式、法律后果。①

关于国际组织法律人格的根据，主要有三种学说。第一种是以苏联和东欧学者为代表的“约章授权说”，认为国际组织的法律人格只能来源于并限于组织章程的有关明文规定。由此推论，凡是在组织的基本文件中没有明确规定具有国际法律人格的，均不得享有国际人格，这显然与现实不符。第二种是北欧学者倡导的“客观人格说”或“固有人格说”，他们认为，国际组织国际人格的来源基础不在于基本文件的规定或创立者的思想意图，而在于国际组织存在这一客观事实。此观点不仅忽略了国际组织与国家的本质差异，而且过分强调了国际组织的固有权力，难以自圆其说。② 第三种是“隐含权力说”，认为国际组织的法律人格不仅来源于基本文件的明文规定，而且可以来源于国际组织为实现其宗旨所必须具备的权能。这种观点代表了当今学术界的主流看法。

事实上，早在 1949 年，国际法院在“关于为联合国服务而受损害的赔偿案的咨询意见”中就认定：离开了主权国家的授权，任何国际组织在法律上的权利能力和行为能力都不可能存在；国际组织的法律人格只能在执行其法定职能及达成其组织宗旨所必需的范围内才能得到承认。可见，国际组织的职能范围是受其基本文件严格规定的。③ 梁西先生称之为“职能性原则”，这种法律人格的职能局限性是国际组织法律地位的一个重要特征。而且，由于国际组织不具有国家的属性，所以，相对于国家的国际法主体性而言，国际组织的法律人格是派生的、受限制的。

关于国际组织法律人格的内涵、表现形式和法律后果，概括地说，如果政府间国际组织拥有了这种国际法律人格，它们就有资格在成员领域内订立契约、购置财产、进行诉讼，其会所、成员赴会代表及其机关官员均享有相应的特权和豁免。同时，它们在国际社会领域内表现为有资格派遣和接受使节、缔结国际条约、调解国际争端、召开和主持国际会议、要求国际赔偿、实施职能管辖、承担国际责任及其他权利和义务。

第四节　国际组织对国际法发展的影响

国际组织的蓬勃发展给国际法的发展带来巨大和深远的影响。

---

① 饶戈平：“论政府间国际组织的法律人格”，载《中外法学》2003 年第 3 期，第 320 页。

② 曾令良、饶戈平主编：《国际法》，法律出版社 2005 年版，第 320 ~ 321 页。

③ 周忠海等：《国际法学述评》，法律出版社 2001 年版，第 150 ~ 154 页。

一、国际组织的发展趋势

现代国际组织的发展呈现出三大趋势。

第一，国际组织的数量增长使适用国际法的国际社会逐渐由分裂的状态向更多合作的方向过渡。

第二，国际组织职能的扩大使早先强调战争法、外交关系法等的国际法迅速向国际经济法延伸。

第三，国际组织，特别是联合国造法功能的发挥使松散的国际法体系可能进一步加强其有效性。由于国际组织的大量涌现、发展中国家的全面兴起和科学技术的进步，如跨国界的信息输送等，使得现代国际法得以持续深入发展，在更宽广领域内（例如，极地、深海、外空、网络）和更大程度上促进了国际事务的法治化和规范化。①

二、国际组织对国际法发展的影响

从国际组织的产生、形成和发展历程可以看出，国际法与国际组织之间存在一种互动关系。

一方面，国际组织的建立离不开成员的协议，国际组织的活动不可能不受国际法的调整。同时，国际组织成立章程是基于一般国际法而缔结的多边条约，在一般国际法范畴内起作用。国际法承认，主权国家有权缔结建立国际组织的条约，而成员的国际法主体资格不因此受限。普遍性国际组织的基本文件本身包含重要的国际法原则和制度，使国际组织在国际法的框架内对国际事务发挥重大作用。

另一方面，国际组织的发展壮大也对国际法产生了影响。

由于国际社会的特殊性质，国际法的直接立法和统一立法需要相当长的时间才能出台，而国际组织的兴起及某种程度的造法功能大大促进了国际法编撰工作的开展。② 在缺乏直接立法功能的国际社会里，利用国际法庭的判例和咨询意见来澄清和证明有关的法律规则，对国际法规范的形成有着重要的影响。事实证明，联合国大会的许多重要决议构成了确定国际法律原则的很有价值的辅助资料。

国际组织的发展促进了国际组织法的逐步完善。目前，众多国际组织的基本文件和其他许多与国际组织密切相关的条约、协定和行政法规一起，已初步形成

---

① 梁西：《国际组织法（总论）》，武汉大学出版社2001年版，第13~15页。

② 例如，1930年在国际联盟主持下召开的海牙国际法编纂会议，1947年联合国设立的国际法委员会。

一个国际组织的自身的法律体系。国际组织的法律秩序构成现代国际法体系的一部分，由此完善和发展了国际法。

此外，国际司法机构的判决促进了国际法的实施。国际组织所构建的集体安全机制增强了国际法的拘束力。①

第五节　区域性国际组织

区域性国际组织古已有之，在第二次世界大战后发展迅猛。它们一般具有以下特征：第一，地域性。其成员一般是特定地区内的一些主权国家。第二，相似性。其成员在历史、语言和文化上往往同根同源，并具有相同的利益和政治背景，国家制度相似。第三，集团性。成立区域性国际组织的最重要目的是通过集团的强大力量参与国际交往、维护本地区的安全和利益。比较重要的区域性国际组织有北大西洋公约组织、欧洲联盟、非洲联盟、阿拉伯国家联盟和东南亚国家联盟等。

一、北大西洋公约组织

北大西洋公约组织（简称北约），是战后美国为了维护其在欧洲的地位而联合西方国家建立的军事政治组织。1949 年 4 月 4 日，美国、加拿大、比利时、法国、卢森堡、荷兰、英国、丹麦、挪威、冰岛、葡萄牙和意大利在华盛顿签署了《北大西洋公约》，决定成立北大西洋公约组织，同年 8 月，各国完成批准手续，该组织正式成立。希腊和土耳其于 1952 年、联邦德国于 1955 年、西班牙于 1982 年正式加入该组织。进入 20 世纪 90 年代，随着华沙条约组织的解散和苏联的解体，欧洲的政治与安全形势发生了巨大变化，北约的职能转变为政治军事组织。截至 2020 年，该组织有 30 个成员。

该组织的宗旨是缔约国实行集体“防御”，任何缔约国同他国发生战争时，必须给予援助，包括使用武力。华沙条约组织解体后，北约谋求扩大其使命，例如，维持和平和通过对话促进区域稳定等。北约成立以来的主要活动是通过部长理事会和防务计划委员会就国际重大政治问题密切磋商、协调立场；在军事方面研究和制定统一战略和行动计划；每年举行各种军事演习。

二、欧洲联盟

欧洲联盟（简称欧盟）是当今世界一体化程度最高的区域政治、经济集团

① 何顺善：“论国际组织对国际法的影响”，载《政治与法律》2008 年第 3 期，第 96 ~ 98 页。

组织。其前身是欧洲共同体，即欧洲经济共同体、煤钢共同体和原子能共同体的统称。1993年11月，《欧洲联盟条约》（又称《马斯特里赫特条约》）生效，欧共体演化为欧洲联盟。欧盟的条约经过多次修订，目前依照《里斯本条约》运作。欧盟拥有27个成员，总人口约5亿，总面积超过430万平方公里，国内生产总值超过10万亿欧元（截至2018年3月）。2020年1月31日，英国正式“脱欧”后，各项数据相应减少。

欧盟共有5个主要机构，欧洲理事会、欧盟理事会（又称部长理事会）、欧盟委员会、欧洲议会、欧洲法院。其他重要机构还有欧盟审计院、欧洲中央银行、欧洲投资银行、经济和社会委员会与地区委员会等。欧洲理事会和部长理事会是欧盟的政府间机构，其中部长理事会还是欧盟的主要立法机构，主要代表成员的利益；委员会和欧洲议会是欧盟的超国家机构，主要代表欧盟的整体利益。其中委员会是欧盟的行政执行机构，类似于主权国家的政府；欧洲议会拥有部分立法权、预算权以及咨询和监督上的权力；欧洲法院是欧盟的最高法院，主要从司法角度保障欧盟法律的有效贯彻实施。

三、非洲联盟

1963年5月，31个非洲独立国家在埃塞俄比亚首都亚的斯亚贝巴举行首脑会议，通过了《非洲统一组织宪章》，宣布成立非洲统一组织。总部和秘书处设在亚的斯亚贝巴。非洲统一组织的宗旨是促进非洲国家的统一与团结；加强非洲国家在政治、外交、经济、文化、军事、安全等方面的合作；维护非洲国家的主权、领土完整和独立；根除一切形式的殖民主义；促进国际合作。非洲统一组织的主要机构有：国家元首和政府首脑会议，是最高机构，每年开会一次；部长理事会，由成员的外交部部长或其他部长组成，每年开会两次；秘书处，是常设机构，设秘书长和5名副秘书长。现有55个成员，总人口超过11亿，总面积超过3000万平方公里，国内生产总值超过2万亿美元（截至2018年3月）。

非洲统一组织于2001年7月在卢萨卡召开第37届首脑会议，会议讨论正式启动一个新的非洲组织——非洲联盟（简称非盟），以取代原来的非统组织。新联盟的正式启动对7亿非洲人民的前途和命运将产生深远的影响。2002年7月，第38届非洲统一组织暨首届非洲联盟国家元首和政府首脑会议在南非德班成功举行，成为由非统组织转为非洲联盟的一道分水岭。非洲联盟的正式启动，标志着非洲国家在联合自强和一体化进程中迈出了重要一步，使非盟成为继欧盟之后世界上第二个重要的国家间联盟。

四、阿拉伯国家联盟

阿拉伯国家联盟（简称阿盟），总部设在开罗，是阿拉伯世界最具代表性和影响力的组织，也是世界上最早成立的地区性组织之一。1945 年 3 月，在埃及倡议下，7 个阿拉伯国家的代表在开罗举行会议，通过了《阿拉伯国家联盟公约》，宣布阿拉伯国家联盟正式成立。其宗旨是密切各成员之间的关系；协调成员的政策和活动；捍卫阿拉伯国家的独立和主权；全面考虑阿拉伯国家的事务和利益；互相尊重其国家的政治制度，成员之间的争端不得付诸武力解决；各成员在经济、财政、交通、文化、卫生、社会福利、国籍、护照、签证、判决的执行以及引渡等方面进行密切合作。阿盟总人口超过 4 亿，国内生产总值超过 2.5 万亿美元（截至 2016 年）。曾有 22 个成员，但 2011 年 11 月，阿拉伯国家联盟中止了叙利亚的成员资格。2017 年 6 月，以沙特为首的阿拉伯联盟发表声明，宣布将卡塔尔排除出该组织。

阿盟的最高权力机构是首脑会议；理事会由全体成员的代表组成，下设政治、经济、文化、交通、社会、法律、阿拉伯石油专家、新闻、卫生、人权、行政和财政事务等 16 个委员会和机构；秘书处负责执行理事会决议。

五、东南亚国家联盟

东南亚国家联盟（简称东盟）的前身是由马来西亚、菲律宾和泰国 3 国于 1961 年 7 月 31 日在曼谷成立的东南亚联盟。1967 年 8 月，印度尼西亚、泰国、新加坡、菲律宾 4 国外长和马来西亚副总理在曼谷举行会议，发表了《东南亚国家联盟成立宣言》，即《曼谷宣言》，正式宣告东南亚国家联盟成立。20 世纪 80 年代后，文莱、越南、老挝、缅甸和柬埔寨 5 国先后加入该组织，使东盟由最初成立时的 5 个成员发展到目前的 10 个成员。东盟总人口超过 6 亿，总面积超过 440 万平方公里（截至 2018 年 3 月）。

东盟的宗旨是以平等和协作精神，共同努力促进本地区经济增长、社会进步和文化发展；遵循正义、国家关系准则和《联合国宪章》，促进本地区的和平与稳定；同国际和地区组织进行紧密和互利的合作。

随着经济实力和政治影响的不断加强，东盟在地区事务中发挥着越来越重要的作用。20 世纪 90 年代初，东盟率先发起东亚区域合作进程，逐步形成了以东盟为中心的一系列区域合作机制。东亚合作的主要渠道：东盟与中日韩（10 + 3）、东盟分别与中日韩（三个 10 + 1）合作机制已经发展成为东亚合作的主要渠道。建立对话伙伴关系：东盟还与美国、日本、澳大利亚、新西兰、加拿大、欧盟、韩国、中国、俄罗斯和印度 10 个国家与地区成为对话伙伴关系。2003 年，中国与东盟的关系发展为战略协作伙伴关系，中国成为第一个加入《东南亚友好合作条约》的国家。

东盟的主要机构有首脑会议、外长会议、常务委员会、经济部长会议、其他部长会议、秘书处、专门委员会以及民间和半官方机构。其中，首脑会议是东盟最高决策机构，外长会议是制定东盟基本政策的机构，常务委员会主要讨论东盟外交政策。东盟秘书处设在印尼首都雅加达，出版有《东盟常务委员会报告》《东盟通讯》等刊物。①

案例事件

国际组织中的限制成员（以中国港澳台地区为例）

国际组织的成员资格包括完全成员资格和限制成员资格。

实践中，通常把国际组织的成员分为完全成员、联系成员、部分成员、附属成员和观察员。观察员既无发言权，更无表决权。

在国际组织成员中，并非所有成员都是主权国家，有一些是特别地区。一般是由于历史原因使得某地区成为主权国家的特殊部分。比较典型的是世界气象组织（WMO）。WMO要求，具有独立气象设施的国家才能成为组织的成员。但是在189个成员中，有6个地区成员，分别是英属加勒比地区、法属波利尼西亚、中国香港、中国澳门、新喀里多尼亚、库拉索岛和圣马丁岛。中国香港和中国澳门是作为中国的特别行政区加入WMO的。而在国际海事组织（IMO）中，3个联系会员（中国香港、中国澳门和丹麦属地法罗群岛）是以主权国家的特别地区身份加入的。

中国港澳台地区在国际组织中的法律地位与正式成员是不同的，受到一定限制。中国香港和中国澳门，在此之前以非主权地区身份成为关税及贸易总协定（GATT，WTO前身）的正式成员，拥有对外缔结贸易协定、参与多边贸易谈判等事务方面完全的自治权。中国台湾在加入世界贸易组织（WTO）时，被确定为一个单独关税区，而不是以国家的身份加入。因此，中国台湾是没有权利主办与WTO相关的会议的。而且，中国台湾是在WTO同意中国要求“中央政府先加入，台湾后加入”的前提下，才完成入会程序的。这也反映了限制成员除了在组织中的权利义务会受限制外，在组织中成员资格的取得和丧失的条件和程序也会不同。

中国港澳台地区参与国际组织，本质上事关主权。很大程度上是非此即彼的零和游戏。② 其中，“一个中国”原则是最高原则和底线。

---

① 本章部分内容发表于赵海峰、杨惠主编：《国际法学》，科学出版社2009年版，第十二章。

② 袁小红：“关于台湾参与国际组织的几点思考”，载《国际展望》2011年第3期，第93页。

1949年国际法院“关于为联合国服务而受损害的赔偿案的咨询意见”

1948年9月17日，联合国派驻中东调停阿以冲突①的瑞典籍调解员贝纳多特和法国籍观察员塞洛在耶路撒冷以色列控制区遭暗杀，以色列警方事先疏于防范、事后行动迟缓而致罪犯脱逃。联合国拟根据国际法向其求偿，但有无求偿能力是个先决问题。为此，联合国大会请求国际法院就以下问题发表咨询意见。

第一，联合国的代表在执行职务受到伤害时，在涉及国家责任的情况下，联合国作为一个组织，能否有能力对应负责的法律上或事实上的政府提出国际求偿，以便联合国和被害人就其所受的损害取得应有的赔偿？

第二，如果对上面问题的回答是肯定的，联合国的求偿与受害者本国的求偿应如何协调？

1949年4月11日，国际法院作出了咨询意见。

法院认为，提起国际求偿的能力指的是，为了设立、提出和解决求偿而能够求助于国际法所承认的习惯方法，在这些习惯方法中，有提出抗议、要求调查、谈判以及请求交付国际法院或仲裁庭等的能力。联合国是否有此种能力，则要看《联合国宪章》是否赋予它此种地位，也就是说，联合国是否具有国际人格。

在任何法律体系中，法律主体在其性质或其权力范围上无须相同，它们的性质取决于社会的需要。纵观国际法的历史，法律主体的发展一直受国际生活需要的影响。国家集体行动的不断增加已导致了非国家的某些实体在国际领域活动的例子，这种发展在1945年组建联合国时达到了高潮。《联合国宪章》规定了它的宗旨和原则，然而，为实现这些目标，国际人格的属性就是不可或缺的。

在本法院看来，联合国应该行使和享有、并在实际上已行使和享有的职能和权力，只有在其具有很大程度的国际人格和能够在国际领域活动的基础之上，才能得到解释。如果其缺乏国际人格，就不能实现其创建者的意图。必须明白，其成员通过托付其一定的职能以及相应的义务和责任，已赋予其有效履行其职能的能力。

因此，本法院得出如下结论：联合国是一个国际人格者。但这并不等于说它是一个国家，或它的法律人格及其权利和义务与国家相同；更不等于说，它是一个“超国家”。这只意味着，它是一个国际法主体，并能够享有国际权利和承担国际义务，以及它有能力提起国际求偿以维护其权利。

对于前述第一个问题，法院认为，由国籍国行使外交保护的传统规则并没有

① 阿以冲突指阿拉伯国家（包括巴勒斯坦）和以色列之间的冲突，其主要根源是民族矛盾和领土之争，冲突主要体现在巴勒斯坦难民、约旦河以及黎巴嫩南部水资源、巴勒斯坦地位、耶路撒冷地位等方面问题。

对此作出否定的回答。因为，首先，该规则只适用于国家，而此案是个新情况，求偿是由联合国提出的；其次，即使在国家间的关系中，该规则亦有例外，例如有些国家为不具有其国籍的人提出外交求偿；最后，该规则有两个依据：一是被告在对待原告国国民方面违反了对原告的义务；二是只有国际义务所指向的一方有权对这种不法行为提出求偿。联合国在为其代表所受的损害提出求偿时，正是援引了被告对该组织的义务这一理由。

法院接着指出，一般来说，外交保护权必须由国籍国行使，《联合国宪章》亦未明确规定它可以为其代表遭受的损害提出求偿。但是，按照国际法，联合国应该具有这种权利。联合国代表执行其职能就暗含着联合国有权对其代表提供有限的保护，这是代表在执行职务时必不可少的。

对于前述第二个问题，法院认为不存在任何优先的国际法规则，但有关各方可依善意或常理解决这一问题。联合国与受害者本国之间可能发生冲突，这可以通过签订一般性公约或特别协定加以解决。①

国际法院发表咨询意见后，联合国大会根据这个意见授权秘书长采取必要步骤，实现联合国的损害赔偿请求。秘书长据此要求以色列道歉；逮捕人犯治罪；向联合国赔偿524 628美元。1950年6月，以色列政府表示接受上述要求。

咨询意见认定，离开了主权国家的授权，任何国际组织在法律上的权利能力和行为能力都不可能存在；国际组织的法律人格只能在执行其法定职能及达成其组织宗旨所必需的范围内才能得到承认。

西陆直升机公司案

该组案例主要包括三个具体案件，分别是“西陆直升机有限公司诉阿拉伯工业化组织及其他”案、“阿拉伯工业化组织诉西陆直升机有限公司”案和“西陆直升机有限公司诉阿拉伯工业化组织及其他”案，第一个案件由国际商会的仲裁机构在1985年作出裁决，后两个分别由瑞士的日内瓦法院和瑞士联邦最高法院在1987年作出判决。

在西陆直升机公司案中，国际组织的债权人曾试图追究其成员的共同责任或至少是附属责任，但遭到了法院的否决。瑞士联邦最高法院在判决中指出，国际组织相对于其成员的独立自主地位，使得组织活动受成员控制的断言几乎是不可能的。立论者所提出的事实，即创始成员具有的支配作用，阿拉伯工业化组织的最高权威机构是由各成员部长组成的高级委员会，也都不足以损害该组织的独立

① 参见“执行联合国职务时所受损害的赔偿——1949年4月11日的咨询意见”，载《国际法院判决、咨询意见和命令摘要（1948—1991）》，联合国1993年版，第8~10页。

地位和法律人格。①

※ 问题思考

1. 国际组织独立的法律人格导致哪些法律后果？
2. 莱茵河委员会在国际组织发展史上具有哪些重要意义？
3. 国际组织干涉行为的合法性问题。

① 张卫彬："国际组织法律人格滥用与成员的责任"，载《时代法学》2010年第1期。

地位和法律人格。[①]

❖ 问题思考

第一编

总　　论

第一章　国际组织的产生和参与及退出

◎ **核心概念**

开放性的国际组织；封闭性的国际组织；过渡组织；完全成员；联系成员

◎ **重点内容**

——在过渡阶段，任何成员不得实行可能影响顺利实现建立条约宗旨的措施。

——即便是针对一个开放性的国际组织，一个国家也不享有取得成员资格的要求权和起诉权。

——参加一个国际组织的一种松散形式是参与组织的各个委员会的活动。

——基于一国的国家主权，一国随时可以退出一个国际组织。

国际组织的产生指一个国际组织的产生方式和建立方式。而参与到国际组织中去存在多种形式，涉及成员资格的分类。退出国际组织会导致失去成员资格。

第一节　国际组织的产生

国际社会为什么会产生国际组织？国际组织的产生方式有哪些？国际组织如何设立总部？

一、国际组织产生的原因

简而言之，国际争端或危机促使了国际组织的产生。国际危机出现后，国家等相关国际关系主体必定会采取措施，来减少损失，并会努力避免类似危机的产生。国际组织的产生和建立是主权国家联合应对危机的结果。① 例如，“一战”

---

① 陶满成、闫菲菲：“国际危机和国际组织的产生”，载《海内与海外》2013 第 2 期，第 10 ~ 12 页。

后出现了国联，“二战”后出现了联合国。

许多国际组织的产生是为多国合作搭建平台，以便更好地解决国际问题。

归根结底，是国家利益的驱动。国家参与国际组织建设都是为各自的国家利益服务，以创造一个国家生存以及更好生存的国际环境。①

二、国际组织的产生方式

第一，通过一项国际条约可以建立一个国际组织。随着建立国际组织的条约的生效，该国际组织开始具有国际法上及国内法上的权利能力。原则上说，这一权利能力并不需要所有条约草案签字方批准该建立条约。

第二，一个国际组织也可以通过其他形式产生，如批准一项建立国际组织的条约。举例而言，一个国际组织可能基于成员议会的一致同意的决议而成立。1952 年，北欧理事会就是这样被创建的。

第三，国际会议的决议也可以产生相同效果。如经济互助理事会，它就是在 1949 年 1 月 25 日经由莫斯科国际经济会议的参加国决定成立的；1959 年 12 月 14 日，即 10 年之后，这些国家才签订了有关条约。

第四，一个国际组织也可能并非一次性成立，而是逐步发展而至形成。比荷卢三国经济联盟的形成就先后经过 1944 年 9 月 5 日在伦敦缔结的关税条约和后来的多个决议及议定书，直到 1958 年 2 月 3 日，才有一项建立该联盟的条约生效。东南亚国家联盟的最终产生也是分阶段的，最开始是在 1967 年 8 月 8 日，东南亚国家发表了关于在政治和经济领域合作的宣言，然后，通过定期会议逐步建立国际组织。直到 1976 年 2 月 24 日才颁布了章程，并赋予组织法律人格。这些形成时期的文件实际上表达了各有关国家的意志统一，属于最广义上的国际条约。

第五，一个国际组织还可以由国家代表在原有联合体的基础上设立，如欧洲安全与合作组织就是从欧洲安全合作会议发展而来的。

建立条约可以规定，某国际组织的活动何时开始开展。出于客观原因，可以约定立即开始组织的工作，也可以约定在所有建立条约的签字方完成各自批准程序的某一时刻开始。为了实现这一目标，可以在签署建立条约的同时签订一项政府间协定，根据该协定设立一个过渡组织，负责组织的有关事务。② 此种过渡组织一般立即开始工作，并在建立条约被各国政府批准后融入该国际组织。由于成立组织的准备工作的必要性，如选举组织的各个机关的成员，通常情况下，一个国际组织的工作在批准建立条约之后的一段时间正式开始。

---

① 张斌：“国际组织建立的原因分析”，载《新西部》2014 年第 9 期，第 169、172 页。

② 如国际难民组织的筹备委员会。

一些客观上的障碍也可能是国际组织较晚开始工作的原因，特别是在建立关税同盟或自由贸易区时，在建立条约的实体规定完全发生效力之前，需要先采取一些国内措施。① 值得注意的是，在过渡阶段，任何成员不得实行可能影响顺利实现建立条约宗旨的措施。②

三、国际组织的总部

通常情况下，在建立条约中会明确规定该组织的总部所在地。一般而言，一个国际组织会与希望将组织的总部定在该国的国家签订一份总部定址协议。

国际组织常在多个国家设有代表处。例如，联合国组织的秘书处在纽约、日内瓦、维也纳和内罗毕设有总部；欧洲联盟的欧洲法院、欧洲投资银行、欧洲统计局等机构分别设在布鲁塞尔和卢森堡，欧洲议会设在斯特拉斯堡，欧洲中央银行设在法兰克福。

第二节 国际组织的参与形式

原则上说，各成员及其全部国土都隶属于它们所参加的国际组织。③ 不过，一直以来，欧洲共同体的疆域仅包括其成员方国土的欧洲部分。但是，在《欧洲共同体条约》第182条（原《建立欧洲经济共同体条约》第131条）中，欧洲共同体的各成员达成一致，使那些处于欧洲之外的、与丹麦、法国、荷兰及英国保持特殊关系的国家和领地与欧洲共同体建立联系。当然，建立联系的目的在于促进各个国家和领地的经济和社会发展，并建立该各个国家和领地与整个欧洲共同体之间的紧密的经济关系。

如果世界上任何一个国家都可以加入某国际组织，则该组织是一个开放性的国际组织。如果成员资格依据一定的客观或主观标准有所限制，则该组织是一个有限的开放性组织。

客观标准之一是地理位置，该标准常常不被严格执行。例如，人们常讨论土耳其和俄罗斯能否加入欧洲共同体的问题，而事实上两国的疆域主要在亚洲区域内。希腊虽然并不在大西洋边上，但却是北大西洋公约组织的成员。此外，欧洲

---

① 参见《欧洲经济共同体条约》框架内的过渡规定。

② 即所谓的“保持现状原则”。参见《欧洲经济共同体条约》第12条（旧版），《欧洲自由贸易联盟协定》第8条和第10条。

③ 但是，这并不是强制性的。参见 Gilbert Gornig, Das Noerdliche Ostpreussen, 2. Aufl. 1996, S. 201 ff.

议会把地处亚洲的以色列视为欧洲国家。

主观标准之一是热爱和平。如果一个国家想成为联合国的成员，则该国必须热爱和平，承担《联合国宪章》中规定的义务，并且经过联合国审核，认为该国具有履行诸项义务的能力和愿望方可。① 如果一个组织不再接受新的成员的话，则该组织是一个封闭性的组织。②

即便是针对一个开放性的国际组织，一个国家也不享有取得成员资格的要求权和起诉权。原则上说，接受新成员需要所有或多数原有成员的同意。③ 一般而言，只有主权国家或其他国际法主体才能成为一个国际组织的完全资格成员。例外情况下，一个联邦国家的成员也可作为完全资格成员隶属于某国际组织，如苏联的加盟共和国白俄罗斯和乌克兰就是联合国的完全资格成员，借此，苏联在联合国大会中取得了更多的票数。

除了完全成员资格之外，还有限制成员资格，在完全成员资格和参与国际组织的工作资格之间可以找到所有限制成员资格的变化类型。这些类型包括作为联系成员参加组织、与组织建立某种联系、参加组织的各委员会的机会以及派遣观察员参与组织活动等。如果完全主权国家原则上有意参与组织的工作，但却不愿意完全臣服于组织规则之下，这些国家可以作为联系成员参与组织。例如，由于欧洲经济合作组织④仅限于欧洲疆域，欧洲之外的国家不可能获得完全成员资格，所以，美国和加拿大仅是欧洲经济合作组织的联系成员。如果出于地理上的原因，一个完全资格成员的国土无法隶属于一个国际组织，可以通过与组织建立某种联系来参加组织。⑤

同一个既存的国际组织建立联系与联系成员资格是有区别的。通过缔结国家和国际组织之间的联系协定可以产生新的国际组织，该组织拥有自己的机关和法律人格。每一项可导致产生独立的组织的联系条约必须拥有至少一个机关，通常，这一机关会是联系理事会。该新国际组织的成员包括两部分，受联系条约约束的国家和与其签约的国际组织。由欧洲共同体缔结的条约要么为一个欧洲国家

---

① 这一规定的目的在于阻止一些微型国家加入联合国组织，因为这些国家很可能无力履行参与联合国的强制措施的义务。例如，摩纳哥、安道尔、列支敦士登、圣马力诺等国。当今已经无人持此观点。

② 例如，根据《欧洲联盟条约》第49条，只有欧洲国家才可申请成为欧洲联盟和欧洲共同体的成员。

③ 欧洲共同体若欲纳入新成员，必须得到所有现有成员方议会的同意。在此之前，需要得到欧洲理事会的一致同意，欧洲议会的同意，然后才是各成员议会批准现有各成员与申请国之间的协定。参见《欧洲联盟条约》第49条第2款。

④ 欧洲经济合作组织，Organization for European Economic Cooperation，OEEC.

⑤ 根据《欧洲共同体条约》第182条，条约对欧共体成员的海外属地不具有直接效力。

预备好完全成员资格，并准备好发展协助条款，要么将不欲取得完全成员资格的欧洲国家纳入自由贸易区框架，至少涉及欧洲共同市场的某些产品。

欧洲共同体与非洲、加勒比和太平洋国家集团的联系通过施行欧共体的发展协助来实现。由于只有欧洲国家才能成为欧洲共同体的成员，所以，在欧洲共同体与非洲、加勒比和太平洋国家集团的联系中并不以未来的完全成员资格为目标。

参加国际组织的一种松散形式是参与组织的各个委员会的活动。① 派遣观察员但不享有发言权和投票权是一种参与国际组织工作的效率特别低的形式。②

第三节 国际组织的退出和成员资格的丧失

通常，国际组织的章程中没有关于退出国际组织③的规定。但是，基于一国的国家主权，一国随时可以退出一个国际组织。无法阻止一国退出组织的原因在于，不可违背一国的意志强行将一国留在组织内；同时，拘束一个无意继续作为组织成员的国家也不符合其他成员的利益。只要不存在明确的退出条款，人们将可利用建立条约的例外事项规定为退出国际组织说明理由。④

退出的国家将失去所有由成员资格而来的权利和义务，这些权利和义务的依据是建立条约。建立条约的章程还可规定，除了退出之外，成员可能被中止成员资格或开除。⑤

作为法律后果，以下几种情况可以导致成员丧失国际组织成员资格或权利。

第一，成员只享受权利不履行义务，或者破坏国际组织工作，可以被国际组织开除，这是丧失成员资格的一种最激烈的制裁方式。例如，1954 年捷克斯洛伐克因拒绝履行财政义务被世界银行除名。

第二，被组织中止权利，例如，因不按时或者不足额缴纳会费被暂停投票

---

① 如《经济合作发展组织条约》第 12 条 c 款规定，组织有权按理事会确定的诸项条件邀请非成员的政府或组织参与经济合作发展组织的活动。

② 联邦德国曾自 1951 年 11 月起在联合国拥有观察员身份。此外，联合国大会也为非政府间国际组织和像巴勒斯坦解放组织这样的解放运动的代表提供作为观察员参与联合国大会会议的权利和机会。

③ 参见《国际联盟章程》第 26 条第 2 款。

④ 如情事变更条款，德国曾引用该条款，以便在重新统一后能够在可能的情况下退出欧洲共同体。只要一项条约规定了退出权，有关条款必须被遵守。例如，《联合国粮食及农业组织章程》第 19 条规定了解约期限的遵守问题，《国际货币基金组织章程》第 XXVI 条第 3 款规定了及时履行财政义务问题，退出国际组织的行为可能会受到这些因素的限制。

⑤ 参见《联合国宪章》第 5 条和第 6 条以及《欧洲联盟条约》第 7 条。

权。这种一时失去的权利在一定条件下可以被恢复原状。它与终止权利相区别。这两种方式都带有惩罚性质。

第三，成员消失或失去其基本资格。例如，1990年两德统一后，德意志民主共和国消亡。

第四，国际组织解散。例如，1946年国际联盟解散，其40余个成员全部丧失成员资格。

第五，成员自行退出，例如，美国2017年退出联合国教科文组织，日本2019年正式退出国际捕鲸委员会。① 主动提出退出组织的请求无惩罚性质，但需要经过一定的预告期，例如，国际劳工组织规定的预告期为2年，期满后退籍生效。②

案例事件

美国“退群”

关于国际组织成员资格的丧失，美国特朗普政府频频“退群”是重要实例：它相继退出跨太平洋伙伴关系协定（2017年1月23日）、巴黎气候变化协定（2017年6月1日）、联合国教科文组织（2017年10月12日，第二次退出）③、伊朗核问题全面协议（2018年5月8日）、武器贸易条约（2019年4月）。还有联合国国际法院的部分管辖权、万国邮政联盟等。④

在特朗普上任前，美国也退出了不少国际组织和条约。2002年，认为对美国的军人、外交官和政治家不利，退出《国际刑事法院规约》。2001年，为强化其军事优势，正式退出美苏1972年签署的《反弹道导弹条约》。2001年，在未能阻止讨论以色列对巴勒斯坦人的行动之后，宣布退出联合国反对种族主义大会。2001年，宣称履行环保义务不符合美国国家利益，拒绝签署《京都议定书》。1995年，宣称“国内预算困难”，退出联合国工业发展组织并拒交拖欠会费。1985年，因遭到尼加拉瓜申诉其武装干涉侵犯主权，宣布退出联合国国际法院，拒不接受其强制执法权。1984年，不满其文化控制权逐步被发展中国家削弱，退出联合国教科文

---

① 国际捕鲸委员会于1948年成立，日本于1951年加入。1986年，该组织通过《全球禁止捕鲸公约》，禁止缔约国从事商业捕鲸。

② 梁西：《国际组织法（总论）》，武汉大学出版社2001年版，第28~30页。

③ 联合国教科文组织成立于1946年，宗旨是通过教育、科学和文化来促进各国之间的合作，并对世界和平与安全做贡献。历史上，美国曾在1984年退出过该组织，并于2003年重新加入。而就在美国2017年宣布重新退出后不久，以色列表示同美国一道退出。

④ 黄翔：“美国‘退群’成瘾，是‘美国优先’思维在作祟”，https：//baijiahao. baidu. com/s? id = 1632240342970973571&wfr = spider&for = pc，2019 - 10 - 31 访问。

组织。1982 年，为维护其海洋霸权，签署后再退出《联合国海洋法公约》。①

从国际组织法上讲，一个主权国家可以依法退出一个国际组织，退出是离开一个国际组织的重要方式。

2012 年伊斯兰合作组织暂停叙利亚的成员资格

2012 年 8 月 14 日，伊斯兰合作组织在伊斯兰教圣城沙特阿拉伯的麦加召开为期两天的特别首脑会议。会议主要讨论叙利亚最新局势发展。

伊斯兰合作组织由 56 个成员和巴勒斯坦组成。伊朗时任总统内贾德等出席了当天开幕式。会议未对叙利亚发出邀请。伊斯兰合作组织 13 日的外长会决定暂停叙利亚成员资格。秘书长伊赫桑奥卢说，绝大多数与会国代表支持“除名”叙利亚。伊朗和阿尔及利亚先前反对这一方案。②

※ 问题思考

1. 有哪些原因促使国际组织产生？
2. 主权存在争议的国家和地区如何加入国际组织？
3. 如何从法律上限制国际组织成员的随意退出？

① 佚名：“又退群！这些年，美国退出了多少群?”，https：//www.sohu.com/a/236831675_100170731，2019－10－31 访问。

② 佚名：“伊斯兰合作组织开除叙利亚”，载《西安晚报》2012 年 8 月 17 日，第 11 版。

第二章 国际组织的组织结构

◎ **核心概念**

秘书处；大会；理事会；议会；平等原则

◎ **重点内容**

——国际组织需要一定的机关来形成区别于成员意志的自己的意志，并把这种意志表达出来，产生影响。这些机关包括代表共同利益的机关（秘书处）、代表一些成员利益的机关（大会和理事会）、代表成员个别国民团体利益的机关（议会）以及审判机关（法院）。

——秘书处被赋予独立采取行动的职权、在会议闭幕期间有权以组织的名义发表宣言和意见说明以及被委以组织的公关工作。

——一些国际组织更青睐所谓的实质上的平等原则，根据该原则，影响力更大的国家在相应的委员会中享有更多的票数，也即投票权。

作为国际法主体，国际组织需要一定的机关来形成区别于成员意志的自己的意志，并把这种意志表达出来，产生影响。这些机关包括代表共同利益的机关、代表一些成员利益的机关、代表成员个别国民团体利益的机关以及审判机关。①各个国际组织的架构虽然不尽相同，但是，在形成意志机关的构建上却展现出一些共同点。时至今日，在该领域中仍然未能发展出习惯国际法，以至于建立条约中的有关条款尚未显得多余。

第一节 代表共同利益的机关

作为国际组织的先驱，所谓的国际行政联盟形成的通常不是组织自己的意

① Vgl. Ignaz Seidl-Hohenveldern/Gerhard Loibl, Das Recht der internationalen Organisationen einschliesslich der supranationalen Gemeinschaften, 7. Aufl. 2000, S. 115 ff. Rn. 0909 ff.

志，而仅仅是在执行一个委员会所决定委托的事项而已。国际行政联盟的这个委员会由所有成员派代表组成，代表们享有平等的权利，所有重要决定必须经过一致同意才能通过。这样的机关通常被称为秘书处。

一、秘书处

随着时间的推移，由于国际组织的秘书处参与组织意志形成活动的范围越来越广泛，它的地位变得越来越重要。因为代表各成员的委员会无法稳定持续地在组织的总部所在地开会，秘书处必须被赋予独立采取行动的职权，这样的权限也必然超出纯粹行政事务的范畴。在会议闭幕期间，秘书处有权以组织的名义发表宣言和意见说明。事实上，秘书处的成员比各个国家代表更熟悉组织。最后，秘书处被委以组织的公关工作，以至于秘书处对国际组织政策的影响日益增强。

国际组织的秘书处获得了越来越多的权限，这一事实促使许多国家试图安排与本国拥有良好关系的人员组成秘书处。如果这样的话，国际组织自身的意志就难以表现出来了。所以，国际组织的公务员严禁听从母国的指令。[①]

秘书处日益增强的重要性导致许多国际组织把它称作组织的重要机关之一。[②] 实际上，秘书处并非在所有情况下都被承认拥有机关的位阶。例如，《欧洲理事会章程》第 10 条以及《欧洲自由贸易联盟章程》第 34 b 条就不把秘书处视为机关，而是说明，秘书处是为机关服务的机构。

二、人员组成

一般而言，秘书长是秘书处的领导人物，由负责维护成员利益的机关选举出来，工作一定任期。联合国大会基于安全理事会的建议选举秘书长，任期五年。欧洲共同体委员会由成员政府根据欧洲议会的投票同意情况任命，任期五年。[③] 下一级的人员安排一般由秘书长决定。

国际组织的秘书长应该来自世界上不同的区域，秘书处的高级职员应该来自全世界各个地区，并尽可能具有最高的资质。[④] 虽然一个国际组织的秘书处必须从其成员方借用职员，但是，这些人员只能服从该国际组织的指令和职权分配。

三、职权分配

根据组织的权力范围，国际组织颁布自己的职权分配规范，组织的所有工作

---

① 参见《联合国宪章》第 100 条。

② 参见《联合国宪章》第 7 条第 1 款。

③ Vgl. Art. 214 Abs. 2 EGV.

④ 参见《联合国宪章》第 101 条第 3 款的规定。

人员都必须遵守该规范。在通常情况下，国际组织通过签订有限期的或无限期的协议接受员工。一旦被录用，必须遵守组织的相应的职权分配规范。国际组织的职员对组织负有忠诚义务，不许接受母国的任何指令。忠诚义务特别强调职务沉默义务，并且在解除职务关系后仍然适用。

在绝大多数国际组织的人员事务争议中，国际公务员们可以选择走国际行政法院的法律途径。在这种情况下，他们不能再向内国法院寻求法律保护以对抗国际组织的职权规范措施。① 当然，如果国际组织的职员不受组织的特殊职权规范约束的话，如清洁工，那么，他们受工作地的国内劳动法约束。

为了保障国际公务员的独立性，根据一些特别协议的标准，国际公务员享有一定的特权和豁免待遇。国际法院关于联合国官员损害赔偿案的咨询意见②认为，当联合国官员为联合国服务而其权利受到违反国际法的侵害时，联合国有权向侵害国提起国际求偿之诉。由此，为组织宗旨服务的官员可以向侵害国提起损害赔偿之诉，而不论其母国是否准备向侵害国提起损害赔偿之诉。由此可见，国际法院的观点是，保护联合国官员的权利并不完全只属于该官员所属的国家。

四、工作与活动

一个国际组织的秘书处通常有权观察其成员的行为，并将观察报告公开发表。秘书处可以收集关于其成员的材料，不仅可以提交给组织，还可以供其他成员使用。组织的成员可能负有义务，向组织的秘书处提交报告和回答咨询。秘书处可以被授权，起草国际协定。有时候，秘书处还可在其权限范围内对组织施以国际法上的约束。

联合国组织的秘书长有权提请组织的各个机关关注每一个可能危害世界和平与国际安全的事件。③ 秘书长的权限和工作包括但不限于如下几项：向各个机关汇报有关情况、制定大会的临时议程、提出预算草案、缔结国际条约。有些国际组织不设秘书处，相应的工作由其他机关或机构承担。根据《联合国教育科学及文化组织法》④ 第6条第3款的规定，联合国教科文组织的总干事对组织的决定拥有参与权和倡议权。国际货币基金组织的总裁⑤和世界银行的行长肩负各自组织日常业务的领导职责。欧洲货币协定组织的董事会原则上可以作出约束所有

---

① Vgl. BVerfGE 59, S. 63 ff.（95 ff.）.

② ICJ-Reports, 1949, S. 173 ff.（179 ff.）.

③ 参见《联合国宪章》第99条。

④ 原文见 BGBl. 1971 Ⅱ, S. 473 ff.

⑤ 总裁是国际货币基金组织的最高行政长官，其下设副总裁协助工作。总裁负责管理国际货币基金组织的日常事务，由执行董事会推选，并兼任执行董事会主席，任期5年。

缔约方的决定，董事会可以以多数决方式通过这些决定。[①] 欧共体委员会[②]是组织的常设执行机构，不仅负责处理欧共体的日常事务、贯彻实施欧共体法，而且直接或间接地参与创制次级共同体法。由此可见，欧洲共同体的委员会并非仅处理行政事务。实际上，委员会还有权针对未履行欧共体义务的成员和理事会提起诉讼、对个人处以强制金和罚金；委员会还编制预算、代表欧共体进行对外联系和贸易等方面的谈判、向共同体提出政策年度总报告。[③]

第二节 代表成员利益的机关

由成员的代表组成的机关，其首要的服务对象是成员的利益，原则上说也是国际组织的利益，因为国际组织的福祉也是成员的利益所在。

一、大会和理事会

（一）概述

结构简单的国际组织一般只拥有这唯一的机关，用来形成以及表达组织的意志。那么，该机关在代表成员利益的同时，也强制性地代表了该国际组织的利益。

为维护成员利益而设立的机关在各种各样的组织里有不同的称谓。例如，大会（联合国）、理事会（经济合作发展组织）、部长委员会（欧洲理事会）、国际劳工大会（国际劳工组织）、大会（国际原子能机构）或者董事会（世界银行）。

（二）人员组成

代表成员利益的机关通常由各个成员政府的官员代表或部长组成。[④]

（三）会议

国际组织的章程通常规定，由成员代表组成的机关应定期开会。联合国的大会在每年的秋季召开常会。当然，特殊情况下也可召集特别会议。特别会议应由

---

① 当然，该机构受到经济合作与发展组织理事会的监管。

② 在欧洲共同体领域中，虽然理事会是影响力更大的机关，但它在绝大多数情况下均基于委员会的建议并依据欧洲议会的共同决定或与欧洲议会的协作行动。

③ 经过《里斯本条约》修订的《欧洲联盟条约》第 1 条规定："欧盟应取代并继承欧共体。"该条约已于 2009 年 12 月 1 日生效。有关新内容将在本书的欧洲联盟部分详细提及。

④ 国际劳工组织的大会是一个例外。国际劳工大会是国际劳工组织的最高权力机构，每年六月在日内瓦举行一次会议。它是联合国下属的具有"三方代表性"的机构，成员代表团由政府、劳动者、雇主三方组成，其中政府代表两名，劳动者和雇主代表各一名，三方都参加各类会议和机构，独立表决。

秘书长经安全理事会或联合国会员国过半数之请求召集之。①

（四）表决

1. 平等原则

一般而言，所有国际组织都承认国家主权平等原则，其后果是，不论各国的疆域大小、人口多少、政治和军事力量强弱，每一个国家在相应的委员会中拥有一票。这里涉及的是形式上的平等原则。实践中出现许多问题，特别是在联合国组织中，那些政治、军事或经济较弱的国家掌握了2/3多数的票数，从而有能力否决那些影响力强大的国家的议案，而恰恰是这些国家承担了联合国的主要经费负担。此现象导致的后果是，部分决议无法执行，或是不现实。出于这一原因，一些国际组织更青睐所谓的实质上的平等原则，根据该原则，影响力更大的国家在相应的委员会中享有更多的票数，也即投票权。由此，必须对票数进行权衡和重新分配。

问题是，应该按照什么标准来权衡和分配各国所应持有的票数。人口数或者国民收入是可以考虑的标准。这样的问题在以实现有限目标为宗旨的国际组织里比较容易解决，只要以一国对组织成就的贡献大小为标准即可。② 在欧洲共同体理事会里，票数的权衡和分配不仅需要顾及各个国家的人口数目，而且还要考虑到，使欧洲共同体内没有哪个区域的国家或成员集团能以多数票胜过其他区域的国家或成员集团。

对于大国和强国，可以通过接受其成员作为组织的独立成员的方式来增强其代表性。特别是当有关国际组织的活动涉及一定的专职范围，而根据相关国家的国内宪法，该专职权限属于该国的某个成员时，这种方式值得考虑。③

2. 表决行为

当机关的所有决定或至少是重要的决定要求一致通过时，成员在投票时的影响力显得尤为重大。一致通过意味着，没有哪一项决定能够违背任意一个成员的意志而通过。借此，形式上的所有国家平等原则得到了满足。当今，特别在针对重大事项时，仍然要求一致通过，因为这样就不会限制各个成员的主权。在某些国际组织中存在弃权投票不妨碍一致通过的实践，加强了有关机关乃至其所在组织的运作能力。根据实践经验，弃权被理解为默示同意，弃权投票的国家与赞成的国家一样，受到有关决议的约束。

---

① 参见《联合国宪章》第20条。

② 在国际能源机构中，根据《国际能源纲领协议》第62条，投票权的依据是各国的石油消费量。在世界银行和国际货币基金组织，投票权的权衡和分配依据是参与财政支持的额度。

③ 正是基于这个原因，根据《万国邮政联盟组织法》第23条第5款，一些殖民地成为万国邮政联盟的完全资格成员。

但是，另一种观点得到越来越多的认可，即弃权投票的国家顾及自己的特殊利益，不受决议的约束。[①] 在欧洲共同体和欧洲原子能共同体里，依据《欧洲共同体条约》第205条第3款和《欧洲原子能共同体条约》第118条第3款的规定，理事会的决议在出现弃权投票情况时也可获得通过。但弃权投票的国家受所通过的决议的约束。当今，为了便于国际组织的运作，特别是在程序问题[②]上，人们寻求规避一致通过的必要性。[③] 根据《欧洲联盟条约》第23条第1款，在共同外交与安全政策框架内的决议原则上需要一致通过。一个成员可以弃权投票，而且不承担执行该决议的义务。但是，该成员必须承认，该决议对欧洲联盟具有拘束力。

如果机关的决议不是由成员代表一致通过的，《联合国宪章》规定，在宪章中关于某些明确作为重要事项的决议只能通过特定多数通过。[④]

为了避免进行对抗式投票，还可通过共识达成协商一致。如果大会主席在讨论后确定，根据他的理解，大会成员对他所总结的观点达成一致，而且无人反对，则一项决议可以形成。

在投票时采取保留一般不影响结果。[⑤]

3. 组织外的决定

由组织框架中的成员代表作出的决议与组织外的有关国家作出的决议是有区别的。此时，成员具有模棱两可的地位：一方面，它们可以作为国际组织中的国家的代表出现，但只能在组织的权限范围内作出决议。另一方面，它们也可以作为成员的代表独立于国际组织的权限限制达成协议。如此，涉及的是所谓的政府间协定。如果成员代表作为一个机关的成员在组织的框架内作出一项决议，那么他们所代表的成员并非自动在法律行为上受其拘束。如果要使成员的行为受拘束，该组织必须对一项此类决议的此种拘束效果作明文规定。[⑥]

与此相反，政府间协定则自动拘束有关成员。在欧洲共同体法中，国家代表

---

① 参见《经济合作与发展组织协定》第6条第2款，弃权投票的成员不受由此成立的决议的约束。欧洲理事会中部长委员会的决议原则上也必须一致通过，但如果部长委员会一致许可弃权投票的话，成员代表可以弃权投票。在这种情况下，弃权投票的成员不承担任何义务。参见1951年8月2日部长委员会的第51（62）号法定决议。

② 可参见《欧洲理事会章程》第20条b款。

③ 例如，1966年1月29日欧洲经济共同体成员的《卢森堡协定》。文本见 Bull. EWG 1966, Nr. 3.

④ 例如，《联合国宪章》第18条第2款，该款规定，大会对于重要问题之决议应以到会及投票之会员国2/3多数决定。此类问题包括关于维持国际和平及安全的建议、安全理事会非常任理事国的选举以及预算问题等。

⑤ 参见欧洲法院（EuGH）Rs. 38/69（Kommission v. Italien）, Slg. 1970, S. 47ff.（57 f. Rn. 12）.

⑥ 参见《欧洲共同体条约》第300条第7款。

组成的会议作出的决议与成员作出的决议相区别。[1] 欧洲共同体法区分理事会的决议和理事会中的成员政府代表作出的决议，后者属于一个政府间会议的决议。[2]

有的国际组织拥有多个由所有成员的国家代表组成的机关，例如，美洲国家组织拥有三个这样的机关，即大会、外长协商会议和由各成员大使组成的常设理事会。根据《欧洲共同体条约》第207条，在欧洲共同体的理事会之下设立一个成员常设代表委员会。

二、非由所有成员代表组成的委员会

由于由全体成员代表组成的大会或者理事会是一个十分庞大繁杂的机构，人们通常从其中选取中坚力量组成一个核心的督导委员会或指导小组，由其成员筹备大会或理事会的议程和决议。可以想象，国际组织的章程会规定一些此类核心小组，而由所有成员代表组成的委员会将其一些或全部职权转交给该核心小组[3]。核心委员会或小组也可独立于大会或理事会，设立自己的职权。[4] 只要该核心委员会不享有特权，其名称通常叫作“执行委员会”。[5] 它的任务一般是在其所属机关——例如大会或理事会——闭会期间继续推进它的工作，并为其筹备其他事务。

这个核心委员会一般包括组织中影响力最大的一些成员。在联合国安全理事会中，第二次世界大战后最有影响力的五个国家享有常任理事国的待遇，它们是中国、法国、苏联的继承国俄罗斯、英国和美国。[6] 近年来，随着联合国机构改革的呼声日益高涨，有建议认为，应该考虑赋予德国、日本、巴西和尼日利亚（作为非洲最大的国家）等国此种常任理事国的地位。

在一个委员会中，通常还会赋予某些具有常任席位的国家投票权上的特权。这里指的是否决权或更多的投票票数。通过这种方式，人们试图满足实质上的平

---

① 例如，欧洲共同体委员会的成员、欧洲法院的法官和总检察长不是由理事会的一致决议被任命，而是由成员的国家和政府首脑一致同意、依据《欧洲共同体条约》第214条第2款规定的程序任命。根据《欧洲共同体条约》第289条，欧洲共同体的总部所在地由成员政府的一致决定确定。也可参见《欧洲共同体条约》第190条第4款。

② 这个政府间会议作出的主要是关于实现共同市场的决议，即所谓的1960年5月12日和1962年5月15日的“加速决议”。《欧洲经济共同体条约》第8条第5款（《欧洲共同体条约》第308条）不涵盖这类决议。条约在此未规定明确的权限。

③ 参见《联合国粮食及农业组织章程》第5条。

④ 参见联合国安全理事会的职权。根据《联合国宪章》第7条，联合国安全理事会被视作联合国的主要机关之一。

⑤ 可比较经济合作与发展组织的执行委员会。

⑥ 参见《联合国宪章》第23条第1款。

等原则。联合国安全理事会大国的否决权不仅关系到狭义上的维和问题，还涉及联合国组织新成员的接纳和秘书长的委任问题。否决权不适用于国际法院法官的选任，也不适用于程序性问题，例如安全理事会议事日程事项的采纳和取消。

核心小组的成员一般由委员会的其他成员选举。只要是保留给某个特定区域的席位，只能由该区域的代表通过选举获得有关席位。如果有些席位并非依据章程赋予特定成员，则可通过轮值或者地理情况分配。

如果所有被选成员均可任职相同任期，则委员会工作的连续性可能受到负面影响。因此，任期会被交错开，一般会先选举委员会的一半代表任期一段时间，任期过去一半时间之后，再由委员会的另一半成员任职相同任期。①

三、国家代表的地位

由各个成员派遣的代表一般是国家公务员。各个国家政府可以自主决定选派何人作为代表。② 当然，国际组织要求代表具有尽可能高的级别，以便他们拥有更大的决定权限。③

在各委员会中的各国代表一般配备有一组工作人员辅助其工作。在国际组织的总部所在地，各成员派驻以外交人员为主的代表处，代表以例如部长的名义代表各国，出席委员会的会议并工作。根据《欧洲共同体条约》第207条，在欧洲共同体框架内设立此类委员会，即各成员的常设代表委员会，由大使及其代理人组成。

通常，各委员会中的各国代表由各成员的议会负责监督；如果适用部长负责制，也可由部长负责。如果组织一致通过了某项决议，而某国部长本可以使用否决权阻止该决议的通过，但他没有阻止该决议，则事后他将被问责。

第三节　代表成员方国民利益的机关

因为理事会中各成员政府代表所代表的利益并非一定与成员方国民的利益一致，所以，有必要在国际组织中设立另外一个机关，在那里，成员方国民的意志可以得到表达。

---

① 参见《联合国宪章》第23条第2款。

② 世界气象组织是个例外，根据其章程第6条，所派代表必须是该国国家气象机关的领导。

③ 例如，联合国大会每年秋季正式会议的开幕式必须由各成员的外交部部长代表参加。

一、议会

行政部门与公民之间的利益冲突主要出现在下列情况下：国际组织被赋予某项任务，但该任务在内国法中迄今属于立法机关的权限范围，而不是行政机关的权限范围。风险特别在于，政府通过授权给一个国际组织而采取某种措施，但政府在国内由于可预见的议会的抵抗根本无法实行该措施。也就是说，政府通过授权给一个国际组织而绕过了议会，从而剥夺了议会应有的权力。成员公民代表在国际组织中的参议将使成员公民的意志被倾听和重视。此外，创制议会机关的意义还在于，可以从议员群体中获得国际组织未来行动的有益建议。① 最后，此类议会机关还具有监督职能。②

二、人员组成

如果国际组织拥有准议会机关，那么，其成员一般是各成员根据国内党派的强弱关系派遣国内议会的成员前往。原则上说，一个成员所拥有的席位数目依据国家的人口数决定。藉此标准，试图满足实质上的平等原则。

此外，国际组织的准议会机关也可通过直接选举的方式选择组成人员。自1979年起，根据各成员的国内选举程序规则，欧洲议会选举任期5年的议员。未来将对整个欧洲共同体区域确定统一的选举规则。《欧洲共同体条约》第190条第4款第1句委托欧洲议会制定草案，事关依据统一的程序在所有成员方国内进行普遍的直接的选举。

一般而言，同一政治倾向的议员在准议会机关中处于同一个议会党团，所以，在欧洲议会中的问题决策过程中，政治观点是起决定作用的因素，而不是看来自某一个成员。③

每一名欧洲议会议员拥有一票，自由决定是否投票和如何投票。

三、代表行业利益及其他利益的机关

根据章程的明确规定，一个组织可以设立更多的机关，特别为了咨询的目

---

① 欧洲理事会章程创设了一个“咨询会议”，目的在于从议员们那里获得欧洲理事会未来活动的动议。“咨询会议”今天叫作议会。

② 该监督职能是欧洲议会的主要任务，它甚至有可能通过投不信任票弹劾整个欧洲共同体委员会。但是，相对于理事会，欧洲议会仅拥有有限的强制手段。作出特定决定前，理事会必须听取议会的意见。无视此义务会导致决定无效。

③ 在欧洲层面，关键在于政党的构成和力量对比。

的。例如，欧洲共同体设有经济和社会委员会[①]及地区委员会等辅助机关。对于国际劳工组织的意志形成，国际劳工组织的章程赋予利益代表们参与权。由全体成员代表出席的委员会在国际劳工组织中被称作大会，每个国家派遣四名代表，其中两名来自各该国家政府，一名代表雇主联合会，一名代表雇员联合会（《国际劳工组织章程》第 3 条）。作为国际劳工组织核心委员会的行政理事会也如此组成（章程第 7 条第 1 款）。

最后，一个国际组织还能够根据自己的组织权力设立其他机关。欧洲经济合作组织就为自己设立了一个由雇主和雇员组成的混合咨询委员会。基于赋予部长理事会的极其广泛的权能，欧洲自由贸易联盟组成了一个由成员政府任命的代表经济利益的代表组成的协商委员会。

第四节　审判机关

为了处理各种争端，例如，一个国际组织的各个机关之间的争端、国际组织与其成员之间的争端（宪法上的争议）以及成员方国民与国际组织之间的争端（行政法上的争议）等，各国际组织常常会设立审理裁判机关。

一、法院

一个法院可以拥有各种各样的职能。在处理成员之间的争端或一个成员与组织之间的争端时，国际组织的法院的活动与一个国际仲裁法院的活动相似。如果是处理一个国际组织内的几个机关之间的争端，则更可与国内的宪法法院的司法管辖权相比较。若处理国际组织与成员的公民之间的争端，其发生的原因在于国际组织干涉了个人的某些权利，则该法院的工作与行政法院的司法管辖权具有可比性。此外，国际组织的法院可以通过出具法律意见来解决争议案件。该法律意见有权解释国际组织所拥有的权利；如果存在法律空白，该法律意见有权完善国际组织的权利。

如果一个国际组织的法院不能包括来自所有成员方的公民作为法官，则一般而言，要求法官来自尽可能广泛的区域。通过这种方式，可以确保世界上的主要法系都有法官可以代表。审判机关相对于设立它的组织和所在国都是独立的，即不能接受任何指令。在组织与其职务执行人之间发生争端，或组织与成员，或组

① 《欧洲共同体条约》第 261 条和《欧洲原子能共同体条约》第 169 条规定，在共同的经济和社会委员会框架内，应该为欧洲原子能共同体设立一个特殊的“专业小组”及几个小组委员会。委员会在此负有咨询义务。

织与自然人发生争端时，此点更加重要。通常，法官的任期是有限的，但允许多次连任。在担任法官的同时，国际法院的法官和欧洲共同体法院的法官不得担任政府官员或从事其他职业。

根据国际法院章程第31条第2、3款的规定，国际法院保障每个争端当事方，在负责具体案件的法官中选择到一位本方满意的法官，或者，一个当事方可以临时任命一位此类法官。

二、其他裁决机构

不同当事方之间的各类争端可由不同的机构裁决。

（一）国际组织成员之间的争端

1. 非司法机关

非司法机关可以被用来裁决一个国际组织的成员之间的争端。这些非司法机关可以执行仲裁职能。例如，虽然一个组织的某个机关平时只行使政策的而非司法的职能，但是，一项争议可以被提交给该机关，由它来担任仲裁员。被委任为仲裁员的机关要么是代表该组织利益的机关，① 要么是代表成员方利益的机关。② 如果代表成员方利益的机关行使仲裁职能，则应考虑到，该机关的成员绝大多数是受国家指令约束的国家代表，那么，他们的中立性将会受到质疑。

如果一个组织的章程有所规定，那么，非司法机关也可行使司法职能。③ 在1965年12月21日联合国第2106A号决议通过的《消除一切形式种族歧视国际公约》④ 框架内，也可提起国家申诉。如果根据另一个缔约国的观点，一个缔约国没能执行上述公约的规定，该国可以将此情况告知一个委员会。

由《欧洲人权公约》创设的欧洲人权委员会也由独立的不受指令约束的人士组成。欧洲人权委员会被委任进行调查，看提出申诉的国家或有权申诉的个人提出的主张是否属实，即一个成员是否干涉了《欧洲人权公约》所保障的权利。如果进行友好调解的努力以失败告终，欧洲人权委员会的报告要么将被转交给欧洲理事会的部长委员会，由部长委员会以2/3多数作出决议，不受报告的影响；

---

① 根据《万国邮政联盟一般程序规章》第126条，万国邮政联盟的国际局执行仲裁员的工作。

② 解决摩苏尔争端的任务被交给了国际联盟行政院。

③ 根据《国际货币基金组织章程》，只有其执行董事会和理事会被委托裁决成员之间的争端，裁决条约的解释问题。世界贸易组织解决争端适用专家组程序，该程序源于关贸总协定。在关贸总协定框架内，大会委托缔约方组成一个投诉委员会，由成员的代表组成，起草争端的解决建议案，该建议案一般会被大会同意。

④ 文本见 BGBl. 1969 Ⅱ, S. 962 ff.

要么被提交给欧洲人权法院。

根据《欧洲自由贸易联盟条约》第31条第2款，在欧洲自由贸易联盟内也安排了类似程序。欧洲自由贸易联盟的部长理事会可以将成员之间的争端交给一个审核委员会，该委员会由不受任何指令约束的成员组成。即便只有争端一方希望将争端提交给审核委员会，部长理事会也必须将争端交给该委员会。然后，审核委员会向理事会出具一份报告，说明是否争端一方违反了《欧洲自由贸易联盟条约》。部长理事会不受该报告的束缚，它通过多数表决来独立地判断违约事宜。

在国际劳工组织框架内，如果一个成员声称，另一个成员违反了《国际劳工组织协定》，行政理事会可以组成一个由独立人士组成的调查委员会，由它来出具调查报告。该报告将被公开发表。如果某个成员拒绝接受调查委员会的意见和建议，行政理事会可以建议大会对该成员采取措施。根据《国际劳工组织章程》第29条和第31条，参与争端的任何一个国家都可以将争端提交给国际法院。

2. 司法机关

实际上，国家不仅可以委托非司法机关解决争端，也可以向司法机关或一个国际法庭寻求裁决。国家可以将争端交给一个仲裁机关，例如，海牙常设仲裁法院或者国际法院。但是，在所有案件中，必须争端双方同意才可提交。该同意可事先提出，适用所有未来争端；也可在争端发生后提出。[1] 为行使国际司法管辖权而设立的机构有：常设国际仲裁法院、常设国际法院（1920－1946）、中美洲法院（1907－1918）、国际投资争端解决中心（ICSID）和国际法院。在实践中，为了解决争端，还可以通过多边条约创设仲裁庭。

一个国际组织可以建立自己的司法机构。在这种情况下，一般而言，成员只能将它们之间的争端提交给该法院。[2]《欧洲共同体条约》第292条和《国际货币基金组织章程》第XIX条a款规定了此类法院的垄断性质。

（二）国际组织与其一个成员之间的争端

在没有国际组织明确同意的情况下，由于国际组织所拥有的特权和豁免权，一个国际组织和它的一个成员之间的争端不能被提交给一个成员的法院。因此，

---

① 《西欧联盟章程》第X款要求其成员，原则上，应将所有它们之间的法律争端提交给国际法院。《西欧联盟章程》文本见BGBl. 1955 Ⅱ, S. 283 ff.

② 国际法院虽然是联合国组织的主要司法机构，但不具有司法垄断性质。这一结论可以从国际海事法院的存在得出。一些联合国下属国际组织在其章程中特别规定，其成员之间关于组织章程的解释或适用的争议属于国际法院的强制管辖权范围。参见《联合国教科文组织章程》第14条第2款；《联合国粮食及农业组织章程》第17条第1款；《国际劳工组织章程》第37条；《世界卫生组织章程》第75条；《国际民用航空组织章程》第84条。

不仅一个成员对国际组织提起的诉讼，而且国际组织对该成员提起的诉讼都由国际组织的法院管辖。①

由于国际法院不向国际组织开放，联合国安全理事会和大会可以就有关事项请求国际法院出具不具有法律拘束力的法律意见。如果联合国组织的其他机关或下属国际组织要求的话，联合国大会也可将此请求国际法院出具法律意见的权利赋予它们。②

在欧洲共同体框架内，如果委员会认为其一个成员违反了《欧洲共同体条约》，委员会可在欧洲法院对其提起诉讼。当然，在此之前，应适用一个预备程序。如果欧洲法院认定，一个成员违反了《欧洲共同体条约》所规定的义务，该成员必须采取欧洲法院判决中的措施予以补救（《欧洲共同体条约》第226条）。欧洲法院无权违反条约规定，取消一个成员的国内法律。根据《欧洲共同体条约》第230条，欧洲法院对一个成员针对欧洲共同体提起的诉讼也拥有管辖权。

（三）国际组织内部机关之间的争端

显而易见，一个国际组织内部机关之间的争端不由国内法院管辖。如果联合国的各机关和下属组织能够取得国际法院出具的法律意见，一个组织内的各机关之间的争端可通过确认此类法律意见的拘束力而得到解决。在欧洲共同体内，如果其他机关认定一个机关违反了《欧洲共同体条约》，为了保障本机关的权利，理事会、委员会或欧洲议会（《欧洲共同体条约》第230条第2段），或审计院及欧洲中央银行（《欧洲共同体条约》第230条第3段）均可请求欧洲法院裁决。

（四）个人与国际组织之间的争端

由于国际组织享有一定的特权和豁免权，它们不受成员方国内法院的管辖，所以，与成员一样，针对国际组织的行为，个人也无法从国内法院获得权利保护。在一个国际组织的工作人员与该国际组织发生争端时，工作人员可以向一个申诉委员会或行政法院寻求帮助。例如，经济合作发展组织及欧洲理事会的申诉委员会，或联合国组织的行政法院。有些国际组织，例如，国际劳工组织和欧洲理事会的人员规章规定，工作人员在提起法律诉讼之前，应该先向一个由双方、三方或四方人员平分席位组成的机构申请解决。

对于一个国际组织和其工作人员之间由于违反纪律所引起的争端，通常由一个由组织的代表和公务员协会代表共同组成的纪律理事会裁决，或由该组织所委

---

① 参见《欧洲共同体条约》第230条和第232条。

② 绝大多数联合国下属国际组织获此权利的限制条件是，不得请求关于它们与联合国关系或与其他联合国下属组织的关系的法律意见。

任的机关在听取纪律理事会的汇报后裁决。当事方若对此类裁决有异议，可以选择法律途径，向行政法院起诉。①

与国际组织发生联系的人员若在工作中遭受损失，一般无法求助于法院。② 当然，一个国际组织越能干预个人的权利，越有必要建立一个权利保护机制。此点特别适用于欧洲共同体，因为它能够通过条例和决定直接影响自然人和法人的权利。所以，每一个欧洲共同体决定的承受者，以及每一个被一个非以他为接受人的决定或被欧洲共同体或欧洲原子能共同体的条例直接影响的个人，都可通过提起诉讼，要求认定该决定或条例无效，来获得欧洲共同体法院的法律保护。除了该无效之诉之外，如果欧洲共同体的机关有义务对个人有所作为，但在接到要求两个月后仍不作为，个人还可提起不作为之诉。此外，个人可以提起官方责任之诉，要求官方对其公务员失职承担应负的责任。

案例事件

国际组织成员之间争端中的专家小组的介入

针对国际组织成员之间的争端，在非司法机关行使司法职能之前，可由独立的专家委员会先行介入。在联合国《公民权利和政治权利公约》第 41 条里规定了一项选择条款，可以据此提起国家申诉。该国家申诉可被提交给人权委员会的专家小组。如果人权委员会无法协调争端，可在争端双方同意的情况下，将国家申诉提交给一个临时调解委员会，但它的决议报告对争端双方不具有拘束力。1966 年 12 月 19 日的一份选择备忘录③中规定了在人权委员会提起个人申诉的机会。根据备忘录第 5 条第 4 款，该人权委员会会向当事的缔约国和个人通报其观点。

亚太经合组织领导人非正式会议的特殊性

首先，亚太经合组织领导人非正式会议每年定期召开。从 1993 年召开第一次亚太经合组织领导人非正式会议到 2018 年召开第 26 次亚太经合组织领导人非正式会议，亚太经合组织成员方领导人每年都要聚会一次。第 27 次会议未能在

---

① 此类争端在欧洲共同体由欧洲法院的初审法院负责。由于对于小型组织而言，不值得设立自己的行政法院，那些将总部所在地设在欧洲的联合国专门机构和其他组织均将此类人员争议交给国际劳工组织的行政法院管辖。

② 国际劳工组织的行政法院是一个例外，根据其行政法院的规章第Ⅳ条第 4 款，它也对私法合同纠纷拥有管辖权。

③ 文本见 BGBl. 1992 Ⅱ, S. 1247 ff.

2019年举行。① 而其他国际组织，例如欧盟的首脑会议、东盟的首脑会议通常都是不定期举行。

其次，亚太经合组织领导人非正式会议的层次最高。一般的国际组织很难做到每年都把各成员方领导人聚集在一起举行一次会议，亚太经合组织则不同，领导人非正式会议的参加者均为主权国家的元首或政府首脑，重大的决策都由亚太经合组织领导人非正式会议作出。

最后，亚太经合组织领导人非正式会议具非正式性。从名称上就可以看出，该会议是一个“非正式”的会议，各成员方自愿参加、自愿作出承诺。在会议上，各成员方的首脑们不是进行谈判，而是为了寻求共识进行广泛协商。非正式性甚至体现在成员方首脑的着装上，他们通常都身着会议举行地的民族服装，会议在一种轻松的气氛中召开。②

❖ 问题思考

1. 弃权投票的国家是否应该受到国际组织所通过的决议的约束？
2. 实现国际组织结构的功能协调和权力均衡需要践行哪些原则？

---

① 2019年10月30日，智利总统皮涅拉发表电视讲话，出于国家稳定和社会安宁的考虑，宣布取消11月和12月将在智利首都圣地亚哥举办的亚太经合组织领导人非正式会议和联合国气候变化大会。

② 赵淑慧：“从国际组织法的角度看亚太经合组织的特殊性”，载《公民与法（法学版）》2012年第3期，第26~28页。

第三章　国际组织的造法能力和权限

◎ **核心概念**

基础性的共同体法；派生性的共同体法；内部共同体法；辅助性原则；国际组织的权限

◎ **重点内容**

——相对于创设国际组织的基础性的共同体法——亦称首级法，由国际组织自行制定的法律被称为派生性的共同体法——亦称次级法。

——一个国际组织的整个法律体系被称作内部共同体法。

——根据辅助性原则，只有在为了实现组织宗旨绝对必要时，国际组织才可干涉成员的主权。

——如果一个国际组织越权签订一项国际条约，根据信任保护原则，该国际组织仍受该条约的约束，除非条约缔结的越权特征对其他缔约方而言是显而易见的。

第一节　法律制定

只要在章程中被授权，国际组织便有能力自行制定法律。相对于创设国际组织的基础性的共同体法——亦称首级法，由国际组织自行制定的法律被称为派生性的共同体法——亦称次级法。

一、派生性的共同体法

这里，“共同体”一词不应被理解为欧洲共同体，并联想到欧洲共同体的法律；事实上，该词更指那些联合起来形成一个国际组织的多个国家。由于这种派生性共同体法的生效基础来源于基础性的共同体法，它们属于国际法，所以，派生性共同体法也同样属于国际法。两种情形均为特别的国际法。

一个国际组织的基础性的和派生性的共同体法组成一个完整的法律体系，对国际组织及其机关——也包括组织的成员——具有法律拘束力。一个国际组织的整个法律体系被称作内部共同体法。在一个国际组织的框架内还可以发展出习惯法，但目前，此种习惯法仅仅在国际组织的特权和豁免领域内尚存些许。

如果国际组织颁布的规范向各个成员发出，则这些规范也间接地适用于成员方国家权力之下的个人。国际组织的规范发挥作用，一般有如下四种途径。

第一，国际组织颁布的规范具有直接效力，直接赋予成员方国民权利、使其承担义务。①

第二，各个国际组织的建立条约中包含颁布派生性法律的授权规范。在成员关于制定法律及其权限尚未达成一致决定时，此类授权也可以是对组织内各个机关的预设授权。一项基于建立条约的授权而颁布的规范本身可以包含一项颁布规范的授权。

第三，国际组织还可根据自身的“隐含权力”和实际效果原则说明其颁布派生性法律的依据。根据“隐含权力”规则，即便不存在关于权限分配的明文规定，一个国际组织也可被赋予完成组织任务所必需的权限。如果诉诸实际效果原则，可以允许对条约的规定作出尽量宽泛的解释，以便缔约方能够真正实现其所追求的目标。

第四，依据国际组织的组织权力，国际组织也可以颁布派生性法律。组织权力意味着，每一个组织自然地拥有自行组织其内部运作的权利、颁布议事规则的权利和向下属机构分配公务的权利。组织权力不得违背该国际组织章程的各项规定，也不得违背其派生性法律的各项规定。

二、服从于国际法

作为国际法主体，国际组织受到国际法的规制，也就是说，国际组织应该服从它们所签署的国际条约、适用的国际习惯法和一般法律原则。约束国际组织的国际法与共同体的内部法之间的关系类似于约束国家的国际法与国内法之间的关系。通常，在一个国际组织内部，国际组织的建立条约作为特别法优先于一般国际习惯法。但在这里，国际条约也可被国际习惯法微调。②

如果一个国际组织越权签订一项国际条约，根据信任保护原则，该国际组织仍受该条约的约束，除非条约缔结的越权特征对其他缔约方而言是显而易见的。

国际组织的所有机关都可受命解释国际组织的法律，首要的当然是司法机

① 欧洲共同体的条例和决定就属于这种情形。

② 例如，在《联合国宪章》第 27 条第 3 句范围内，国际习惯法上的实践是，一个常任理事国弃权投票不被视为行使否决权。

关。当国际组织的法律与各个国家的法律发生联系时，国家级的司法机关也必须解释国际组织的法律。对于派生性共同体法规范，应根据基础性法律——即组织的章程和一般国际法——进行解释。在欧洲共同体法中，先行裁决可避免国家级司法机关对欧洲法的相互矛盾的解释。

三、国际组织的造法能力和影响

国际组织通过制定法律性的或者立法类的程序方案，以期影响国家的行为；没有法律拘束力的规范性建议，也具有某种法律相关性。目前，尽管学界对国际组织是否具有直接的造法能力存在争议，但在事实影响力上，例如联合国大会对三次海洋法会议的召开起到了直接推动作用，可见，安理会、国际法院、联合国海洋法法庭等重要国际组织的造法功能均举足轻重。

虽然有些政府间国际组织也参与国际造法活动，但包括联合国在内，这些政府间国际组织只不过是依协定建立起来的职能机构。通常情况下，它们创立的国际法规则仍需国家的批准或同意才能生效。

随着国际法的发展和细化，国际法律体系的分支不断增多，规范层次和治理机制日趋复杂，“全球规则制定的组织化”已是大势所趋。因此，对以国际组织为平台发起的各类造法会议或准造法会议，国家都应该与时俱进，重视对这些国际组织的介入和影响。①

国际组织被认为是把国际法从开展双边交往的初级框架转变为多边合作基础上的治理机制的主要工具，通过管理式缔约或者强迫式缔约模式，推动了多项国际造法。例如多边环境协定，就依赖通过所有条约缔约方的会议进行造法，形成了一类“管理性”条约；而国际劳工组织采用了强迫式缔约模式，以确保条约随后获得批准，并在国内实施。② 多边的国际组织成员众多，造法参与度广泛，组织场所常态化，扩大了进行国际规制的主题的范围，并且激发了制定国际标准的新方法，为国际规则的制定提供了新的样板和思路。③

第二节　权限

第一，国际组织的权限通常发生地理上的重叠，也有事实上的交叉。因此，

---

① 罗欢欣：“国家在国际造法进程中的角色与功能——以国际海洋法的形成与运作为例”，载《法学研究》2018 年第 4 期，第 55、58、65 页。

② ［美］何塞 E. 阿尔瓦雷斯：《作为造法者的国际组织》，蔡从燕等译，法律出版社 2011 年版，第 451 ~ 479 页。

③ 谢海霞：“人类命运共同体的构建与国际法的发展”，载《法学论坛》2018 第 1 期，第 27 页。

有的国际组织的章程包含一些规定，对服务于同一对象或同一区域的国内组织进行工作分工。有些国际组织具有全方位的目标，比较困难的是区分其中在世界范围内发挥影响的国际组织与在区域范围内发挥作用的国际组织。另外，区分具有全方位目标的组织与执行具体职能任务的组织也比较困难。在后者中，还需区分具有不同职能任务的国际组织。

第二，辅助性原则应该受到国际组织的重视。根据辅助性原则，只有在为了实现组织宗旨绝对必要时，国际组织才可干涉成员的主权。也就是说，只有当国际组织的目标在成员层面不能如同在组织层面一样得以圆满实现时，国际组织才应采取行动。

如果一个国际组织越权颁布规范，则该法律无效。

如果一个国际组织在没有授权的情况下干涉各国的国内管辖权，此种干涉无效。某些案情专属于各国的国内管辖范畴，这一点值得尊重。①

权限划分可以依据辅助性原则，即各种职能首先应该由小一些的或者专业一些的国际组织来执行。只有当那些小一些的或者专业一些的组织无法实现目标时，才由大一些的或者非专门组织来接受任务。辅助性原则也适用于一个国际组织和它的成员之间的关系。只有当国际组织比其成员更有能力完成好某些任务时，才将那些任务交给国际组织。

举例而言，联合国与各个区域组织，例如，欧洲理事会、美洲国家组织、阿拉伯国家联盟和非洲统一组织的权限划分就并不是一个简单的权限划分，原因在于，所有这些组织在其区域内所追求的目标都与联合国的目标一样广泛。

第三，关于建立国际组织的条约常含有与其他国际组织合作的义务。② 此合作可以限于大使领事类人员、观察员和各种报告的交流，也可导致国际组织之间签订国际条约。特别在联合国的专门组织中还可建立联合委员会，在该委员会中，代表们可就各个组织的活动相互协调。此类共同机关还可发挥补缺的作用。例如，国际劳工组织的行政法院在负责处理本组织的法律事务的同时，也负责30多个政府间组织的公务员的相关事务，包括欧洲核研究组织、联合国粮农组织、国际原子能机构、国际农业发展基金会、国际电信联盟、联合国教科文组织、万国邮政联盟、世界卫生组织、世界知识产权组织、世界气象组织和世界贸易组织等。

第四，国际组织也可以是其他国际组织的成员。例如，一个国际组织可以与另一个国际组织联合，由此成立一个新的国际组织。一个国际组织还可以作为完

---

① 参见《联合国宪章》第2条第7项。根据《欧洲联盟条约》第6条第3款，联盟尊重其成员的国家身份。

② 见《欧洲共同体条约》第304条规定："共同体与经济合作发展组织进行紧密的合作。"

全资格成员加入一个业已成立的国际组织，当然，这种情况较少出现。由于意欲加入其他组织的组织及其成员不能同时在另一个国际组织中主张权利，则其成员届时必须放弃各自的席位。如果没有特别安排的话，欧洲共同体当年加入世界贸易组织将导致欧洲共同体成员在世界贸易组织中不是拥有 25 个席位，而仅仅是一个席位。在世界贸易组织中进行投票时，根据《世界贸易组织协定》第 IX 条第 1 款第 3 句，欧洲共同体拥有的票数与加入世界贸易组织的欧洲共同体成员数量一致。可见，欧洲共同体成员可以保留自己的投票权，并在投票时相互协调或寻求特别安排，这对这些成员无疑是更加有利的。

第五，国际组织可以设立附属的非独立的组织和组织性下属机构。一方面，一个组织的下属机构与该组织的联系有时极其密切，以至于使人质疑，该下属机构是否仍然作为独立的法律人格存在。另一方面，下属机构也可能独立行事，给人一种它是一个独立的国际组织的印象。

案例事件

国际组织参与下的软法的订立

联合国国际贸易法委员会是联合国大会的辅助机关，该委员会制定的《国际商事仲裁示范法》于 1985 年被联合国大会通过，作为国际商事仲裁的推荐性立法范本。该示范法虽然没有传统法律上的强制执行力，但是得到各成员的广泛关注并产生了深远的影响，包括中国、俄罗斯、保加利亚在内的很多成员在国内的仲裁立法以该示范法为主要参考，或稍作修改后予以采用。①

此外，1991 年，《关于特别海域的指定及特别敏感海域认定的指南》对特别敏感海域的概念、认定、设立及保护措施等方面作出规定。1999 年，国际海事组织（IMO）大会通过 A. 885（21）号决议，详细阐述了上述文件建立的工作程序。2002 年，A. 927（22）号决议更新并简化了原有的建议性指南。2005 年，《特别敏感海域识别和指定修订指南》通过 A. 982（24）号决议被采纳。② 2005 年 11 月至 12 月，国际海事组织大会第二十四届会议通过了该修订指南。虽然该修订指南作为 IMO 的决议属于软法，不具有法律拘束力，但是，各国对其非常重视，并在实践中遵行。

---

① 曾涛：《示范法比较研究》，人民法院出版社 2007 年版，第 79 ~ 80 页。

② 吴海宁、谭振庆："关于在南海诸岛水域建立特别敏感海区的思考"，载《中国海事》2014 年第 2 期，第 38 页。

联合国安理会决议造法应当受到严格限制

联合国安理会通过的1373号决议①（反恐行动）与1540号决议②（防止核生化武器扩散）明显带有造法性，引发了国际社会对其合法性的质疑。不过，仔细解读联合国宪章和安理会的实践不难发现，宪章的相关条款并没有排除安理会决议造法的可能性。基于《联合国宪章》中部分规定的“隐含的授权”，以及维护国际和平与安全的客观需要，安理会既有的决议造法实践的合法性和正当性应当得到肯定。

但是，由于安理会决议造法本身与国际法基本制度相悖，并且，国际法院亦无法通过司法审查对其进行必要的制约，因此，安理会决议造法不得任意地进行，而应当受到严格的限制。③

❖ 问题思考

1. 怎样看待国际组织“隐含权力”的扩张？如何进行法律规制？
2. 国际组织造法的必要性和趋势如何？

---

① 中华人民共和国外交部《关于执行联合国安理会第1373号决议的通知》和《联合国安理会第1373号决议》见 http://www.gov.cn/gongbao/content/2001/content_61169.htm，2020-06-09访问。

② 《联合国安理会第1540号决议》是2004年4月28日安全理事会第4956次会议通过的决议。

③ 王虎华、蒋圣力：“联合国安理会决议造法的国际法思考”，载《时代法学》2015年第6期，第99页。简基松：“对安理会‘决议造法’行为之定性分析与完善建言”，载《法学》2009年第10期，第77页。

第四章　国际组织的经费和特权

◎ **核心概念**

经费来源；特权；豁免权；国际公务员

◎ **重点内容**

——各个成员的会费额度按照经济支付能力确定，交款能力与政治影响力有关联性。

——国际组织特权种类包括免受其他国际组织以及成员方国内的司法管辖和强制执行、建筑物和档案不受侵犯、与成员以及非成员自由交往、免纳关税等。

——国际公务员在本国无论是在执行公务中，还是在公务结束后，都享有豁免权。

——国际公务员的豁免权不是个人的特权，为了公平正义，国际组织也可以违背国际公务员的意志放弃他的豁免权。

国际组织的运行需要经费，行使职能需要一定的特权和豁免。

第一节　国际组织的经费

一般而言，国际组织的成员共同筹措组织所必需的经费。对此，多数国际组织在章程中规定各个成员的年度会费数目。虽然国际组织通常在形式上平等对待其成员，但各个成员的会费额度按各成员的经济支付能力确定。例如，可以根据各国的国民收入确定。但是，一般会规定最低交款额和最高交款额。会费交款用可兑换货币支付。具有较强交款能力的国家通常会要求在组织中拥有更多的政治影响力。

国际组织也可向成员或在金融市场上筹措贷款，此种贷款通常用于正常预算难以满足的长期项目。① 国际组织的成员不对组织的贷款承担责任，除非贷款条

① 基于这个原因，联合国教科文组织为拯救阿布辛贝的寺庙进行了贷款。

件中规定了成员的责任。国际组织每年拨专款支付利息和偿付贷款。

国际组织还可拥有自己的收入。欧洲共同体就使用自己的资金支付预算，该收入来自外部关税、各个成员增值税收入的部分比例和欧洲共同体“国民生产总值”的部分比例。出售组织的出版物、出售圣诞卡[①]和出租会议场地的所得也属于国际组织的自有财源。

在由成员会费来支付预算的国际组织里，绝大多数的章程都不包含对成员拒绝缴费情形的特别规定，只有《联合国宪章》第19条对拒交会费规定了丧失其在大会的投票权的处罚内容。

第二节　国际组织的特权和豁免

国际组织的特权与豁免是为了保障国际组织存在的独立性不受其他国家干涉，并能行使其职能权力而制定的一系列的措施。特权是从实体法角度出发，指的是在如兵役、海关、税收、移民、外汇、就业许可等领域的国内法律不适用于国际组织[②]；豁免是从程序法角度出发，指其虽然适用国内实体法，但是从程序上免除对国际组织的司法审判和执行。[③]《联合国特权与豁免公约》（1946年）和《联合国专门机构特权与豁免公约》（1947年）成为其他国际组织制定特权与豁免规则的模板。

一、国际组织特权与豁免的理论依据

关于国际组织特权与豁免的理论基础，目前占据主导地位的是“职能说”。该学说在1961年《维也纳外交关系公约》序言中得到确认，“国际组织的豁免权只能建立在职能的基础上”。该学说普遍体现在国际组织的相关条约中，并且，诸多国家立法一般也以此条约为立法依据。职能说不仅对国际组织享有特权与豁免的权利这一观点进行了支持，同时也对国际组织行使相关权利进行了制约。

其次是代表说。该学说认为，国际组织所拥有的特权与豁免是出于成员为实现其愿望和利益而进行的让步，以此赋予国际组织特权与豁免。代表说其实本质

---

① 这部分收入占联合国儿童基金会总收入的7%。

② August Reinisch, International Organizations before National Courts, Cambridge University Press 2000, p. 14.

③ Peter H. F. Bekker, The Legal Position of Intergovernmental Organizations: A Functional Necessity Analysis of Their Legal Status and Immunities. Martinus Nijhoff Publishers 1994, p. 182.

上认为，国际组织的特权与豁免是出于对外交国家的尊重与对自己国家的保障。

除了以上两种学说，“法律人格者”说、“公平受益”说、“独立性”说等也形成国际组织特权与豁免的一定依据。其中，“法律人格者”说认为，特权与豁免是国际组织作为法律人格者的固有属性和必然结果；“公平受益”说则推论，为了避免东道国对国际组织单方面行使管辖权而损及成员的公共利益而必须赋予国际组织豁免；“独立性”说认为，国际组织必须不受到外界干扰而独立运作，方能实现其职能，并达成其目的。①

二、国际组织的各种特权和豁免

一个国际组织的重要特权是免受成员方国内的司法管辖和强制执行，免受其他国际组织的司法管辖。当然，国际组织可以全面地或者有选择地放弃这些特权。就参与国际经济交往的国际组织而言，适当履行义务和完成任务要求限制国际组织的豁免权。

国际组织的建筑物和档案不受侵犯。国际组织的建筑物像外国的使馆建筑物一样在域外受到保护。国际组织的建筑物处于客居国的领土内，属于该国法律制度的管辖范围，但不受所在国的强制执行。但是，国际组织不享有难民权。

国际组织欢迎的私人应可自由进入其建筑物，并应被允许随时离开。

为了使国际组织完成任务，国际组织总部所在地国必须保证国际组织与其成员和非成员能够自由交往，并免受任何检查的干扰。国际组织的金融交易不得受国内货币保障规定影响。

为了使国际组织总部所在地国不取得相对于其他成员的任何优势，通常，对国际组织的财产免于征收直接或间接的税款。由此，国际组织免纳关税，而且，国际组织执行公务所必需的物品不受输入和输出的禁止或限制。

三、国际组织机关的各种特权和豁免

根据特别协定，国际组织的一些领袖人物，诸如联合国秘书长、各个国际法庭的法官，享有特权和豁免。与此相反，在该特别协定中，下属职员以及地方招募的职员部分地或完全地不享有赋予国际公务员的权利。

国际公务员像外交官一样享有豁免权，由此，他们才能够不受阻碍地行使其国际法上的职能。外交官在接受国享有公务上的以及部分私人行为的豁免权，但在自己国家必须如其他公民一样服从国内法的管辖。

国际公务员却不同，即使相对于本国，他们仍然享有豁免权。原因在于，如

① 李赞：“论国际组织豁免的理论依据”，载《北方法学》2011 年第 3 期。

果国际公务员顾虑其可能由于在国际组织执行公务时的决定而被本国法院追诉，那么，他的自由决定权将受到损害。所以，国际公务员在本国无论是在执行公务中，还是在公务结束后，都必须享有豁免权。当然，国际组织将其公务员的豁免权限制在组织的公务行为之内，并且，这种豁免不包括任何进一步的权利诉求。

如果对一项国际组织行动的公务性质存在疑问，决定应将该具体行为视为公务行为还是私人行为的决定权不属于国内法院，确切地说，地方法院受到相关国际组织最高机关的有关解释的约束。法院所在地国对国际组织行动性质的怀疑仅应由一个国际仲裁法庭来解决。①

由于国际公务员的豁免权不是个人的特权，而是出于国际组织的利益而赋予，所以，为了公平正义，国际组织也可以违背国际公务员的意志放弃他的豁免权。如果国际组织不解除其公务员的豁免权，受害者则通常得不到法律保护。然而，在欧洲共同体框架内，根据《欧洲共同体条约》第288条第2款，该公务员可以针对共同体向欧洲共同体法院提起一项官方责任之诉。

国际公务员享受自由迁徙权，当然，他们应该尊重现存关于入境和出境签证的规章制度。在发生战争的情况下，国际公务员有权自由地返回自己的家乡。

一个国家不应由于国际组织在其领土内设立总部而得到好处，该事实导致国际公务员在税法领域享有特权。这就是说，国际公务员不受所在地国税法的管辖。如果将国际公务员的收入置于其各自国籍国的税法体系之下，会导致在一个组织内相同工作成果获得不同报酬的后果。有鉴于此，国际组织职员的职务收入不纳税。②

参与国际组织的国家代表、准议会机关的人员③、参与国际组织个案的专家、某国际组织统辖之下的武装部队人员④均享有类似于国际公务员所享有的特权。当然，这种特权不是持续性的，而仅适用于为国际组织服务期间。

特权与豁免争议的解决依据《联合国特权和豁免公约》与《联合国专门机构特权和豁免公约》的规定。有关组织可以要求国际法院出具法律意见书，该法律意见书对有关成员和国际组织具有法律拘束力。总部协定也可规定争议交仲裁庭解决。

---

① 在欧洲共同体框架内，此类问题由欧洲法院决定。参见 EuGH, Rs. 5/68, Slg. 16, S. 590.

② 与此相反，基于国内税务公平利益的考虑，美国不赋予在国际组织工作的美国公民税务豁免。

③ 这里指欧洲理事会的议事大会的人员、欧洲议会的人员、欧洲共同体经济和社会委员会的人员等。

④ 联合国的武装部队也属于这种武装部队。

案例事件

2019年多国欠费致联合国陷入财务危机

2019年，由于美国等60多个会员国没有按时缴纳当年会费，联合国再次陷入财务危机。美国作为联合国第一大会费国，长期拖欠会费，累计拖欠约10.55亿美元，其中2019年拖欠6.74亿美元。

这已经不是美国在联合国的第一次“欠费”。2011年，联合国教科文组织通过了巴勒斯坦以成员的身份加入联合国教科文组织的提案后，美国和以色列随即以中止缴纳会费表示不满。因拖缴巨额会费，美国和以色列丧失了在联合国教科文组织的投票权，之后，两国相继退出这一组织。①

从海地霍乱案看国际组织的豁免权（2010－2016年）

2010年10月，一名携带霍乱病菌的尼泊尔籍维和士兵将排泄物直接排入海地的一条河流，导致海地爆发当今世界上最大规模的霍乱，超过70万人感染疫病，8600多人因此丧生。但联合国一直拒绝承认对此次灾难负有责任。2011年，非政府组织海地正义与民主院代表霍乱受害者向联合国提出赔偿要求。但联合国认为，该诉求涉及对“政治和政策事项的审查”，不属于1946年《联合国特权和豁免公约》第8条第29节下的私法性质的争端，拒绝接受。

该组织转而向美国法院提起诉讼。2013年10月，由受害者组成的代表团向联合国所在地的纽约市地方法院提起了诉讼，要求联合国向受害者及其家属道歉并承担赔偿责任。2015年1月，经多方考虑后，法院以联合国享有管辖豁免为由驳回了受害人的诉讼申请。2016年8月，美国第二巡回上诉法院判决维持联合国享有豁免权、驳回原告诉讼请求。

之后，联合国秘书长潘基文对此发表声明，承认联合国对霍乱受害者负有“道德责任”。该声明虽然没有放弃联合国的豁免权，却实际上开启了联合国与自身职能相关的行为所造成的伤害承担责任、为受害者提供救济的先河。联合国在实践中常常享有绝对豁免，却又未设立适当的救济机制为受害者伸张正义，造成“有罪不罚”的结果，引发正当性质疑。

海地霍乱案表明，对大规模侵权损害的绝对豁免已经损害了联合国的利益。在联合国认为放弃豁免、承担法律责任会损害其利益的情况下，在1946年《联合国特权和豁免公约》对“功能相关绝对豁免”的规定文字明确、国际习惯做法也很明确的情况下，“道德责任”既能在一定程度上弥补绝对豁免的正当性缺

---

① 张丹、陈文峰：“‘美国优先’严重损害国际秩序”，载《解放军报》2019年11月25日，第4版。

陷，又能协调各方的利益，也不违背功能必要的初衷，它实际上构成对联合国豁免制度的补充和发展。通过各方协商，以“道德责任”的方式实现正义，可能是今后联合国甚至国际组织应对大规模侵权案件的一般模式。①

❖ 问题思考

1. 是否该对国际组织的豁免权采取必要的限制措施？如何限制？
2. 国际组织特权与豁免和国际法上对外交人员的特权与豁免是什么关系？

① 魏妩媚：“论联合国‘功能相关绝对豁免’困境及应对——以海地霍乱案为视角”，载《法学评论》2018年第2期，第165页。

第五章　国际组织的表决制度

◎ **核心概念**

一致表决制度；多数表决制；协商一致原则；加权表决制

◎ **重点内容**

——表决权的分配原则可分为平权表决原则、加权表决原则和重复表决原则。

——表决权的集中制度分为全体一致原则、多数表决原则和协商一致原则。

——多数表决制分为简单多数表决和特定多数表决，后者为避免多数一方强行通过协议，要求一定比例的多数。

——协商一致原则允许各国对决议提出保留或自行解释的声明，影响了决议的全面实施，同时还存在概念模糊、耗时较长的缺点，有待完善。

——加权表决制度不按传统表决制度的一方一票，而是以特定成员的责任、贡献、利害关系等为标准，赋予各成员不同权重的投票制度。

在国际会议和国际组织中，表决制度是一个十分重要且敏感的问题，它是国际会议中公约草案或国际组织决议和建议产生效力必经的法律程序。现代国际组织的表决制度源于近代国际会议的表决制度，但随着科学技术的进步和国际关系的发展，表决权和表决形式都与传统的表决制度有所不同。

第一节　国际组织的现有表决制度

在国际会议或者国际组织中，由专门的表决规则监管规范文件的通过。遵守表决规则是这些规范性文件生效的根本条件。国际会议和国际组织间的表决规则具有多样性。表决制度更是国际组织在决策过程中的一项重要制度，直接影响着组织的运转方式以及作用的发挥。表决程序是通过特定方式、规则来决定国际组织的某项决议草案能否得到通过和实施的程序。

表决权的分配原则可分为平权表决原则、加权表决原则和重复表决原则。表决权的集中制度分为全体一致原则、多数表决原则和协商一致原则。表决制度最重要的发展，就是更科学、更合理地让国际组织进行决议。

一、一致表决制

在政治性的国际组织中，很早就形成了一致表决制度。一致表决制度要求决议必须经过到会全体人员的一致通过。这个原则的理论依据是国家主权平等原则。第一次世界大战以前，诸多国际会议上盛行全体一致的表决方式。历史上一些重要的国际会议在议事规则上都采取全体一致同意通过的表决方式。例如，1815年的维也纳和会、1856年的巴黎和会、1899年和1907年的两次海牙和平会议等。①

当今国际社会采用一致同意原则的国际组织数量较少，但它仍是一个重要的表决方式，适用于一些区域性的国际组织就重要问题的表决。对于一些封闭性的国际组织来说，它是维持自身存在的重要保障，其存在有着客观必然性及现实意义。北大西洋公约组织理事会、华沙条约组织政治咨询委员会、欧洲理事会均采用全体一致同意规则通过决议的表决方式。

一致表决制度充分体现了国家主权的平等，充分尊重了各国的民主和主权，使其通过的决议具有普遍的效力。但它有一个缺点：一致表决会导致一个或几个国家可以否决绝大多数国家的意见。若国际组织的决议与某些国家利益取向相反，必然导致这些国家的不同意或不赞成，从而使它无法产生效力，这样就会降低工作效率，不利于国际组织行动的有效开展和扩大，甚至损害其他国家或整个世界的利益。

二、多数表决制

最早采用多数表决方法的是司法系统的国际组织。到了19世纪，一些行政性的、事务性的、技术性的国际组织也采用了多数表决这种方式。而长期以来一直以全体一致通过规则进行决议的政治性国际组织也开始寻求各种缓和措施，例如国际联盟。

区域性国际组织一般都采用一致表决。为了打破传统表决程序的局限性，加强其组织的作用与运作能力，对某些非政治性事项和程序性事项的决议逐渐采用简单多数或特定多数表决程序，这是国际议事规则中一项意义重大的发展。

---

① 参见黄惠康："现代国际组织的表决制度"，载《社会科学》1984年第6期。

多数表决制度按表决事项的重要程度和表决机关的性质，可分为以下两种表决方式。第一种，简单多数表决。决议只要超过所投票数的一半即可通过。此种方式大多为国际组织的大会所采用，例如《国际民用航空公约》（通称《芝加哥公约》）第48条第3款规定，“大会决议应以所投票数的过半数票通过”。

第二种，特定多数表决。此种形式主要是为了避免多数一方强行通过决议，要求一定比例的多数。大多用于接纳会员国、通过预算和条约、选举、修改公约等方面（如表1－1所示）。

表1－1　特定多数表决制在国际公约中的体现

特定多数	公约	条款	规定
三分之二	《联合国宪章》	第18条第2款	联合国大会重要事项的表决
四分之三	《建立世界知识产权组织公约》	第6条第3款第5项	承认国际协定管理措施条款的规定
五分之四	《国际民用航空公约》	第93条	接纳原敌国入会的规定
十分之九	《建立世界知识产权组织公约》	第6条第3款第6项	批准根据联合国宪章第57条和第63条与联合国签订的协定

多数投票规则比较真实地反映了国际组织成员之间在综合国力、贡献大小等方面的不同，它是现代国际关系中各国实力较量的结果，并且，将各成员的权利同它们对组织的贡献与责任结合起来，有利于增强组织的能力，保障组织决议的形成与实施。多数投票规则克服传统表决程序的局限性，加强其组织的作用与运作能力，提高工作效率。

然而，这个原则有一个弊端，它可能造成多数不顾少数的反对意见而强行通过一个公约或决议，如果这个少数的力量颇大，就可能出现少数拒不执行，从而使国际会议或国际组织的决议成为一纸空文。

三、协商一致原则

协商一致规则是国际会议议定约文或国际组织通过决议的一种新的程序性规则。由于投票表决制度采用的是生硬的投票方式，容易在国际会议上或是国际组织内产生对抗，20世纪60年代以来，国际会议或国际组织逐渐形成了一种新的决策制度即协商一致。最先规定协商一致原则的是1961年联合国和平利用外层空间委员会的一次委员会会议。最早对“协商一致”给出定义的是1974年世界人口会议内部规则附录：“协商一致并非必须全体一致，是指不经投票的一般合意”。[①] 1973

① 周跃雪：“WTO决策机制法律问题研究”，西南政法大学2005年博士学位论文，第38页。

年至1982年，联合国第三次海洋法会议进一步倾向于把协商一致原则制度化，这次会议自始至终适用该原则，而不是全体一致表决或多数表决原则。①

协商一致原则有如下四种适用范围。其一，国际组织讨论事项涉及重大国际政治、经济或其他政策性问题和国际法的原则问题。其二，联合国下属的小组委员会和特设委员会。其三，以召开定期国际会议为特征的国际组织。其四，联合国和其他一些国际组织主持召开的制定多边国际公约的国际会议。②

协商一致原则是国际组织表决制度的新发展，体现了国家主权平等原则，适应了当今国际社会的需要，在现代多边外交活动中得到了广泛的应用。协商一致程序减弱了投票表决中的对抗性，确保公约草案或大会决议得到最广泛的接受，有较大灵活性和实用性。但是，由于它允许各国对决议提出保留或发表自行解释的声明，从而影响决议的全面实施。同时，协商一致还存在着概念模糊、耗时较长的缺点，有待在实践中进一步完善。③

四、加权表决制

为了使国际组织更有效地开展工作，一些国际组织以缴纳会费、承担责任能力等为标准，实行投票权重差别化的加权表决方式。实践中，早在1905年，国际农业协会根据出资金额，采取了五个等级的投票方式。此后，国际货币基金组织和国际复兴开发银行按照出资金额和股票分摊数决定票数。此外，联合国安理会的“五大国一致同意”原则规定，安理会关于实质性问题的决定需要15个理事国的9票通过，其中要包括中、法、苏、英、美五个常任理事国的同意票。

加权表决制度是国际经济组织特有的表决制度，它不按传统表决制度的一国一票，而是以特定成员的责任、贡献、利害关系等为标准，赋予各成员不同权重的投票制度。享有加权投票权的成员所投的一票并不代表一票，而是数票；或是这一票的效力与其他普通成员的效力不同。④ 国际经济组织采用多数表决程序规则能有效地发挥国际组织的功能，广泛深入地进行国际合作。

---

① 万鄂湘：“海洋法公约与条约制度的新发展”，载《武汉大学学报（社会科学版）》1990年第1期，第64页。其会议的程序规则第37条规定：“在以2/3多数就实质问题作出决定以前，应该确保已经用尽谋求达成一般合意的一切努力。”该规则的附件规定：“会议应该就实质事项作出各种努力以通过协商取得基本一致，直到用尽此种努力之前，都不应该就这种事项进行表决。”

② 王正超：“论‘协商一致同意’制度”，载《政治与法律》1988年第6期，第42～43页。

③ 王军敏：“国际会议和国际组织的协商一致原则”，载《外国法译评》1998年第3期，第93～96页。

④ 黄惠康：“国际经济组织表决制刍议”，载《法学评论》1987年第3期，第32～33页。

第二节 国际组织理想表决制度的选择和构建

对于上述各种制度，例如特定多数、加权表决、在执行机关的组成中赋予大国的特殊地位，许多国家特别是第三世界国家日益表示不满，它们认为，那样会造成大国对国际组织的垄断，也就不能真正实现国家在国际组织中的平等权利。第二次世界大战以后，国际组织迅猛扩大，新成立的国际组织基本上都放弃了一致表决制，而采用了某种多数表决制度。

随着国际交往的扩大、国际合作的加深以及政治经济的全球化，要求国际会议和国际组织的表决制度更加高效、更加民主，这种要求开始对传统表决制度的缺陷造成冲击。主要体现在两个方面。

一方面，冲击了全体一致同意表决方式。全体一致规则可能久议不决，首先是其决策制度缺乏效率；其次是隐藏了一个固有的缺点，即一个或几个很少数的国家可以否决绝大多数国家的意见；最后是完全采用全体一致原则会影响国际组织的作用及其运行能力。因此，采用低于百分之百同意率的决策规则有其必然性。多数表决制度和协商一致规则的出现和发展是历史发展的必然结果。

另一方面，冲击了平等投票权。国家在法律地位上是平等的，这就要求国际组织投票权分配采取同权分配制度，但是各国在领土、人口、资源、经济发展程度、能力、贡献等方面是不同的，各个国家的利益必然存在差异。因此，为了实现实质上的平等，国际组织应在投票权分配上采用加权表决制度。

此外，在现实中，一个组织的宪法性文件提供简单多数或特定多数两种投票方法，根据问题的类型决定适用哪一种投票方法，这样才能达到理想效果。

案例事件

1965年法国“空椅政策”阻碍多数表决制

1965年4月至6月，法国与欧共体其他成员在农业和共同体超国家组织的扩权问题上发生严重分歧。德国和意大利等成员提议把共同体内部的决策机制从一致通过改变为多数表决制。戴高乐坚决反对这项提议，认为多数表决制将损害大国的独立性。

1965年6月30日，在轮值主席国法国的主持下，欧共体理事会在布鲁塞尔开会讨论这项建议，各方僵持不下。主持会议的法国外长德姆维尔宣布无限期休会。随后戴高乐召回了法国在共同体常设代表委员会的代表，全面实施缺席抵制政策，在以后7个月的时间里，法国代表没有参加任何欧共体会议，从而引发了持续半年之久的“空椅危机”。由于法国的缺席，欧共体举行的会议无法作出共同决策，使欧共体几乎陷入瘫痪。

1966年1月，欧共体与法国达成了妥协，其他成员都作出让步，实际上答应了法国的要求，同意法国提出的决策机制的全体一致原则。

1982年海洋法公约谈判中的协商一致

1982年4月30日，联合国第三次海洋法会议在通过《联合国海洋法公约》约文前，按照程序规则作出宣告，已尽最大的努力通过协商取得基本一致，尽管美国、联邦德国拒绝参加协商，法国、比利时、意大利、英国也声明仍然允许继续进行谈判。显而易见，这种协商一致并不是真正全体一致的决定，只是因为德国、美国、法国、比利时、意大利、英国并没有提出正式的反对意见和要求投票表决，该决定才被认为是按照“协商一致”方式作出的。

因此，“协商一致”不是全体一致，而是各方没有强烈反对以至于阻止决议通过时所作出的决定。正是由于不是真正的“全体一致”，“协商一致”的决定潜藏着矛盾冲突的隐患，这种“一致”有时仅是有限范围的“一致”，有时甚至根本就没有达成一致，而仅是基本一致。①

❖ 问题思考

1. 协商一致原则有哪些优点和缺点？
2. 加权表决制是否不平等？其有何优点？
3. 哪种国际组织表决制度更能适应时代的发展？

① 周跃雪：“WTO‘协商一致’决策方式之重新认识：以与传统投票表决方式的比较为视角”，载《河北法学》2017年第2期，第74页。

第二编

分　　论

第一章　国际联盟

◎ **核心概念**

国际联盟；《国际联盟盟约》；委任统治

◎ **重点内容**

——国际联盟的主要机构有大会、行政院和秘书处，另有国际常设法院和其他附属组织。

——《国际联盟盟约》是《凡尔赛和约》的第一部分，是专为建立国际联盟而制定的规则。

——《国际联盟盟约》规定将德国领地交由国际联盟实行委任统治，事实上等于把这些领地交由英法日等国实行统治。

——国际联盟的缺陷表现在成员、组织、职权和代表性等四个方面。

纵观历史，世界大战之后往往会进行多边会议协商的外交活动或产生巨型的国际组织。17 世纪中叶的威斯特伐利亚和会结束了“三十年战争”，它开创了用国际会议的形式解决国际争端的先河，被公认为欧洲最早的一次国际会议，即所谓“政府间会议”，是国际组织的雏形。1815 年维也纳和会后至 1914 年的“欧洲协作”与之前的拿破仑战争有着密切的关联。地球上两个最大的世界综合性国际组织是经过人类历史上两次最大的战争后产生的：“一战”后的国际联盟和“二战”后的联合国。

第一节　历史起源

国际联盟（简称国联），是《凡尔赛条约》签订后组成的国际组织。成立于 1920 年 1 月，解散于 1946 年 4 月。

国联的宗旨是减少武器数量、平息国际纠纷、提高民众生活水平以及促进国际合作和国际贸易。在其存在的26年中，国联曾协助调解国际争端和处理国际问题。不过，国联缺乏军队武装，所以要依赖大国援助，尤其是在制裁某些国家的时候。然而，国联缺乏执行决议的强制力，未能发挥其应有的作用，其国际制裁亦影响同样施行制裁的国联会员。第二次世界大战结束后，国际联盟被联合国取代。

20世纪初，德国、奥匈组成同盟国，而英国、法国、俄国和意大利组成协约国阵营。欧洲从此分为两大阵营，后来演变为第一次世界大战。这是第一次工业国家之间的战争及工业化带来的“工业战争”，造成巨大死伤及经济损失，严重冲击及影响了全欧洲的社会、政治和经济系统。有识之士希望建立一个国际组织，以国际合作的形式，共同处理纠纷。

早在“一战”进行期间，一些政府和小组已经开始制定改变国际关系的计划，以期避免世界大战再度发生。英国外交大臣爱德华·格雷被公认为第一个提出建立国联的人。美国总统伍德罗·威尔逊和其顾问爱德华·豪斯上校对这个建议很感兴趣，认为可以避免战争，不至于重蹈“一战”的覆辙。关于国联的构思亦源于威尔逊的《十四点和平原则》的最后一点：“必须根据旨在不分大小国家的政治独立和领土完整提供相互保证的专门盟约。”①

第一次世界大战完结后，在1919年1月28日的巴黎和会中，通过建立国际联盟的草拟法案，并在英法两国的操纵下，派一个以威尔逊为首的起草委员会来草拟《国际联盟盟约》，准备筹组国联。1919年4月28日，44个国家签订盟约。

第二节　国际联盟的成立和解散

1920年1月10日，国际联盟宣告正式成立。凡是在大战中对同盟国宣战的国家和新成立的国家都是国际联盟的创始会员国，这样，国联共有44个会员国，后来逐渐增加到63个国家。由于威尔逊与英、法争夺领导权失败，美国最终未加入国联。1920年1月19日，美国参议院拒绝批准《凡尔赛条约》及《国际联盟盟约》，并否决加入国联。

国联第一次议会会议于1920年1月16日在巴黎举行。同年11月，国联总部迁至日内瓦威尔逊宫。中国于1920年6月29日加入国际联盟。20世纪20年代，国联曾成功地解决一些小纷争。但对于较大的冲突及第二次世界大战，国联则力不从心。1946年4月18日，国联宣告解散，财产和档案全部移交给联合国。

国际联盟的主要机构有大会、行政院、秘书处，并附设国际法庭、国际劳工

① 葛勇平编著：《国际关系理论与实践》，哈尔滨工业大学出版社2014年版，第38页。

局等，其中最主要机构是行政院。《盟约》规定，美、英、法、意、日五国为常任理事国，另外还有四个非常任理事国。美国虽然是倡议国之一，但因与英、法争夺领导权失败而未参加，因此，1926年德国加入国际联盟之前只有四个常任理事国。国际联盟主要受英法两国操纵。

国际联盟虽然是各国为防止武装冲突、加强普遍和平与安全而建立国际机构的第一次尝试，但在实践中并没有起到维护和平的作用。《盟约》规定将德国领地交由国际联盟实行委任统治，事实上等于把这些领地交由英法日等国实行统治，它的作用只是帮助大国重新划分势力范围，巩固了战后世界体系。第二次世界大战结束以后，随着国际矛盾的发展和激化，国际联盟不可避免地走向破产的境地。

第三节　《国际联盟盟约》的主要内容

《国际联盟盟约》是《凡尔赛和约》的第一部分，是专为建立国际联盟而制定的规则。它经过26次修改之后，于1919年4月28日在巴黎和会上通过，于1920年1月10日正式生效，确定了国际联盟的组织机构、职能、原则和会员国的义务。

《国际联盟盟约》包括序言和26个条文。第1条规定，签署《凡尔赛和约》的32个协约国或自治领及13个被邀加入的国家为创始成员，其他国家可经大会2/3多数的同意而加入；第2～7条规定国联大会和行政院的组成、职能以及秘书处的设置；第8～9条关于缩减军备问题；第10条规定保障成员的领土完整和政治独立问题；第11条规定防止战争的行动；第12～15条规定了和平解决争端问题；第16条规定成员有义务对任何违反盟约进行战争的成员采取行动，直至使用军事力量，并赋予行政院以开除这种成员的权力。第17条规定对非成员适用盟约的和平解决争端程序。第18条以后各条规定盟约优于其他条约的地位，委任统治制度，各种国际公益事业的处理与合作，以及各种国际事务机构的管理问题；最后一条规定了修改盟约的程序。①

第四节　国际联盟的职能和成员

国际联盟以保障国际和平与促进国际合作为宗旨。盟约规定，通过集体安全、裁军、和平解决国际争端等措施保障会员国的领土完整和政治独立，并规定

---

① 中文本见饶戈平主编：《国际组织法》，北京大学出版社1996年版，第372～380页。

对违背者实行经济制裁。

在20世纪20年代和30年代初，国联主要致力于解决一些有关领土的争端，例如，瑞典和芬兰有关奥兰群岛之争，立陶宛和波兰有关维尔纽斯之争，土耳其和伊拉克有关摩苏尔之争，此外还在玻利维亚和巴拉圭之间斡旋，为结束旷日持久的查科战争做了大量工作。为防止战争，国联组织日内瓦裁军会议，并具体安排“委任统治”。

此外，国际联盟还关注并协助处理国际范围内的卫生、知识产权交流、奴隶贸易、鸦片贸易、难民及妇女权利等问题。例如，1922年国际联盟签发南森护照给予无国籍难民，并得到52个国家的承认。

国联拥有42个创始成员，其中24个国家（包括自由法国）留在国联直至国联解散。1920年国联创立之初有6个国家加入，其中只有2个国家留在国联至国联解散。随后，共有21个非创始成员先后加入国联。1934年9月至1935年2月处于高峰时期，国联曾拥有58个成员。

第五节　国际联盟的机构

国联的主要机构有大会、行政院和秘书处，另有国际常设法院和其他附属机构。

国联大会由全体会员国组成，凡国联成员都有权派遣最多三名代表出席大会，每个国家都有一票表决权。大会的决议，除盟约特别规定者外，均需全体一致通过。大会有权处理“属于联盟行动范围以内或联系世界和平之任何事件”。

行政院是国际联盟最重要的机关。最初由5个常任理事国和4个非常任理事国的代表组成。1920年成立行政院时，英国、法国、意大利、日本4国为常任理事国，美国因未批准条约，其常任理事国的席位一直空缺。德国于1926年，苏联于1934年，先后成为常任理事国。而德、日于1933年，意大利于1937年，又先后退出了常任理事国的席位。苏联于1939年被开除。因此到1939年，常任理事国只剩下英、法两国。非常任理事国于1922年增加到6个，1926年增加到9个，1939年增加到11个。

行政院的决议除盟约特别规定者外，均需一致通过。弃权票和争端当事国的票都不计算在内。行政院的职权还有开除国联会员国、分配委任统治地、在发生侵略时就采取集体军事行动向各成员提出建议、任命秘书长等权力。

秘书处是国联的常设事务机关。在秘书长的领导下，由约400名工作人员组成。秘书长由行政院经国联大会同意后任命。

国际常设法院又称国际常设裁判法庭，其职权在于审理各国提出的一切案件，并可就行政院或大会提出的事项发表咨询意见。法院设在荷兰的海牙，由11名（后来增加为15名）法官和4名后备法官组成。法官由国联大会和行政院分别投票选举，在两机关均获多数票者当选。

国际联盟的其他附属机构有国际劳工组织、世界卫生组织、知识产权合作委员会、难民委员会等。

第六节 国际联盟的历史意义和教训

国际联盟的重要历史意义，首先体现在它是世界上第一个全球性的一般性国际政治组织。其次，它所依据的法律原则、概念和制度，是同前一个世纪甚至几个世纪国际交往的经验相联系的。最后，在组织形式和某些程序规则上，它吸取了过去国际组织活动的重要经验并有所发展。

同时，国际联盟带来深刻的历史教训。第一，在成员上，它是战胜国的联盟，《国际联盟盟约》的作用是帮助帝国主义重新划分势力范围，巩固战后帝国主义体系，而战后力量对比不断发生变化，不断形成新的矛盾，无法消除。第二，在组织上，美国没有加入国际联盟，缺乏一个世界性组织所要求的普遍性，使它丧失了重要的支持力量，因此不能阻止国际纠纷、法西斯的侵略行为及第二次世界大战的爆发。第三，在职权上，大会与行政院的职权区分不够明确，决议的通过采用一致表决制度，降低了组织工作的效率和灵活性。第四，在代表性上，由于它长期在英国和法国的控制下，不能代表世界广大中小国家的意愿，以致不可能发挥一个世界性组织应有的作用。

案例事件

国际联盟仲裁“九一八”事变（1931—1933年）

国际联盟处理“九一八”事变经历了初期调解、实地调查、投票表决三个阶段，对日制裁日趋强硬。然而，美、英、法等西方大国对日本采取了观望、纵容为主的绥靖政策，致使国联初期调解无效，日本扩张变本加厉。1931年10月8日，日军轰炸锦州，英、法、美等国家开始抗议。世界各国纷纷谴责日本“反抗国联志愿，孤行己意”，国联对“九一八”事变处理进入新阶段。1931年年底，国联启动调查方案，1932年2月至6月赴各国调查取证。他们先行赴美，再去日本，后到中国，由关内到关外再回到关内且再度赴日调查。1932年10月发表《国联调查团报告书》，对“九一八”事变和伪满洲国进行了符合事实的定性，使日本侵略真相曝光于世界。

顾维钧等外交家持续斡旋，进一步争取国际社会尤其是美、英、法等国家的支持。1933年2月24日，国联特别大会以日本1票反对通过了19国委员会依据李顿报告书起草的《关于中日争议的报告书》。至此，国联仲裁尘埃落定。①

国际联盟的反恐立法工作（1934—1937年）

1934年10月9日，法国外交部部长和南斯拉夫国王在马赛遇刺身亡。这起震惊世界的国际恐怖主义事件发生后，国联成立反恐怖主义委员会，负责起草反恐法案。1937年，国联通过了《防止和惩治恐怖主义公约》和《建立国际刑事法院公约》。前者是第一个国际性反恐公约，具有里程碑意义；后者是第一次为审判和惩治国际恐怖主义分子而缔结的国际公约。

这说明，国联已经深度触及了全球公共问题的治理，并对此进行了有益的探索。这还表明，主权国家第一次开始尝试超越数千年传统的属人管辖权和属地管辖权的实践。② 因此，国联开创了国际合作打击恐怖主义犯罪的先河。

❖ 问题思考

1. 国际联盟解散的原因有哪些？
2. 国际联盟在国际组织法视角下有哪些缺陷？

---

① 王建学：“国际联盟仲裁‘九一八’事变：世界人民的共同记忆”，载《光明日报》2017年9月3日，第15版。

② 丁强、孙彬：“国际联盟与反恐怖主义立法”，载《历史教学》2002年第10期。

第二章　联合国

◎ 核心概念

《联合国宪章》；大会；安全理事会；常任理事国；否决权；双重否决权

◎ 重点内容

——《联合国宪章》第 103 条规定，成员承担的出于宪章的义务高于其他国际法义务。宪章义务优先原则完全适用于成员之间的条约。

——联合国大会是联合国的中心机关，但是，大会不是国内法意义上的议会，没有立法权，无权监督其他机关。

——联合国的宗旨和原则。

——安理会常任理事国的否决权。

——联合国的改革。

第二次世界大战给人类带来了毁灭性的灾难，这一事实激起了各国人民反战与要求和平的呼声，要求建立一个有能力有效保障国际和平与安全的国际组织；同时，战争中的战胜国面临解决战后问题、维护其既得利益并巩固其世界地位的问题。而联合国是当今世界最有影响的全球性、综合性国际组织，由接受 1945 年签订的《联合国宪章》所载义务的国家所组成，它是在集体安全原则基础上维持国际和平与安全的一般政治性组织，拥有广泛职能，成员遍布全球。

第一节　联合国的建立

第二次世界大战爆发以后，人们普遍认为，国际联盟已经失败，因此，不应该在既存方式下继续维持国际联盟的存在。问题仅在于，是应该改革国际联盟，还是创建一个新的全球性的国际组织。由于美国从未加入国际联盟，而苏联曾被国际联盟开除，可见，创建一个新的组织更为适当。

联合国的建立并非一蹴而就，为了创立一个新的国际安全组织，世界各国进行了一系列的会议和准备工作。包括1941年签署的《伦敦宣言》、罗斯福和丘吉尔1941年8月在纽芬兰签署的《大西洋宪章》、1942年中苏美英等对轴心国作战的26个国家在华盛顿签署的《联合国家宣言》、1943年10月中苏美英在莫斯科共同签发的《普遍安全宣言》等，为联合国奠定了所应据以建立的方针和基础。

1943年12月，苏美英在德黑兰举行首脑会议，重申了建立这样一个组织的决心。

1944年8到10月，中苏美英四国代表在华盛顿郊区的敦巴顿橡树园召开会议，会议分两个阶段进行，草拟了《关于建立普遍性国际组织的建议案》（简称敦巴顿橡树园建议案）。建议案的主要内容有：新建立的国际组织的宗旨、原则、会员国资格、机关及其职权等；安理会由5个常任理事国（中法苏英美）和6个非常任理事国组成，建议该组织名称为“联合国”。建议案未决问题如下：安理会表决程序、创始会员国的名单、委任统治和托管问题、世界法院。

在1945年2月4日至11日的雅尔塔会议上，苏联、美国和英国达成所谓的“雅尔塔方案”，决定对非程序事项应以11个理事国中的7个的可决票包括全体常任理事国的同意票通过；即“五大国一致同意”原则，由此，五个常任理事国享有“否决权”。1945年6月25日，参加旧金山会议①的代表们一致通过了《联合国宪章》。根据宪章第110条，在中国、法国、苏联、英国、美国及其他签字国的过半数交存批准书后，《联合国宪章》于1945年10月24日生效。联合国正式成立。联合国总部设在纽约，在日内瓦和维也纳设有联合国机构的常驻中心。②

从历史角度看，国际联盟是联合国的前身。毕竟，联合国于1946年2月12日和12月14日宣布，愿意承担国际联盟的技术的和非政治性的职能，并且，在可能的情况下，考虑是否承担政治功能。同样，各方达成了接受国际联盟财产的协定。③ 但是，就法律性质而言，联合国绝不是国际联盟的法律继承者。

---

① 旧金山会议的正式名称是“联合国家关于国际组织的会议”。

② 马呈元主编：《国际法》，中国人民大学出版社2003年版，第251~261页。

③ 具体细节参见Myers, Denys, Liquidation of League of Nations Functions, in: AJIL, Bd. 42 (1948), S. 320 ff.

第二节　联合国的宪章及其解释与修改

《联合国宪章》是联合国创始国之间签订的条约，之后，世界上绝大多数其他国家都逐步加入进来。它反映了“二战”末期复杂的国际关系，是各种势力相互妥协的产物；既有符合各国人民愿望的规定，例如，宗旨和原则，也有不充分反映人民意志的条款，例如国际托管制度。

《联合国宪章》是全世界公认的指导一切国际关系的基本准则，由序言和19章组成，共111条。《国际法院规约》被视为其组成部分。《联合国宪章》在形式上是一个国际组织成立的章程，在性质上是国际条约。

根据《联合国宪章》第4条第1款的规定，不允许对宪章中包含的义务提出保留。鉴于该以宪章为内容的条约使成员在特别重要的关系中承担义务，并且，该条约具有准宪法的特征，《联合国宪章》第103条规定，成员承担的出于宪章的义务高于其他国际法义务。宪章义务优先原则完全适用于成员之间的条约。

条约的解释主要涉及两个问题：一个是谁有权解释；另一个是依据什么原则解释？条约解释的一般原则是：谁有权立法，谁就有权解释。《维也纳条约法公约》第31—33条体现了四项解释规则：善意、整体、目的和通常意义原则。在宪章解释中，除按字面进行准确解释外，也应借助于历史资料进行解释。多数会员国的实践对宪章的解释也起相当的作用。宪章的重要宗旨和原则被公认为当今国际社会的强行法，是解释宪章其他条文的重要依据。根据《联合国宪章》第10条和第92条，由联合国大会和国际法院解释。

在《联合国宪章》第十八章中规定了两种修改程序：第一种是联合国大会对宪章的个别修正，宪章第108条；第二种是联合国会员国全体会议对宪章的重新审查，宪章第109条。第一种程序在1963年、1965年和1971年召开的第18、20和26届联合国大会上分别对第23、27、109和61条进行了修正。第二种程序是一种特别程序，由于五大国的否决权和其他种种原因，从未适用过。依据第109条第3款的工作一直在进行，但在宪章的修改上没有多大进展。①

第三节　联合国的成员资格

维护世界和平是联合国的主要任务。虽然该任务只有在全球所有国家都加入

① 梁西：《国际组织法（总论）》，武汉大学出版社2001年版，第67～68页。

联合国这一和平组织时才能被全面贯彻实施，但是，《联合国宪章》并未因此而规定全球各国可以自动加入联合国。会员资格必须通过正式的申请程序来获得，在特定情况下，也可能被取消。① 联合国在成立之初，只由参加对抗轴心国战争的联盟国家组成，如今，地球上几乎所有国家都是联合国的成员，由此可见，联合国拥有了极大的普遍性。与此相反，总是至少有两个大国不参加国际联盟。截至2018年4月，联合国由193个主权国家组成。

在1991年9月17日之前，朝鲜和韩国不是联合国的会员国。成员资格比较复杂的还有两个德意志国家②。

联合国所有会员国都是联合国大会的会员。原则上，只有主权国家可以成为联合国会员国，今日联合国所有193个会员国全部是主权独立的国家。不过，在联合国初创时，菲律宾、印度这两个创始会员国尚未从它们的殖民母国独立，白俄罗斯和乌克兰为苏联加盟共和国。再者，由于所有欲申请成为会员的国家必须通过安全理事会和大会的批准，一部分依照《蒙得维的亚条约》可视为主权国家的政治实体，因为联合国不承认它们的主权、缺乏国际普遍承认，或是遭受特定会员国的反对，导致这些国家没有办法成为联合国的会员国。

根据《联合国宪章》第4条第1款，联合国的会员国资格向所有热爱和平的国家开放，并且，这些国家必须接受宪章规定的义务，经联合国认为确能并愿意履行这些义务。被接受的实体虽然必须是国家，但不必一定是主权国家，例如，1945年的白俄罗斯和乌克兰及印度、菲律宾和叙利亚。由于新被接受的国家必须有能力履行出于宪章的各项义务，曾有意见要求，不应允许微型国家成为联合国的会员。③ 但是，鉴于原子弹的存在，在参与制裁时，军事力量薄弱的小国与微型国家的区别仅仅在于数量上，而不在于质量上。所以，一些欧洲微型国家还是相继加入联合国，例如，列支敦士登、圣马力诺、摩纳哥和安道尔。

接纳新会员国有如下四个步骤：申请国向联合国秘书长提出申请；申请交由安全理事会“接纳新会员国委员会”审查并提出审查报告；经安全理事会审议与推荐；由大会审议并作出决议。安全理事会的推荐需经至少九票包括所有常务理事国的同意，之后，联合国大会在至少2/3会员赞成的前提下作出接纳决定。可见，上述两个机关的决定是必不可少的，而且，联大作出决议的前提是安全理事会的推荐。安理会和联大依据忠实义务判断合乎宪章的前提条件是否存在和满足。国际法院在1948年的一项法律意见书④中确认，参与纳新投票的会员无权对

---

① 见《联合国宪章》第二章。

② 德意志联邦共和国和德意志民主共和国于1973年9月18日被联合国接纳为成员。

③ 例如，出于这个原因，国际联盟拒绝接受列支敦士登和圣马力诺成为会员。

④ ICJ Reports 1948, S. 57 ff.（Article4 of the Charter of the United Nations）.

其赞成票附带任何宪章第 4 条第 1 款未明示的条件。

在联合国中的会员资格可以通过被开除或者自愿退出而终止。一个会员国可能因持续违反宪章的基本原则而被开除。这就是说，仅有一次违反宪章的基本原则不能导致被开除；同样，一次违反宪章中不具有原则意义的规定也不至于被开除。开除的程序与接纳新会员的程序一样，即在安理会建议的基础上，由联合国大会作出决议。鉴于安理会的决议需要包括所有常任理事国在内的至少九票赞成方为有效，一个常任理事国在涉及本国的事务上也拥有否决权，所以，即便存在非常严重的违背宪章行为，在违背其意志的情况下，一个常任理事国也无法被开除。

根据《联合国宪章》第 5 条，一个被联合国制裁的会员国将被暂停行使其会员权利。暂停程序与开除程序相同；同样，针对安理会常任成员的暂停决定在违背其意志的情况下无效。与此不同，取消暂停行使会员权利的决定由安理会作出即可，不需要大会参与。

削弱会员权利的另一种情形是自动丧失投票权，它对会员权利的削弱效果弱于暂停行使会员权利。根据《联合国宪章》第 19 条，凡拖欠联合国财政款项的会员国，其拖欠数目如果等于或超过前两年所应缴纳的数目时，即丧失其在大会的投票权。当然，如果大会认定，该会员国拖欠原因确实出于其无法控制的情形，得准许该会员国投票。

宪章没有明确规定一个会员自愿退出联合国的情形。但是，这并不意味着条约不可解除；解除条约的意思表示必须明确表达出来。由于退出并非解约，根据由一般国际法认可的、在条约中未明示的原因，应该适用一般性的终止理由。属于此类终止理由的包括：由于国家危难情况而解除条约，或者，由于情势的本质性的变更。对于一个由于特殊情形被迫退出的成员，不应强迫它继续合作。①

由于并非所有地球上的国家都自动属于联合国，又由于存在退出联合国的退出权，再由于可能总有不愿意加入联合国的国家存在，所以，在法律上，成员和非成员的界定仍然具有十分重要的意义。当然，条约仅在缔约方之间创制权利与义务且既不应利于也不应不利于第三国的一般国际法原则也适用于联合国的宪章。

但是，根据《联合国宪章》第 2 条第 6 款，联合国应该确保非成员按照宪章第 2 条第 1 至 5 项原则的规定行动，以维护国际和平与安全必要为限。如果这些原则与一般国际法的所有适用规则一致，则不产生问题。如果与此相反，例如，《联合国宪章》第 2 条第 5 项所要求的对联合国强制措施的协助原则，

① 参见 Hans Kelsen, The Law of the United Nations, 1951, S. 122 ff.

则联合国的保障措施尝试可能导致一种违法的干涉，产生国际组织的责任问题。宪章一般性地赋予了非成员一些权利，例如，《联合国宪章》第32、35和50条的规定。

第四节 联合国的宗旨和原则

联合国的宗旨和原则被规定在《联合国宪章》的序言和第1条及第2条中，其中有些重要原则应被视为《维也纳条约法公约》所规定的国际强行法，对整个国际社会具有“不许损抑”的性质。

《联合国宪章》的序言首先包括一段关于动机和理想的一般性叙述，这些动机和理想导致了联合国的建立，并且，这些动机和理想应该激励成员在联合国的活动。特别是：欲免后代再遭战祸的决心；基本人权，人格尊严与价值，以及男女与大小各国平等权利之信念；创造适当环境，维持正义，尊重源于条约与国际法其他渊源的各项义务；促成更大自由之中的社会进步和更高的民众生活水平；力行容恕，彼此以善邻之道，和睦相处；非为公共利益，不得使用武力。序言的这些确认作为解释标准适用于联合国的所有决定和行动；同时，作为法律政策导向，序言服务于联合国的未来政策。

联合国的宗旨在《联合国宪章》第1条中被以具有法律拘束力的形式一一列举：一、维持国际和平与安全；并为此目的，采取有效的集体方法，以防止和消除对于和平的威胁，制止侵略行为或其他对和平的破坏；并以和平方法且依正义及国际法原则，调整或解决足以破坏和平的国际争端或情势。二、发展国际以尊重人民平等权利及自决原则为根据的友好关系，并采取其他适当办法，增强普遍和平。三、促成国际合作，以便解决国际经济、社会、文化及人类福利性质的国际问题，并且，不分种族、性别、语言或宗教，增进并激励对于全体人类的人权及基本自由的尊重。四、构成一个协调各国行动的中心，以便达成上述共同目的。

根据宪章第2条，为实现上述宗旨，下列原则对联合国本身及其各个成员均应具有法律拘束力：一、所有会员国主权平等原则。二、各会员国应依诚实信用，履行其依本宪章所担负的义务，以保证全体会员国因加入本组织而产生的权益。三、各会员国应以和平方法解决其国际争端，避免危及国际和平、安全及正义。四、各会员国在其国际关系上不得以武力相威胁或使用武力侵害任何国家的领土完整或政治独立。五、各会员国对于联合国依本宪章规定而采取的行动，应尽力协助，联合国对于任何国家正在采取防止或执行行动时，各会员国对该国不得给予协助。六、联合国在维持国际和平及安全的必要范围内，应保证非联合国会员国遵行上述原则。七、联合国无权干涉在本质上属于任何国家国内管辖的事件，且并不要求会员国将该项事件依本宪章提请解决；但此项原则不妨碍第七章内执行措施的适用。

《联合国宪章》第 2 条第 7 款常被作为反对联合国机关某个行动的根据。[①]在《联合国宪章》中，虽然内部事务保留被做了比《国际联盟盟约》第 15 条第 3 款的规定更广泛的解释，却被联合国的实践尽可能地作了狭义的解释。当某项事务为一般国际法、一项国际条约或者《联合国宪章》所规制，则它不属于国内管辖事项，即联合国机关的行动将被视为是可以接受的。宪章的规制范围特别是指人权事务、非自治领土、人民的自决权和维护国际和平。即便涉及国内管辖事项的一个问题，当这个问题被提上议事日程并进行讨论，或者至少宣布一项一般性的建议，或者设立一个调查委员会时，也不应被评价为不可接受的干涉行为。

在《联合国宪章》第 2 条中所表达的原则不是对未来法律执行的计划，而是能够立即适用的法律规范。

第五节　联合国的预算

联合国作为一个非营利性国际组织，其各项费用完全依赖会员国所缴纳的会费。联合国会费主要由经常性预算、维和费用和国际刑事法庭费用三部分组成，由联合国按照“能力支付”原则实行分摊。联合国预算是指联合国在特定财政年度所编制的财务收支计划。自 2001 年起，新的会费标准开始生效。以各会员国最近六年国民生产总值作为核算义务缴费额基准的原则不变。联合国大会第五委员会（行政及预算）和会费委员会每三年进行一次核查和调整，会费定有上限和下限，现行的上限为 22%，下限为 0.01%。即最富国家的会费额度不得超过联合国总预算收入的 22%，最穷国家的比例不得低于总预算收入的 0.01%。

支付能力的计算方法是某个国家的国民生产总值除以联合国所有成员的国民生产总值之和（约 20 万亿美元）。假如某个国家的国民生产总值为 2 万亿美元，然后用这个数字除以 20 万亿美元，便等于 0.1，即 10%，这就是该国应交纳的会费份额。多年以来，美国、日本和德国是缴费最多的国家。

1997 年金融危机爆发后，截至 2000 年 5 月，美国拖欠的联合国会费近 18 亿美元，占会员国拖欠会费总额 29 亿美元的近 2/3。美国拖欠的会费中包括 4.6 亿

---

① 各种证据和事例，参见 Repertory of Practice of United Nations Organs, Bd. 1, 1955, S. 55 ff.; Supplement No. 1, Bd. 1, 1958, S. 25 ff.

美元的联合国经常性预算分摊款和13亿美元的用于维和行动及国际刑事法庭的费用。美国长期拖欠联合国会费，致使联合国陷入严重的财政危机之中。联合国只得经常从维和经费中借调资金，以维持联合国系统的正常运转。这严重影响了联合国在世界各地区顺利开展维和行动。美国长期拖欠联合国会费的行为多次遭到广大会员国的强烈批评，它们强烈要求美国按照《联合国宪章》履行其义务，及时、全额和无条件地补缴联合国会费。

联合国2006年至2007年两年期财政预算为38亿美元，这比上一个预算周期增加了近两亿美元。

实践中，中国的会费比额已从2000年以前的0.995%上升到2001年至2003年的1.54%，2004年至2006年的2.053%，2007年至2009年的2.667%。仅仅7年时间里，中国的会费翻了近三番。根据会费委员会提供的按照现行比额表计算方法计算出的数据，中国2010年至2012年会费比额增至3.189%，较2007年至2009年上涨0.522个百分点，增长近20%。

2013年，联合国使用了新的常规预算分摊比例。美国依旧是缴纳联合国会费最多的国家，其22%的预算分摊比例维持不变。日本位居第二位，不过缴纳比例从之前的13.5%降至10.8%。中国从之前的3.19%大幅增至5.15%（总额约1.3亿美元），超过意大利和加拿大，一跃成为联合国第六大会费支付国。排在第3位到第5位的分别是德国7.141%、法国5.593%和英国5.179%。2015年12月23日，联合国大会通过了各国2016—2018年联合国会费与维和摊款的分摊比额。据此，中国将承担7.921%的联合国会费、10.2%的维和摊款。这是近年来中国分摊的联合国会费和维和摊款第二次大幅增加。[①] 中国发展经济、消除贫困、实现现代化的进程依然任重道远，看待中国的支付能力不应脱离中国的国情。

用于维和行动的义务缴费额度也按类似的标准征收，当然，安理会五个常任理事国多缴一些，而贫穷国家少缴些。维和费用近年来急剧增长，从2005年7月至2006年6月的预算年度需用约36亿美元，几乎相当于联合国年度经常性预算的两倍。此外，各个国际刑事法庭需要费用支持，例如，卢旺达国际刑事法庭、前南国际刑事法庭、柬埔寨国际刑事法庭等。事实上，联合国所有行动支出的一半以上需要由会员国资源承担。联合国专门机构和基金会一般单独为具体事宜筹措资金。

---

① 佚名："联合国通过各国会费分摊比额　中国大幅增加"，http://news.ifeng.com/a/20151224/46819102_0.shtml#_zbs_baidu_bk，2018-04-07访问。

第六节　联合国的机关

联合国需要处理多种事务，相应地，拥有众多机关。

一、概说

根据《联合国宪章》第7条第1款，联合国设立如下几个主要机关：大会、安全理事会、经济及社会理事会、托管理事会、国际法院及秘书处。

根据宪章第7条第2款，联合国可依本宪章设立认为必需的辅助机关。根据宪章第22条由大会设立,① 根据宪章第29条由安全理事会设立。此外，不可否认的，还可由其他主要机关根据其自身的组织法设立。在多个机关之间发生权限冲突时，宪章未规定最终由哪个机关决定。② 只能认为，原则上每一个机关自己决定自己的管辖范围，由此，多个机关的决定之间有可能相互矛盾。

二、大会

由于所有联合国成员都是大会的成员，并且，每个成员拥有一票和不少于五个代表，所以，大会是联合国的中心机关。

（一）概述

大会的权限非常广泛，涉及宪章框架内的所有事务或与任何一个机关的管辖权和职能相关的事务。但是，大会不是国内法意义上的议会，没有立法权，无权监督其他机关，大会仅可讨论和建议。大会的建议不具有法律拘束力，但拥有极高的权威，能够在存疑的法律情况下澄清争议。成员根据大会建议进行的行动被视为合法。

特别在预防战争领域，联合国大会有权进行讨论和提出建议。但是，除非安全理事会提出明确的要求，否则，只要安全理事会尚在处理一项争端，大会就不能对该争端作出任何建议。③ 但是，当发生战争威胁、破坏和平或者军事进攻等情况时，如果安全理事会由于缺乏常务理事国的一致同意而不能承担起

---

① 例如，根据1964年12月30日的联合国大会决议设立世界贸易大会，根据大会1965年12月20日的决议设立联合国工业发展组织。

② See Morton A. Kaplan/Nicholas Katzenbach, The Political Foundations of International Law, 1961, S. 306.

③ 《联合国宪章》第12条第1款。

其维护和平的首要责任，则大会有权基于名为“团结起来为和平”的决议①对成员提出集体执行措施的建议。根据《联合国宪章》第14条，大会特别可以在和平协调领域提出建议措施。与此相关，大会曾在非殖民化领域作出了卓越的贡献。②

除了这些一般性的讨论和建议权限之外，宪章还赋予大会一系列其他权限，特别是关于成员资格和参与建立联合国其他机关的工作。安全理事会和秘书长每年需向大会提交报告，经济及社会理事会及托管理事会位于大会的权威之下，大会提出预算草案，并将各项支出摊派给各个会员国，等等。

在大会中，每个成员拥有一票。对于重大问题，大会的决议需要出席会议和投票的国家代表的2/3多数才能通过，其他问题需要过半数决定。《联合国宪章》第18条第2款对“重要的”决议进行了举例说明（非穷尽列举）：涉及国际和平与安全的建议，安全理事会和经济及社会理事会非常任理事国的选举，托管理事会理事国的选举，对于新会员国加入联合国的准许，会员国权利及特权的停止，会员国的除名，关于施行托管制度的问题，以及预算问题。关于其他问题的决议，包括另有何种事项应以2/3多数决定的问题，应以到会及投票的会员国过半数决定。

（二）辅助机关

大会下设一些辅助机关，目的在于减轻大会的工作压力，其职能在于为大会的活动提供准备和施行等方面的协助。特别是一些委员会，有由所有成员派代表组成的，也有由部分成员派代表组成的，例如：

——裁军审议委员会，

——国际公务员制度委员会，

——国际法委员会，

——联合国国际贸易法委员会，

——联合国巴勒斯坦和解委员会，

——对巴勒斯坦在近东难民的联合国救济和工程处咨询委员会，

——行使巴勒斯坦人民不可剥夺权利委员会。

其他委员会诸如

——联合国人口奖委员会，

——会费委员会，

——禁止酷刑委员会，

---

① 文本见 Sohn, Basic Documents of the UN, 1956, S. 95 ff.

② 参见1960年12月14日《关于给予殖民地国家和人民以独立的宣言》，GA Res. A 1514（XV）。

——方案与协调委员会，
——会议委员会，
——信息委员会，
——与东道国关系委员会，
——消除妇女歧视委员会，
——消除种族歧视委员会，
——儿童权利委员会，
——联合国妇女发展基金咨询委员会，
——人权委员会，
——和平利用外层空间委员会，
——联合国原子辐射效应科学委员会。

此外，联合国还设立了若干临时委员会①、咨询委员会②，一个执行委员会③，一个高级委员会④和一些特别委员会⑤。

三、安全理事会

安全理事会是联合国最小的机关，也是最重要的机关。

（一）安全理事会的任务

联合国安全理事会的首要任务是确保国际安全，这就是说，它的任务特别专注于争端的解决、战争的防止和措施的执行。但是，它还有其他任务，尤其是成员的接纳、成员权利的中止和成员的开除。毕竟，安全理事会的职权范围小于大会广泛的管辖权范围，但同时却更深入：安全理事会不仅能够讨论、调查、推

---

① For examples: Ad Hoc Committee of the General Assembly for the Announcement of Voluntary Contributions to the Programme of the United Nations High Commissioner for Refugees, GA Resolution 1729 (XVI); Ad Hoc Committee on a Comprehensive and Integral International Convention on Protection and Promotion of the Rights and Dignity of Persons with Disabilities, GA Resolution 56/168; Ad Hoc Committee on the Elaboration of a Convention Against Corruption, GA Resolution 55/61.

② For examples: Advisory Committee on Administrative and Budgetary Questions, GA Resolution 173 [II]; Advisory Committee on the United Nations Programme of Assistance in the Teaching, Study, Dissemination and Wider Appreciation of International Law, GA Resolution 2099 [XX].

③ Executive Committee of the Programme of the United Nations High Commissioner for Refugees, GA Resolution 1166 [XII].

④ High-level Committee on the Review of Technical Cooperation among Developing Countries, GA Resolution 33/134.

⑤ For examples: Special Committee on Peace-keeping Operations, GA Resolution 2006 [XIX]; Special Committee on the Charter of the United Nations and on the Strengthening of the Role of the Organization, GA Resolution 3349 [XXIX].

荐，根据《联合国宪章》第41条、第42条关于执行措施的规定，还能够作出决定；根据《联合国宪章》第25条，成员有义务同意接受安全理事会的决议，并根据宪章的规定予以执行。

（二）安全理事会的成员

为了保证安全理事会能够迅速和有效地行动，它的机构明显小于大会。根据最初的《联合国宪章》第23条，安全理事会由11个成员组成，为了加强亚非国家的代表性，这一数字被1963年12月17日的大会决议提高到15个。当《联合国宪章》第108条规定的前提条件满足之后，该自联合国建立以来首次对宪章进行的修改于1965年8月31日生效。

从整体而言，安全理事会中的理事国并不体现基于选举的所有理事国的平等代表权，而是分成常任理事国和非常任理事国，其中，根据宪章第23条，五个常任理事国是中国、法国、苏联、英国和美国。常任理事国不是被选举出来的，而是根据宪章的明文规定被指定的，而且，其任期不是暂时的，而是长期的。

10个非常任理事国由大会选举产生，任期两年，其对世界和平与安全的贡献及其他联合国目标的实现具有重要意义。非常任理事国的选择应特别考虑公平的地理分布，这一规则体现了形式平等原则。虽然安全理事会的五个常任理事国都是核大国，从军事力量考量，从而考察它们影响和平或者对和平破坏者的制裁能力，它们与其他绝大多数国家有别。此外，巴西、德国、日本、印度和尼日利亚希望成为安全理事会的常任理事国。

（三）否决权问题

在表决中，常任理事国的投票权得到更多更大的权重。《联合国宪章》第27条确定，安全理事会的每个成员拥有一票，关于程序问题的决议需要九票多数才能通过（任意七票可以阻止决议的通过，即便五个常任理事国全部赞同，也可以被推翻）；关于非程序问题的决议需要9票同意，包括全部常任理事国的赞同票（在全部五个常任理事国都赞同的情况下，决议无法被推翻；任一常任理事国可行使否决权，一票否决）。

虽然从词义上讲，程序问题仅指涉及安全理事会程序的问题[①]，但是，在个案中也可能出现存在疑义的情况，需要首先确定某问题究竟属于程序问题还是其他问题。此时需要决定，应该使用何种安全理事会的多数决来通过对这个先决问题的决定。虽然这个问题明显具有程序法的特征，在安全理事会一贯的实践中，需要包括全部常任理事国在内的加权多数票通过（所谓的“双重否决权”）：即

① See Repertory of Practice of United Organs, Bd. 2, 1955, S. 63 ff.

一个常任理事国能够对非程序性问题行使否决权，也对某一事项是否属于程序性事项这一先决问题拥有否决权。这就是说，一个常任理事国能够通过对先决问题的表态，迫使对该问题的决议只能通过加权多数得到最终决定，而不管该问题所具有的真正性质。为了缓解由（双重）否决权带来的严苛和麻烦，限制双重否决权的适用，虽然与《联合国宪章》第27条第3款严重不符，但在安全理事会的实践中通常认为，仅当一个或多个常任理事国投票反对某决议草案时，才会阻止该议案的通过；若一个常任理事国弃权或者缺席则不导致此后果。①

根据《联合国宪章》第27条第3款后半句，对某些事项的决议，例如宪章第6章（和平解决争端）和宪章第52条第3款所列事项，争端当事方不得参加投票。但是，这个规定不适用于根据宪章第7章（对于和平之威胁、和平之破坏及侵略行为之应付办法）所做的决议。换言之，在宪章第7章范围内，一个常任理事国能够通过使用否决权，阻止联合国对它采取强制措施。

四、经济及社会理事会

宪章第9章列出了国际经济和社会合作的综合计划，尤其涉及更高的生活水平，全民就业，经济与社会进步的标准，解决国际经济、社会和健康问题，文化和教育领域的合作，对人权和基本自由的尊重。

根据《联合国宪章》第60条，完成上述任务的首要责任由大会承担；在大会的权威之下，由经济及社会理事会具体负责，其组织和权限被规定在宪章第10章中。可见，经济及社会理事会是联合国负责经济、社会和发展政策问题的中心机关。除此之外，该理事会还承担由其负责的与大会建议的执行工作有关的所有任务。

经济及社会理事会由54②个成员组成，成员由大会选举产生；每个成员拥有一票；决议获得简单多数即可通过。经济及社会理事会一般每年七月召开一次会议，轮流在纽约和日内瓦举行。非经济及社会理事会成员的联合国成员有权参加经济及社会理事会的公开会议，但无投票权。

所谓的部长一级的“高级别会议”每年致力于一个当前的主题（2000年：信息和通信技术；2001年：非洲的发展；2002年：人力资源开发；2003年：促

---

① 缺席的后果特别表现在1950年6月和7月安全理事会关于朝鲜战争问题进行表决时，因为苏联代表从1950年1月17日到7月31日没有参加安全理事会的各次会议，没能阻止议案通过。参见许光建主编：《联合国宪章诠释》，山西教育出版社1999年版，第199页。

② 经济及社会理事会最初有18个席位，根据1963年12月17日的大会决议，GA Res. 1991 B（XVIII），及宪章第61条的修改，增加到了27个。根据宪章第108条，宪章的修改在1965年3月31日生效。1971年12月20日，大会通过第2847 A（XXVI）号决议，通过再次修改宪章第61条，将经济及社会理事会的席位翻倍，增加到54个。该修改于1973年9月24日生效。

进农业综合发展，消除贫困，实现可持续发展；2004 年：最不发达国家的境状、资源调动和为消除贫困营造有利环境的问题；2005 年：实现《联合国千年宣言》的进展情况；2006 年：充分的生产性就业和体面工作问题）。

经济及社会理事会在 2007 年 7 月成功地举办了它的第一次年度部长级审查，审查的重点是消除贫穷和饥饿。2008 年的特别活动主题为“实现千年发展目标，应对气候变化挑战”。2009 年审查的主题是“落实公共卫生方面国际商定的目标和承诺”。

2008 年 6 月 30 日至 7 月 1 日，首次两年一度的发展合作论坛在纽约联合国总部举行。论坛的目标是为联合国经济及社会理事会定位，使之成为就国际发展合作的效力和一致性开展全球对话和政策审查的一个主要论坛。

首先，在大会委托负责的广泛领域内，经济及社会理事会有权做成或发动关于国际经济、社会、文化、教育、卫生及其他有关事项的研究及报告；并应向大会、联合国会员国及有关专门机关提出关于此种事项的建议案。其次，理事会为增进全体人类的人权及基本自由的尊重及维护起见，应做成建议案。再次，理事会得拟具关于其职权范围内事项的协约草案，提交大会。最后，理事会可依联合国所定的规则召集本理事会职务范围以内事项的国际会议。（《联合国宪章》第 62 条）

联合国开发计划署、联合国人口基金、联合国难民事务高级专员和联合国儿童基金等组织向联合国大会汇报经济及社会理事会的工作。

经济及社会理事会的职能包括负责协调各个专门机构和各种委员会的工作，负责选择人权法委员会的成员，并与所谓的特别机构协调合作。

经济及社会理事会也与非政府组织合作（《联合国宪章》第 63、64、70、71 条）；至少 2300 个非政府组织在经济及社会理事会中拥有咨商地位。经过认可的非政府组织可以向经济及社会理事会提交关于本工作领域的推荐报告，通过这种方式，非政府组织可以提供专业知识和咨询，以便对理事会的决策产生一定的影响力。

鉴于不断扩大的南北经济差距、工业国家与发展中国家之间的差距和发展中国家在经济及社会理事会中的强势代表性（35 个席位），可以理解，“国际合作”一词被特别理解为“扶持第三世界”，并且，这一主题逐渐成为联合国——特别是经济及社会理事会——的主要议题。

五、托管理事会

根据《联合国宪章》第 83 条，宪章第 82 条意义上的战略防区由安全理事会负责管理，除此之外，联合国对托管地区的监管任务由大会和其权力之下的托管理事会负责（《联合国宪章》第 87 条）。托管理事会由三类成员组成：管理托管地区的成员、未管理托管地区的安全理事会常任理事国、由联合国大会选举必要数额的任期 3 年的其他非管理国的会员国，以使托管理事会的全体成员中管理托管地区的成员和未管理托管地区的成员各占一半。可见，随着托管地区的独立以及新托管地区的形成，托管理事会的成员数目在不断变化（《联合国宪章》第 86 条）。在托管理事会中，每个成员拥有一票，决定获得简单多数可以通过。

1994 年 11 月 1 日，随着联合国最后一个托管地区帕劳的独立，国际托管制度完成了历史使命，托管理事会终止了自己的活动。

六、秘书处

秘书处的首脑是秘书长，由大会根据安全理事会的推荐进行选举，以简单多数通过。宪章未对秘书长的任职期限作明确规定，但是，一般持续五年，并可延长。为了高效完成联合国的众多任务，秘书处的工作人员多达万名。公务员和职员的聘任依据经过多次修订的 1952 年 2 月 2 日版《员工条例》①，根据该条例，秘书处成员属于国际公务员；他们仅承担国际责任，不承担任何国内责任。涉及出于聘任合同的公务员权利争议由一个行政法院解决。②

根据《联合国宪章》第 98 条，秘书长应向大会提交关于联合国活动的年度报告。秘书长被赋予了重要的政治任务，包括根据宪章第 99 条，当他认为某事件可能危及国际和平与安全时，他有权提请安全理事会关注。基于秘书处工作的连续性，秘书长实际上已经成为联合国的核心人物，他有权独立决定诸多事务，③ 有义务完成众多的政治任务，承担政治责任。

七、国际法院

根据《联合国宪章》第 7 条，国际法院是联合国的一个主要机关。《国际法院规约》第 22 条第 1 款规定，国际法院设在海牙，但法院如果认为合宜时，可在他处开庭及行使职务。国际法院由 15 位法官组成，他们必须来自不同的国家；如果某人被视为拥有一个以上国籍，应认为属于其通常行使公民及政治权利的国家的国民（《国际法院规约》第 3 条）。国际法院的机关是院长、副院长、全体大会、分庭和书记员。

---

① Staff Regulations of the United Nations：GA Res. 590 VI.

② 联合国行政法庭（United Nations Administrative Tribunal）基于 1949 年 11 月 24 日的第 351 A（IV）号联大决议建立。文本见：http：//untreaty. un. org/UNAT/Statute. htm.

③ 参见例如安全理事会 1960 年 7 月关于刚果危机的决议，原文为："2. Decides to authorize the Secretary-General to take the necessary steps, in consultation with the Government of the Repulbic of the Congo, to provide the Government with such military assistance, as may be necessary…" . vgl. Miller, E. M. , Legal Aspects of the United Nations Action in the Congo, in：AJIL, Bd. 55（1961）, S. 1 ff.

法官从品格高尚者中选出，而不论其国籍；候选人必须要么具备本国最高司法职位的任命资格，要么是被公认为具有国际声望的国际法学家（《国际法院规约》第2条）；此外，并应注意使法官全体确能代表世界各大文化及各主要法系（《国际法院规约》第9条）。国际法院的法官不是其本国的代表，所以，处理法官国籍国是争端当事方的案件时，法官仍然保有其席位和投票权。法官是独立的，不受任何指令的约束，包括来自其国籍国或祖国的指令；法官除由其余法官一致认为不复适合必要条件外，不得免职（《国际法院规约》第18条）；不因其在国际法院的法官工作而被追究。根据《国际法院规约》第19条，法官在执行法院职务时，应享有完全的外交特权及豁免权。

《国际法院规约》第34条第1款规定，只有国家有权成为当事国，参与诉讼程序。

八、无法律独立性的辅助组织

除了宪章规定的主要机关之外，在联合国的核心领域内，另有一些组织得以建立，其中部分组织取得了一定的独立性，同时在关键问题上依附于联合国，不享有国际法主体资格。

（一）概述

这些组织虽然拥有自己的成员和决策机关，但是，其国际法律人格只能从联合国派生出来。另外，它们的预算完全依赖于联合国，其人员编制属于联合国秘书处的范畴。这些机构基于联合国的组织权力而设立，五个区域经济委员会——欧洲经济委员会①、非洲经济委员会②、拉丁美洲和加勒比经济委员会③、亚洲及

---

① 欧洲经济委员会于1947年3月由联合国经济及社会理事会设立，目的在于促进成员之间的经济合作，加大欧洲经济活动的力度，维持和加强欧洲国家之间以及同世界其他国家的经济关系。北美洲的加拿大和美国及几个中亚国家也是该委员会的成员。欧洲经济委员会的总部设在瑞士的日内瓦。详见 http：//www. unece. org。

② 非洲经济委员会（非洲经委会）成立于1958年，是联合国总部行政领导下的五个区域委员会之一。作为联合国负责非洲经济社会事务的一个区域性职能部门，非洲经委会的任务是资助联合国的50多个非洲成员的经济和社会发展，推动区域一体化，促进国际合作以寻求非洲的发展。非洲经济委员会隶属于联合国经济及社会理事会。联合国非洲经济委员会下设6个实务项目司，它们分别是：发展政策和管理司、经济和社会政策司、性别与发展司、信息促进发展司、可持续发展司及贸易和区域一体化司。另外，非洲经委会还设有5个亚区域办事处，它们帮助非洲经委会从亚区域的视角落实工作项目和开展支助外展工作。参见 http：//www. un. org/chinese/partners/business/results/eca. htm。

③ 联合国拉丁美洲和加勒比经济委员会（简称“拉美经委会”）成立于1948年，当时称拉丁美洲经济委员会，1984年改为现名。拉美经委会是联合国经济及社会理事会下属五个区域性分支机构之一，其主要职能是促进拉美和加勒比国家经济与社会的发展，推动本地区各国之间的经济合作。总部设在智利首都圣地亚哥。至2010年，该委员会共有成员44个，准成员九个。参见联合国官方网站。

太平洋经济社会委员会①、西亚经济和社会委员会②——属于此类非独立的组织。此外，主要还有联合国贸易和发展会议与以前的工业发展组织。虽然工业发展组织的建立决议将其描述为联合国组织体系内的自治组织，但是，它和世界贸易大会在形式上仅仅曾是联合国大会下属的委员会。因此，这两个组织以前和如今都比一个专门组织更加依附于联合国。1985 年，工业发展组织获得了联合国专门组织的地位。

值得一提的还有联合国训练研究所、联合国难民高级专员、联合国近东巴勒斯坦难民救济和工程处、联合国儿童基金会和毒品管制委员会，以及海底管理局。

此外，特别组织或者联合国专门机构与联合国不拥有国际法主体资格的相对独立的部门及联合国各个计划署相区别。

（二）联合国贸易和发展会议

由于发展中国家的强烈要求，根据联合国大会 1965 年 1 月 8 日的第 1995（XIX）号决议，联合国贸易和发展会议成为联合国的一个常设机构，总部设在日内瓦。联合国贸易和发展会议的成员是联合国、其特别机构或国际原子能机构的成员，分成四个区域集团（亚非发展中国家；西方工业国家；拉丁美洲发展中国家；社会主义国家）。其中，亚非发展中国家和拉丁美洲发展中国家在七十七国集团中紧密合作。联合国贸易和发展会议的成员超过 140 个，具有广泛的代表性，此点与关贸总协定（GATT）不同，但是，两者之间存在许多重叠的任务领域。

联合国贸易和发展会议的机关包括每四年举行一届的全体大会、贸易和发展理事会作为常设机关，下设各种委员会及总秘书处。联合国贸易和发展会议是一个制定决议的主要会议，隶属于联合国的大会。在各届大会之间的时间里，联合国贸易和发展会议的日常政策由贸易和发展理事会组织，每年在日内瓦召开会议。联合国贸易和发展会议的秘书处由秘书长领导，协助各个委员会工作的合作和协调，处理各种促进经济发展的问题。

根据建立决议的规定，联合国贸易和发展会议的最重要任务是促进国际贸易，以便加速成员的经济发展，在贸易领域协调联合国各其他机构的活动，及作为职能中心协调各国政府和区域经济集团的贸易发展政策。联合国贸易和发展会议的主要目标是帮助发展中国家增强国家能力，最大限度地获取贸易和投资机会，加速发展进程，并协助它们应付全球化带来的挑战，在公平的基础上融入世

---

① 亚洲及太平洋经济社会委员会总部设在曼谷，主要任务是促进成员之间的经济和社会发展互助。详见 http：//www. unescap. org/。

② 西亚经济及社会理事会履行类似的职能。

界经济活动。在此框架内，联合国贸易和发展会议有权制定基本原则和指令，起草适用建议。它通过研究和政策分析、政府间审议、技术合作以及与非政府机构企业部门的合作实现其目标。

联合国贸易和发展会议的重要性体现在它对联合国及其成员发展政策的重大影响上。[①] 1972 年，联合国贸易和发展会议在圣地亚哥提出有利于世界上 25 个最不发达国家的特别措施；在 1974 年石油危机后，联合国贸易和发展会议建立了总额达 30 亿美元的联合国基金。一方面，这两个措施被视为联合国贸易和发展会议成功的和被普遍认可的倡议。另一方面，有些项目导致了发展中国家和西方工业国家之间的激烈冲突，诸如《国家经济权利和义务宪章草案》[②]、在国际商品政策领域的“综合方案”要求[③]等。

联合国贸易和发展会议成为南北讨论的重要论坛，工业国家与发展中国家之间的分歧和争论要求在激化矛盾和加强合作之间作出选择。联合国贸易和发展会议试图通过有利于发展中国家的对具有市场经济特征的世界经济体系进行改造，目的在于平衡贫富差距。尚未可知的是，对整个体系的革新化改善是否可能？或者，发展中国家占多数的状况继续存在，其激进集权式倾向是否会导致旧体制的解体，并形成平行存在的几个经济集团？

九、附属辅助机关

最后，联合国还设有一些规划署，它们借助于各个国家的特别捐资和设备提供，协调联合国大家庭中不同组织相互重叠的权限职能，服务于具体目标的实现，例如发展援助、环境保护、粮食援助等。

（一）联合国各规划署

联合国开发计划署和联合国环境规划署是根据《联合国宪章》第 7 条第 2 款和第 22 条作为联合国的附属机构设立的，分别通过大会第 2029［XX］和 2688［XXVI］号决议及第 2997［XXVII］号决议建立。各个规划署设有一名行政或执行长官，作为各自秘书处的领导，但这些秘书处同时是联合国秘书处的组成部分；另设有行政理事会，由一些由经济及社会理事会或联合国大会选举的成员的代表组成；及一个协调委员会作为咨询机关，协调联合国组织、其专门机构及下

---

① 例如，1970 年报告《对第二个发展十年的国际战略》《对发展援助（1964－1972）的目标和条件的制定和解读》《商品贸易（1968）行动计划》及《关于促进从发展中国家出口半成品和成品的关税优惠的建议》中的措辞。

② 该草案于 1974 年 12 月 12 日作为第 3281（XXIX）号决议在联合国第 29 次大会上通过，它与 1974 年 5 月 1 日由第 6 次特别大会通过的第 3201/02（S-VI）号决议《建立新国际经济秩序的行动计划》联系密切。

③ 综合方案和债务问题成为 1976 年 5 月内罗毕第四届联合国贸易和发展会议的中心议题。

属机构的有关规划。[①] 联合国开发计划署的协调委员会叫机构间协调委员会，联合国环境规划署的协调委员会叫环境协调委员会。

来自成员的自愿捐款或者部分私人捐资负担联合国各规划署的行政费用和业务活动的支出，这特别包括联合国开发计划署、联合国儿童基金会、联合国粮食计划署、联合国人口基金等。

（二）联合国开发计划署

联合国开发计划署是联合国技术援助计划的管理机构，1965 年 11 月依据联合国大会决议[②]成立，其前身是 1949 年设立的“技术援助扩大方案”和 1958 年设立的“特别基金”。总部设在纽约，另有四个区域局和设在发展中国家的 100 多个办事处。这些在驻地代表领导下的办事处在当地与受援国接洽，协调主管技术的联合国专门机构的工作，例如，联合国粮食及农业组织，世界卫生组织，联合国教育、科学及文化组织等，这些组织负责执行联合国开发计划署资助的各种技术援助项目。

使用由自愿捐款构成的年度预算，联合国开发计划署资助世界上所有发展中国家和各种非独立地区的项目，属于世界上最大规模的技术援助计划。技术援助的目的是转让技术，通过培训当地的技术人员并提供咨询、出具鉴定和研究报告、建设和扩展讲习班及培训中心、在各个专业领域提供培训计划等方式。

联合国开发计划署的最高机关是管理委员会，由经济及社会理事会选举 48 人组成，席位按地区分配，任期 3 年。[③] 管理委员会决定政策上的基本问题、国家规划和个别项目。联合国开发计划署实行署长负责制，但与主管技术援助执行的联合国特殊组织的协调工作由机构间协调委员会负责。除了管理委员会之外，在组织结构上，联合国开发计划署还拥有执行局和秘书处。执行局是政策决策机构，由 36 个成员组成，其中，亚洲 7 个、非洲 8 个、东欧 4 个、拉美 5 个、西欧和其他国家 12 个。执行局成员由经社理事会按地区分配原则和主要捐助国及受援国的代表性原则选举产生，任期三年，执行局每年举行三次常会，一次年会。秘书处按照执行局制定的政策在署长领导下处理具体事务，在 134 个国家设有驻地代表处。派出的驻地代表主要负责当地的发展政策咨询和项目管理，借助于这些代表处和代办机构的工作，联合国开发计划署将其技术援助计划拓展到全球超过 170 个国家和地区。

---

① Vgl. Ignaz Seidl-Hohenveldern/Gerhard Loibl, Das Recht der Internationalen Organisationen, 7. Aufl., Carl Heymanns Verlag, 2000, S. 105 f., Rn. 0814 b ff.

② 1965 年 11 月 22 日第 2029（XX）号决议。

③ 与联合国大会的体系一样，在联合国开发计划署的管理委员会中，每个国家拥有 1 票，而在来自 48 个国家各 1 名代表中，发展中国家占 27 席，所以占有多数。

联合国开发计划署的工作涉及发展援助和合作，通过资金转移、技术转让或人力资源的交流，力图在更多领域为实现发展和进步作出贡献。由此，联合国开发计划署成为联合国多边技术合作的核心支柱和协调机构。联合国开发计划署的援助项目是无偿的，由联合国技术合作部、贸易和发展会议等30多个机构承办和具体实施。计划署本身不负责承办援助项目或具体将其付诸实施，它主要是派出专家进行发展项目的可行性考察，担任技术指导或顾问。印度、孟加拉国和中国曾是开发署的几个主要受援国。通过加强发展合作，援助共同体和开发署对具有强烈责任意识的政府领导给予奖赏；而对由于地方精英的缘故造成失败的援助项目则采取减少或暂停的措施。这些现象和案例表明，援助共同体的促进意愿的目的在于实现所提供资源的可持续发展和充分利用。

（三）联合国环境规划署

联合国环境规划署[①]1972年成立，总部设在肯尼亚的内罗毕，是第一个将总部设在发展中国家的联合国机构。联合国环境规划署的资金来源于由成员自愿捐资的环境基金。

联合国环境规划署的主要组织机构包括理事会、环境基金、秘书处和协调委员会等。[②]

联合国环境规划署与各类伙伴进行合作，其中包括其他的联合国机构和国际组织、各国政府、非政府组织、企业及民间团体。联合国环境规划署的首要任务是充当联合国环境活动的催化剂。该规划署的宗旨是促进环境领域内的国际合作，并提出政策建议；在联合国系统内提供指导和协调环境规划总政策，并审查规划的定期报告；审查世界环境状况，以确保正在出现的、具有国际广泛影响的环境问题得到各国政府的适当关注；经常审查国家与国际环境政策和措施对发展中国家带来的影响和费用增加的问题；促进环境知识的取得和情报的交流。

该规划署每两年出版关于世界环境状况的报告，说明各种环境破坏问题和环境保护的发展情况。该规划署关注的重点对象是气候变化问题、大气污染、饮用水安全、沿海地区和海洋环境的损害、土地质量恶化和荒漠化、物种灭绝、危险废物和有毒化学品等问题。在联合国环境规划署的工作范围内，当今绝大多数有效的多边环境保护协定得以发展和签订。

---

① Vgl. Steiner, Achim, Zukunftsaufgabe globaler Umweltschutz. Das UNEP vor neuen Herausforderungen（全球环境保护的未来任务。联合国环境规划署面临新挑战）, in: VN 2006, S. 226 ff.

② 理事会由58个成员组成，任期四年，可以连任。理事会席位按区域分配如下：亚洲13个，非洲16个，东欧6个，拉美10个，西欧及其他国家13个。每年改选理事会成员中的半数。中国自1973年以来一直是环境署理事会成员。详见 http://www.unep.org/chinese/about_unep/about_unep.asp。

（四）联合国儿童基金会

联合国儿童基金会是联合国的儿童援助机构，建立于1946年12月11日。

联合国儿童基金会最初的任务是帮助受到第二次世界大战严重伤害的儿童。之后，联合国儿童基金会主要在发展中国家展开工作，在健康、家庭计划、卫生、营养和教育等领域协助至少160个国家的儿童和母亲，并在紧急情况下提供即时援助。此外，联合国儿童基金会在国际政治层面致力于反对儿童兵和难民儿童保护工作。当然，联合国儿童基金会也因销售圣诞贺卡而闻名。

第七节　联合国的法律地位

根据《联合国宪章》第104条，在任何一个成员领土内，联合国都享有对其执行职务和达成宗旨所必需的法律权利能力。当然，该能力不涉及联合国在国际法上的法律地位，而是涉及在各该成员的国内法律上的法律地位。

但是，毫无疑问地，联合国在国际法上也享有（有限的）法律权利能力。联合国是一个具有长期目标的国家联合体，拥有自己的机关、意志、任务和宗旨，与组成它的各个国家的机关存在法律上的区别。这一点在1949年4月11日国际法院发表的“关于为联合国服务而受损害的赔偿案的咨询意见”① 中已被清楚地表明：根据国际法院的意见，联合国只有在拥有相当程度的国际人格和能力的基础上，以便在国际层面行动时，它才能够真正地行使职能和享有有关的权利。如果缺乏这种法律人格，联合国就无法进行有效的活动及履行其职能。所以，国际法院得出结论，联合国具有国际法律人格。

但是，这与国家的法律人格是不同的，因为联合国不是一个国家，联合国的法律人格、权利和义务与国家的法律人格、权利和义务不同。一个国家具有被国际法承认的所有权利和义务，相比之下，一个国际组织的权利和义务的范围取决于其目的和职能，一如在其建立文件中所具体规定的，或者隐含，或者在实践中发展出来。所以，联合国是一个国际法律人格，受限于其目的和任务，其范围不如独立国家的权利义务一样广泛。

联合国有权与国家或者其他国际组织签订国际条约，② 享有履行组织职务所必要的特权和豁免，且该特权和豁免同样适用于联合国成员的代表和秘书处的职

① ICJ-Reports 1949, S. 179.

② 参见《联合国宪章》第43、63和70条。

员（《联合国宪章》第105条）。[1] 另外，联合国还拥有强制权，即在极端情况下超越一般国家权利之外的发动战争权。

第八节 对联合国的评价

联合国的主要目标是阻止战争和预防及解决国际争端，而事实上，这一领域被超级大国美国和几个主要大国及其拥趸主导着，留给联合国及其主管机关安全理事会的运作空间相对有限。联合国采取强制措施的情形成为例外情况，保障和平的行动常常由于缺乏参与各方必要的协调一致而失败。联合国一般只能满足于不同程度的配套行动。

《联合国宪章》第7章规定的制裁体系逐步发展成一个灵活的机制，通过观察、调解和谈判以及投入维持和平部队来结束武力冲突。

另外，联合国的一个趋势值得关注，即在若干地区，联合国放弃行使维持和平的职能，转而赋予一些区域组织采取集体安全措施的权限，例如美洲国家组织或者非洲统一组织。

在国际合作领域，即《联合国宪章》第1条第3项所列的三个主要任务领域中的第二个，“以解决国际属于经济、社会、文化及人类福利性质之国际问题”，联合国借助其自身广泛的普遍性，取得了极大的成就。看起来，联合国在其主要任务领域发生了可能是最重要的重心转变，在维和功能的重要性有所下降的同时，在合作功能领域的重要性得到加强。此合作活动主要指向经济和社会方面。该合作发源于欠发达国家对援助的日益强烈的要求，但目的却在于大幅度缩小至今一直在扩大的南北半球之间的贫富差距。

如果发展中国家借助其席位的绝对多数，坚持将联合国扩建成完全为其利益服务的工具，则多数工业国家将加强对联合国之外的一些国际组织的改造，例如，世界贸易组织、经济合作发展组织、欧洲联盟等，使它们成为完全为工业国家之间相互合作服务的工具。

在殖民地和托管领土的工作中，联合国成为非殖民化的先驱，并使这些地区免于陷入无政府状态。在联合国中，以前的殖民地人民成为与其旧主国地位平等的伙伴，并在那里发挥越来越大的影响，这是一个独特的奇观。然而，这种影响并非完全没有风险。目前，在联合国中，中型、小型和最小型国家主导着投票结果。在第29届联合国大会上，美国代表已经提出了联合国作为世界组织的运作

---

[1] 特别参见1946年2月13日的《联合国特权及豁免公约》和1947年6月26日联合国与美国签署的总部协议。

能力问题，特别是当持续出现多数票否决少数票的情况出现时，联合国将被从一个谈判和调解的论坛变成一个角斗场，胜负取决于多数决这种武器。对“表决胜利”和“表决暴政”的批评与西方大国退出联合国的威胁密切相连，真切地提出了联合国的意义和续存的问题。

联合国在国际法律编撰领域做了很多具有学术价值的工作。

通过联合国实现国际关系真正一体化的最大阻碍是缺乏意识形态上的同质性。尽管西方阵营内部的意识形态分歧几乎已经成为过去，但是，西方国家与亚洲和北非文化国家之间的意识形态分歧仍然存在，并有蔓延的趋势，例如，欧盟和美国与俄罗斯之间的紧张局势①、美国和中国之间的大国角力②。由此产生的问题远远超出国际法规制的范畴。联合国是主权国家的联合体，这一目前松散的组织形式在近期将无法被强化和深化。联合国当前的法律结构虽然有许多缺陷，但基于现实的条件，已然最大限度地实现了其目标。这就是说，下一个转型步骤不在法律领域，而在现实领域，尤其是意识形态领域。

案例事件

《联合国宪章》中敌国条款的效力

《联合国宪章》第 53 条和第 107 条涉及在第二次世界大战中与《联合国宪章》签字国为敌的国家，主要是德国和日本。如果德国和日本再次奉行侵略政策，可在没有联合国安理会授权的情况下采取强制措施。

但是，在 1995 年 12 月 11 日，联合国大会颁布了一项关于宪章问题的决议，在该决议中，敌国条款被视为已经过时。德国外交部的观点是，《联合国宪章》第 53 条和第 107 条是过时的，因为几个联盟国家在“2 + 4 条约”中已经宣布放弃继续行使其占领权。德意志联邦共和国多次成为联合国安理会的理事国，并担任联合国大会主席，这些事实促使德国联邦总理府在 1994 年 3 月 18 日的一封信中表明，德意志联邦共和国行使了一个平等主权国家的所有权利。这些恰都发生在两德统一及英法美苏四强责任在德国终结之后。所以，敌国条款最晚在两个德国加入联合国时已经过时。③

---

① 例如，持续多年的叙利亚战争、2013 年乌克兰危机、2018 年因间谍受害案互相驱逐外交官等。

② 2018 年 3 月，美国发起对中国的所谓“301 条款”调查，引起贸易摩擦，涉及对上千亿美元的商品增加关税。

③ Dieter Blumenwitz, Feindstaatenklauseln（《敌国条款》）, in: Ruediger Wolfrum (Hrsg.), Handbuch Vereinte Nationen（《联合国手册》）, 2. Aufl. 1991, S. 143 ff.

1945年中国是联合国的创始国之一

早在1945年4月，中国就派代表团参加了旧金山会议，中国共产党代表董必武参加了代表团，并在《联合国宪章》上签字。中华人民共和国成立后，由于美国政府的阻挠，台湾当局继续非法占据中国在联合国的席位。

自1961年16届联大起，许多国家为恢复中国的合法权利作了不懈的努力。

1971年10月25日，在这具有历史意义的一天，联合国大会第1976次会议以76票赞成、35票反对、17票弃权的压倒多数，通过了阿尔巴尼亚、阿尔及利亚等23个国家提出的要求“恢复中华人民共和国在联合国的一切合法权利，立即把蒋介石集团的代表从联合国一切机构中驱逐出去”的提案。26日，中国代理外交部部长姬鹏飞收到联合国秘书长吴丹发来的正式通知，中华人民共和国在联合国和安理会中被台湾当局非法占据了20多年的席位得到恢复。

1971年11月15日，联合国第26届会议召开，五星红旗在纽约东河之滨的联合国大厦飘扬，当乔冠华率中华人民共和国代表团端坐在联合国会场上时，受到世界舆论的关注和各代表团的欢迎。

1971年南非统治纳米比亚案

国际法院在1971年6月21日发表的咨询意见认为，由于南非不顾安理会1970年1月通过的第276号决议，继续统治西南非（纳米比亚），安理会再于7月29日通过第284号决议，要求国际法院就南非在纳米比亚的继续存在对各国造成的法律后果发表咨询意见。针对此案，南非当局向国际法院指控第284号决议无效，从而认为，国际法院无权就此案发表咨询意见。南非的理由是，在安理会表决该项议案时，英、法两个常任理事国弃权。

国际法院指出，安理会的长期实践表明，常任理事国的自愿弃权并不妨碍安理会通过决议，而且任何理事国的弃权并不表示其反对议案所规定的事项。此案表明，要阻止安理会就非程序性问题通过决议，常任理事国必须投反对票。

1981年中国为联合国秘书长选举创造先例

联合国秘书长人选每十年各大洲轮换一次，一般不超过两届。这一先例由中国创立，源于1981年联合国秘书长选举。

联合国从1945年成立到1981年，共产生过4位秘书长，他们是挪威的赖伊、瑞典的哈马舍尔德、缅甸的吴丹、奥地利的瓦尔德海姆。35年间，西方占了24年；4任人选中，西方占了3个。

1981年，第五任联合国秘书长竞选期日益临近，综合考虑国内国际形势，中国认为，联合国秘书长的职位已连续三届为西方发达国家所占有，而发展中国家屡屡竞选失败，这既不合理，也不公平。中国政府决定，在这次竞选中拒绝援引过去的惯例（此惯例为对发达国家竞选人先投两次反对票，再转而投赞成票），转而采用“一否到底”的方式，以此鼓励第三世界国家参与竞选。

1981 年 10 月到 11 月，安理会就秘书长人选问题进行了 8 轮投票。坦桑尼亚的萨利姆和奥地利的瓦尔德海姆两人分别遭到一个常任理事国的否决：美国否决萨利姆，中国否决瓦尔德海姆。选举陷于僵局。11 月 17 日，安理会一天之内进行了 8 轮投票，由于两人还是各被一个常任理事国否决，因而都未能当选。

为打破僵局，9 名新的候选人出现。包括秘鲁著名职业外交家德奎利亚尔在内，9 名候选人都来自发展中国家。12 月初，瓦尔德海姆和萨利姆相继宣布退出竞选。12 月 11 日，安理会举行秘密会议，就候选人举行第 17 轮投票，德奎利亚尔获得了 10 票赞成票，因无否决票当选。

中国在联合国的这一行动创造了一个先例。从此，联合国秘书长人选就在各大洲间轮流出人担任。发展中国家候选人可和发达国家候选人一样，涉足联合国秘书长这一最高国际组织的最高职务。①

1993 年波斯尼亚 - 黑塞哥维纳诉南斯拉夫其余部分

在一些具有国际刑法背景的案件中，国际法院被证明软弱无能，例如，国际法院对波斯尼亚 - 黑塞哥维纳诉南斯拉夫其余部分（塞尔维亚和黑山）案作出的临时安排。1993 年 4 月 8 日，波斯尼亚 - 黑塞哥维纳向国际法院对南斯拉夫其余部分提起诉讼。波斯尼亚 - 黑塞哥维纳认为，自己的国家主权受到南斯拉夫其余部分的侵犯，其行为违背一系列人道主义国际法的条约和原则，要求法院确认，波斯尼亚 - 黑塞哥维纳拥有个别的和集体自卫的权利。此外，波斯尼亚 - 黑塞哥维纳申请法院根据《国际法院规约》第 41 条第 1 款作出临时安排，判令南斯拉夫其余部分在未来避免所有种族灭绝行为，既放弃实行针对波斯尼亚 - 黑塞哥维纳的军事或准军事行动，又不得支持特定族群的此类行动。②

国际法院要求南斯拉夫其余部分保证，所有受其支配和影响的军事、准军事及其他单位和组织不再进行灭绝种族的行动，也不再呼吁他们进行类似行动。此外，波斯尼亚 - 黑塞哥维纳和南斯拉夫其余部分必须承诺，放弃任何可能激化冲突或给解决争端制造麻烦的行动。③ 尽管国际法院的临时安排具体明确，但是，

---

① 凌青：“中国为联合国秘书长选举‘立规矩’”，载《党员生活（湖北）》2018 年第 35 期。

② 参见 Karin Oellers-Frahm, Anmerkungen zur einstweiligen Anordnung des Internationalen Gerichtshofs im Fall Bosnien-Herzegowina gegen Jugoslawien (Serbien und Montenegro) vom 8. April 1993（评国际法院对 1993 年 4 月 8 日波斯尼亚 - 黑塞哥维纳诉南斯拉夫【塞尔维亚和黑山】案的临时安排），in: ZaoeRV, Bd. 53 (1993), S. 638 ff.

③ ICJ Reports 1993, S. 3 ff.

争端各方无一遵守国际法院的决定。自那时起，侵犯国际人道法的行动有增无减。

2015年为纪念斯雷布雷尼察大屠杀事件20周年的一项决议草案表决案

2015年7月8日，联合国安理会以10票赞成、4票弃权和1票反对的表决结果就美、英、法等国推动的为纪念斯雷布雷尼察大屠杀事件20周年的一项决议草案进行了表决。由于常任理事国俄罗斯行使否决权，草案未能获得通过。中国、尼日利亚、安哥拉和委内瑞拉投了弃权票。

俄罗斯与英、美、法等赞成此项决议草案的安理会成员的主要分歧在于，是否在决议中将斯雷布雷尼察大屠杀事件界定为“种族灭绝”。俄罗斯常驻联合国代表丘尔金在安理会会议中发言指出，决议草案“不具建设性、具有对抗性并存在政治动机”。①

2020年美国英国试图推动安理会讨论涉港国安立法图谋失败

2020年5月28日，第十三届全国人民代表大会第三次会议以高票表决通过《全国人民代表大会关于建立健全香港特别行政区维护国家安全的法律制度和执行机制的决定》。美国、英国出于自身政治目的，对此指手画脚、横加干涉并试图阻挠，妄图推动联合国安理会举行公开视频会议进行讨论。中国对此表示强烈反对。绝大多数安理会成员认为，涉港问题属于中国内政，与安理会职责无关。安理会拒绝了美方无理要求，美方图谋以失败告终。

面对中国和安理会成员的强烈反对，美、英只能在安理会非正式磋商“其他事项”下提及香港问题，但遭到中方强烈反击和安理会成员的普遍反对。各方普遍敦促美、英停止干涉别国内政，停止对中国进行无端指责的错误做法。安理会未就此达成共识，未进行任何正式讨论，美、英举动草草收场，无果而终。②

❖ 问题思考

1. 联合国安全理事会决议在国际事务决定上有怎样的效力？
2. 联合国秘书长的地位如何重新得到提升？
3. 如何制裁或惩罚经常恶意拖欠联合国巨额会费的成员？

---

① 斯雷布雷尼察大屠杀是第二次世界大战之后发生在欧洲的最严重的一次屠杀行为。海牙的前南斯拉夫国际刑事法庭将此次屠杀定性为种族灭绝。

② 李凉：“美、英试图推动安理会讨论涉港国安立法的图谋以失败告终”，载《人民日报》2020年5月31日，第3版。

第三章　北大西洋公约组织

◎ **核心概念**

北大西洋公约组织；《北大西洋公约》；《北约战略概念》

◎ **重点内容**

——北约既是当今世界独一无二的国际政治军事集团组织，也是资本主义国家在军事上实现战略同盟的标志。

——北约由北大西洋理事会（最高决策机构）、防务计划委员会、国际秘书处、军事委员会（北约最高军事指挥机构）、北大西洋会议五大机构组成。

——《北大西洋公约》的签订标志着北约的正式成立；《北约战略概念》主要包括北约的宗旨、关于风险和威胁、关于联合国的作用三大部分内容。

北大西洋公约组织是美国与西欧、北美主要发达国家为实现防卫协作而建立的一个国际军事集团组织。它既是当今世界独一无二的国际政治军事集团组织，也是资本主义国家在军事上实现战略同盟的标志。其宗旨是成员在集体防务和维持和平与安全方面共同努力，促进北大西洋地区的稳定和繁荣。北约自 1949 年成立至今，历经半个多世纪，在国际外交、军事舞台上扮演了重要角色，对欧洲的军事、政治乃至整个世界的形势都产生了极大的影响。

第一节　北大西洋公约组织的诞生

第二次世界大战刚刚结束，“冷战”就又开始了，国际政治局势出现了新一轮大分化，分别形成了以美国为首的西方阵营和以苏联为首的东方阵营。这两大阵营在政治、经济、军事和文化等诸多方面展开了长期对抗，在军事方面形成各自的军事集团，即北大西洋公约组织（以下简称北约）和华沙条约组织。随着“冷战”的开始，美、苏两国在欧洲激烈争夺，从一系列“冷战”危机中逐渐产生两大军事集团。北约组织最先形成，它是美国对苏联“冷战”的产物。①

1949年4月4日，美国与加拿大、英国、法国、比利时、荷兰、卢森堡、丹麦、挪威、冰岛、葡萄牙、意大利共12国在华盛顿签订了《北大西洋公约》，标志着北约正式成立。北约的总部设在比利时的布鲁塞尔。《北大西洋公约》于1949年8月24日生效。北约成立的目的是与以苏联为首的东欧集团国成员相抗衡，若某成员一旦受到攻击，其他成员可以及时作出反应、联合进行反击。但这一条款在2001年“9·11”事件之前，一直未曾付诸实施。及至苏联解体，华约宣告解散，北约遂成为一个地区性防卫协作组织。

第二节　北大西洋公约组织的成员

北约成立之初只有12个成员，包括美国、比利时、加拿大、丹麦、法国、冰岛、意大利、卢森堡、挪威、荷兰、葡萄牙和英国。后来北约经过8次扩大，成员逐渐达到30个：1952年2月，土耳其和希腊加入；1955年5月，联邦德国加入；1982年5月，西班牙加入；1999年3月，波兰、匈牙利和捷克加入；2004年3月，爱沙尼亚、拉脱维亚、立陶宛、斯洛伐克、斯洛文尼亚、罗马尼亚和保加利亚加入；2009年4月，阿尔巴尼亚和克罗地亚加入；2017年6月，黑山成为北约第29个成员；2020年3月，北马其顿正式成为北约的第30个成员。

其中最有发言权的是美国、英国、法国、加拿大。美国是北约的领头羊，而英国是美国最可靠盟友，欧洲综合实力最强的大国之一，联合国安理会常任理事国。同英国一样，法国也是欧洲综合实力最强的大国之一，联合国安理会常任理事国。加拿大是跨大西洋重要国家，美国的邻居，领土面积仅次于俄罗斯，也是世界经济强国。

第三节　北大西洋公约组织的组织机构与运作

北大西洋理事会（亦称北约理事会），即部长理事会，为最高决策机构。由成员的外交部长组成，必要时国防部长、财政部长甚至政府首脑也可与会。每年两次例会。在部长理事会休会期间，各成员大使级常驻代表负责理事会日常

① 龚维新：“北大西洋公约组织的建立”，载《国际问题资料》1984年第19期，第29页。

工作。

防务计划委员会由参加北约防务一体化指挥系统的成员方国防部长组成，每年开会两次，负责审议北约防务政策和军事计划。1966 年北约又设立专门负责核防务政策的核计划小组。

国际秘书处负责北约会议的筹备。秘书长除领导秘书处外，也是部长理事会、防务计划委员会、核防务委员会和核计划小组的主席。

军事委员会是北约最高军事指挥机构，由参加军事一体化指挥系统的成员的总参谋长组成。每年开会两三次，负责就北约防务问题向部长理事会和防务计划委员会提出建议，并对下属各主要战区司令部实施领导。军委会主席由军委会成员推选，任期 3 年。其日常事务由各国总参谋长任命的常驻军事代表组成军事代表委员会负责办理。

北大西洋议会是北约 30 个成员及 17 个联系国议会间组织，议员由各国议会指定，名额按国家人口比例分配。议会宗旨是鼓励各国议会间的合作，密切各国议会与北约机构的联系，推动实现北大西洋公约的目标。

第四节 北大西洋公约组织的相关文件

《北大西洋公约》和《北约战略概念》是北约的主要文件。

《北大西洋公约》由序言和 14 条正文组成。主要内容有：缔约国实行“集体防御”；保持并加强单独及集体抵抗武装攻击能力；任何一个缔约国的领土完整、政治独立或安全“遭受威胁”时，各缔约国应共同协商；对一个或数个缔约国的“武装攻击”应视为对缔约国全体的攻击，其他缔约国有义务给予援助，包括使用武力；该条约的有效期为 20 年。

《北约战略概念》的主要内容包括三点。

第一，关于北约的宗旨。强调北约在坚持“集体防御”职能的同时，基于在“民主、人权、法治方面的共同价值观”，将“为保证欧洲公正持久的和平秩序而奋斗”，致力于建立一个完整、自由、统一的欧洲。

第二，关于风险和威胁。认为欧洲——大西洋地区内外的一些国家面临着严重的经济、社会和政治问题；种族和宗教对立、领土争端、政策不当或失误、侵犯人权以及国家瓦解等可能引发地区局势动荡；该地区之外存在着“核、生、化以及大规模杀伤性武器扩散的危险和国际恐怖主义活动”。

第三，关于联合国的作用。承认联合国安理会担负着维护国际和平与安全的首要义务，在维护欧洲——大西洋地区的安全与稳定方面也起着关键的作用。

第五节 对北大西洋公约组织的评价

在冷战期间，北约的战略目标主要是防范华沙条约组织的大规模军事入侵。进入20世纪90年代，随着华沙条约组织的解散和苏联的解体，欧洲的政治与安全形势发生了巨大变化，北约的职能转变为政治军事组织，所要面对的议题也从过去的军事威胁，扩散到全球恐怖主义、能源安全、全球暖化、疾病、网路攻击、大规模杀伤性武器扩散等多元问题上。

北约拥有大量核武器和常规部队，是西方国家的重要军事力量。但是，2002年伊拉克战争的泥潭导致美国和其欧洲盟友之间互不信任，美国坚持的单边主义与欧洲热衷的多边主义发生分歧，大西洋两岸的关系正在寻求新的平衡。①

2019年11月，美国特朗普政府已采取行动大幅削减了在北约的开支，而减少的这部分将由其他北约成员承担。2019年12月3日，北约成立70周年峰会在英国伦敦召开。虽然后一事件显示了北约的悠久历史、表面繁荣和团结，但前一事件在财务上削弱了北约，加深了成员间的嫌隙。

案例事件

1999年科索沃战争

科索沃战争的持续时间是1999年3月24日至1999年6月10日，是发生在20世纪末的一场重要的高技术局部战争。科索沃战争以大规模空袭为作战方式，北约凭借占据绝对优势的空中力量和高技术武器，对南斯拉夫联盟的军事目标和基础设施进行了连续78天的轰炸。

1999年3月24日，未经联合国安理会授权，以美国为首的北约擅自对联合国成员南斯拉夫联邦共和国悍然发动空袭，导致科索沃形势发生实质性的变化，由南联盟内部塞尔维亚族和阿尔巴尼亚族之间的民族冲突演变为北约对南斯拉夫实施武装干涉的战争。战争结束后，俄罗斯彻底被挤出了在东欧的原有势力圈。

北约过时论（2016年）

2016年，特朗普在美国竞选总统期间及当选后初期宣扬“北约过时论”，曾一度让北约盟友和观察家们陷入普遍担忧。然而，在与北约秘书长斯托尔滕贝格

---

① 葛勇平编著：《国际关系理论与实践》，哈尔滨工业大学出版社2014年版，第168～169页。

进行了当选后的首次会晤后，特朗普又改口称“北约不再过时”。同时，以交易思维看待国际事务的特朗普言必称盟友占美国便宜。特朗普政府在“美国优先”外交理念的指导下，向北约盟友提出了增加防务开支和加大反恐力度等要求。

事实上，这些政策是对小布什政府和奥巴马政府政策的延续和发展。在美欧共同利益大于分歧的大背景下，欧洲盟友满足特朗普政府的要求符合双方共同利益。当前，北约将俄罗斯定义为首要威胁，出台了一系列针对俄罗斯的威慑措施，这些措施同时隐含着美欧责任均衡化的趋势。北约新战略无助于缓解该组织与俄之间的紧张关系，但很有可能削弱美国未来在北约内部的领导地位。①

2019 年美国国会两党议员提议取消土耳其的北约成员资格

作为北约的重要成员及领导者，美国政府和国会双方围绕叙利亚北部战事发生激烈争论。针对白宫方面之前提出的“不支持、不参与”原则以及尽快从叙北部撤军的决定，美国国会民主党众议员埃里克·斯沃韦尔和共和党参议员林赛·格雷厄姆强烈呼吁，“取消”土耳其北约成员资格，试图在两党的共同努力下，改变土耳其的行为方式。

以德国、法国、荷兰、挪威为代表的北约欧洲盟国已中止向土耳其提供武器，但对将后者“踢出”北约的建议持保留意见。北约秘书长表示，土耳其是北约的坚定盟友，对北约集体防御及包括打击恐怖主义在内的共同任务十分重要。②

❖ 问题思考

1. 北大西洋公约组织在北美与欧洲关系中具有怎样的地位和作用？
2. 北大西洋公约组织具有怎样的类型特点？
3. 北大西洋公约组织过时了吗？

① 朱耿华、孙蔚：“特朗普政府与北约战略调整”，载《当代世界社会主义问题》2019 年第 2 期。
② 季澄：“土‘退盟’风波凸显北约内部分歧”，载《中国国防报》2019 年 10 月 30 日，第 4 版。

第四章　欧共体和欧盟

◎ **核心概念**

舒曼——莫内计划；欧洲共同体；欧洲联盟；超国家性；《里斯本条约》；双重多数表决机制

◎ **重点内容**

——欧共体的法律性质。

——欧共体具有超国家性，但遵循有限授权原则。

——欧盟是当今世界上经济实力最强、一体化程度最高的国家联合体。

——欧盟在《里斯本条约》下的总体改革主要表现在赋予欧盟明确的法律人格、对欧盟权限进行划分以及简化决策机制等三个方面。

——欧盟的专有权限和共有权限。

通过向联邦德国和其他具有同样愿望的欧洲国家提出建立一个具有和平利益的共同体的思想和计划，罗伯特·舒曼①和其助手让·莫内②创造了历史。在此过程中，法国向昔日宿敌伸出和平之手，抹去了战争带来的苦难和往日的负担。他们建议欧洲各民族通过联合行使主权来实现共同复兴，其影响之一是，各国不能单独行使主权。凭此，他们已做好在国际关系方面开始一个崭新阶段的准备。

第一节　欧共体的起源：舒曼—莫内计划

舒曼和莫内的思想和计划描绘了20世纪欧洲最伟大的事业，从此，欧洲格

---

① 罗伯特·舒曼，是戴高乐时期的外交部长。他曾亲身经历德法边界领土之争，为避免两国间再次发生战争而必须采取措施的决心所驱动，对莫内委以重任。

② 让·莫内，戴高乐时期负责法国现代化计划。

局发生了日新月异的发展变化。

一、欧共体成立前的历史背景

20 世纪中叶，对于欧洲人民来说，敌对状态结束之后应有的休养生息并没有实现。第二次世界大战刚结束，东西方之间的第三次危机随之而来。1947 年 4 月 24 日，关于德国问题的莫斯科会议以失败告终，这使西方确信，苏联即将成为直接威胁西方民主的源头。1947 年 10 月国际共产主义者政党联盟的建立，1948 年 2 月在捷克斯洛伐克发生的“布拉格行动”，以及 1948 年 6 月的柏林封锁使德国分裂为两个国家，这三起事件进一步加剧了当时的紧张状态。西欧通过在 1949 年 4 月 4 日与美国签署的《北大西洋公约》奠定了集体安全的基础。然而，1949 年 9 月，苏联第一枚原子弹的成功爆炸以及克里姆林宫领导人威胁的扩散促使“冷战”的恐惧氛围蔓延。

自 1949 年 5 月 23 日德国基本法颁布以来，联邦德国自行制定内部政策；然而，它的历史和地理地位使其成为东西方争夺的焦点。美国企图促进处于欧洲大陆分裂中心的国家的经济复苏，在华盛顿的一些军营里，已经有人提出重新武装被打败的强国的要求。法国外交处于尴尬境地。一种做法是屈服于美国的压力，并且在舆论面前同意在鲁尔区和萨尔区重建德国军队。另一种做法是，坚决反对其主要同盟者，并且使其与波恩的关系陷入僵局。1950 年春天，法国外长舒曼被美国国务卿和英国外交事务大臣授予了一项重要使命：提出一个建议，使联邦德国重新纳入西方阵营。三国政府间的会议被安排在 1950 年 5 月 10 日举行，法国政府责无旁贷。

除政治僵局之外，还有经济问题。欧洲各国的产钢能力似乎开始出现生产过剩的危机。需求减少，价格降低，为了限制竞争，忠于内战期间铁血统治传统的德国生产者重新建立了同业联盟。在重建的过程中，基础工业面临投机和组织混乱的严峻挑战。

二、莫内的创新思想

为了解决这些传统外交无能为力的困难，舒曼需要一位不为公众所知却已在国际生涯中有着特殊经历的善于创造的天才。

此时，莫内正负责法国现代化计划，并在 1945 年受戴高乐任命，担负恢复国民经济的重任。在第一次世界大战期间，莫内为盟军组织联合供给；他是国际联盟的副秘书长，业务涉及美国、西欧和中国的银行家；他是罗斯福总统的私人顾问，也是确保美国军事力量优于轴心国部队的“胜利计划”的设计者。莫内可以不受任何政治命令的约束向政府提出建议，被普遍认为是一个关注效果的实用主义者。他认为，一个分裂的欧洲是大多数隐患的源头，而正在孕育中的欧洲联合将缓和紧张气氛。

莫内观察到，1948年海牙大会上为欧洲大陆联合的目的而发起的欧洲运动是徒劳之举。同时，1948年建立的欧洲经济合作组织具有纯粹的调和使命，它无权防止以严格的国家框架形式出现的欧洲国家的经济复苏。1949年5月5日欧洲理事会的创建表明了各国政府不愿意交出统治权。咨询机构仅拥有商议权，它的每一个决议必须以2/3多数通过，但可能被部长委员会否决。

莫内意识到，企图一次性引入一个综合性的机制必将招致各国的公开反对，从而注定失败。目前设想大规模的主权让渡还为时过早。人们脑海中对战争的经历仍然记忆犹新，民族情绪依旧高涨。他认为，在这种状况下，成功地建设和平的欧洲将依赖于限制专门领域的目标，也依赖于引入一个逐渐增加额外责任的共同决策机制。

三、舒曼的“五九”宣言

在1950年4月末，莫内和他的合作者起草了数页的计划，其后阐明了理论基础和设想的步骤，其中不乏撼动传统外交的建议。当他着手其任务的时候，为了避免必然的反对意见，保持建议的革新本质，莫内以最终处理权取代了各职能部门的惯常咨询。莫内知道，舒曼的决定可能最终影响事件的进程，欧洲政治舞台上的变革即将开始。

1950年5月9日，舒曼在同僚面前为该计划辩护，而同时，收到该计划的联邦德国时任总理康拉德·阿登纳①表示将全力支持。于是，舒曼公布了他的宣言。法国向德国伸出合作之手，建议在平等的基础上加入新的实体，首先两国共同经营煤炭和钢铁，而且在更广的层面上奠定欧洲联邦的基石。

宣言②提出了一系列原则：

——欧洲不会突然或根据单个计划而联合。实践成果首先创造真实的团结一致，欧洲将建立在此基础之上。

——必须消除法国和联邦德国之间由来已久的仇恨；采取的任何措施必须首先考虑这两个国家，但是它对具有共同目标的其他欧洲国家也是开放的。

——法国和联邦德国生产的煤炭和钢铁必须置于一个共同高级管理机构之下，就这个限制性的却是决定性的观点必须立即采取措施。

——这些经济利益的融合将有助于提高生活标准和建立一个欧洲共同体。

——高级管理机构的决定将约束成员。机构本身将由独立的个人组成，并且

① 康拉德·阿登纳，联邦德国第一任总理。1950年3月，他公开呼吁建立“德法联盟”作为“欧洲合众国的奠基石”。

② 详见Schuman Declaration of 9 May 1950。

具有平等的代表身份。机构的决定将是可执行的。

四、舒曼—莫内计划中的欧共体革新性原则

1951 年《欧洲煤钢共同体条约》[①] 的序言由五个小段落构成，包含了作为欧洲联合倡导者的整个思想体系：“鉴于世界和平可能仅仅受到与威胁相称的创造性努力的保护；确信一个有组织的、充满活力的欧洲能够对文明作出贡献对维持和平关系是绝对必要的；承认欧洲只能通过最先创造真正团结一致的实践成果和建立经济发展的共同基础来建设；急于通过扩大它们的基础生产来帮助提高生活标准和促进和平事业；决定以实质利益的合并来取代由来已久的竞争；决定通过建立经济共同体为在被流血冲突长期分裂的民族之间建立一个更广更深的共同体打下基础；决定为指导今后的共同命运的机构奠定基础。”其中提出的“世界和平”“实践成果”“真正团结一致”“实质利益的合并”“共同体”和“今后的共同命运”等词语，都是关于共同体精神和宗旨的关键词，至今仍保持着极强的号召力。

虽然《欧洲煤钢共同体条约》的主要目标，即运营煤钢市场，今天已不再具有当时那样的重要性，但是，对于 20 世纪 50 年代的欧洲经济来说，其规定的机构原则却是非常典型的。四个共同体原则源于舒曼—莫内计划，并且它们形成了后来共同体大厦的基础。

第一，将国家之间关系建立在和平与民主基础之上的原则。在民主政体下众多平等、仲裁和调解原则适用于国际关系是文明的进步。舒曼和莫内都经历了与战争相伴的混乱、暴力和武断。在创造一个权利胜于武力的共同体的过程中，他们的全部努力不断被调整。把国家之间的关系放在和平与民主的基础之上，抛弃（部分）统治和民族主义的精神，这些是赋予共同体以政治内容的内在动力。

第二，共同体机构独立性原则。假如机构履行其功能，它们必须拥有自己的权力。欧洲煤钢共同体的高级管理机构得到了三项保证，后来的共同体机构从中受益：

——通过政府间的共同协定决定成员的任命，特别是委员的任命。这些委员

---

① 《欧洲煤钢共同体条约》（亦称《巴黎条约》），建立了欧洲煤钢共同体，该《条约》于 1952 年 7 月 23 日正式生效，《条约》第 97 条规定，“该条约自其生效之日起 50 年有效”，据此，到 2002 年 7 月 23 日《条约》有效期届满，有关过渡条款规定在《尼斯条约》中。2000 年底欧盟各国首脑和政府首脑在尼斯会议上达成妥协，其结果就是《尼斯条约》，2001 年 2 月 26 日欧盟各国外长签署《尼斯条约》，该条约自 2002 年 10 月 19 日生效。《尼斯条约》的一项《关于欧洲煤钢共同体条约期满时的财政后果和煤钢研究基金的议定书》中第 1 条规定，欧洲煤钢共同体在 2002 年 7 月 23 日的所有财产和债务于 2002 年 7 月 24 日转为欧洲共同体所有。

不是国家代表，而是独立地行使权力并且不可能从成员得到指导的个人。

——通过征集自有资源获得财政独立；有别于国际组织通过可能被质疑的国家捐助来获得财政收入；

——高级管理机构（今天的委员会）对大会（今天的欧洲议会）负责，大会可以特定多数决方式作出决定。

第三，机构之间的合作原则。高级管理机构的独立性是新制度的基础。然而，当谈判继续的时候，需要给成员提供主张国家利益的机会。因此，傍靠高级管理机构建立部长理事会，其地位严格受限，因为它在作出决策时不要求一致同意而只需要多数同意。仅仅在有限的情况下，要求部长理事会一致同意。高级管理机构保留了对立法创制权的垄断，这一延伸到当今委员会能力的特权是必要的，因为它保证所有共同体的利益得到辩护。

第四，成员之间的平等原则。当理事会中国家代表的原则已被选择时，保留了各自加权的精巧内容。一方面，比荷卢三国和意大利担心由于其国内的煤钢生产量与总数的比例而被置于少数地位，因此，它们主张协商一致原则。另一方面，德国倡导与生产成比例的代表制度，当然这个建议几乎无法缓和合作伙伴的焦虑情绪，相反加剧之。莫内相信，只有国家之间平等的原则能够产生新的心理状态。由此，赋予共同体概念完整意义的法律和道德基础之一得以确立。①

第二节 欧共体与欧盟的发展历程与现状

1948年1月1日生效的《关贸总协定》要求其成员之间相互减免关税，促进世界贸易自由化。在此背景下，欧洲国家也不得不进一步加快欧洲内部贸易自由化的步伐，以期与国际贸易接轨。加之20世纪50年代中期，在欧洲产生了能源危机，各国试图通过核能源来解决这个问题。

一、欧洲三个共同体的发展及机构合并

基于上述两方面的原因，欧洲煤钢共同体的创始国比利时、联邦德国、法国、意大利、卢森堡和荷兰于1957年3月25日在罗马缔结了《欧洲经济共同体条约》②

---

① 相关参考文献繁多，仅见胡瑾、郇庆治、宋全成：《欧洲早期一体化思想与实践研究（1945－1967）》，山东人民出版社2000年版；Rudolf Streinz, Europarecht, 6. Aufl., C. F. Mueller, 2003.

② 欧共体官方出版局编：《欧洲联盟法典（第一卷）》，苏明忠译，国际文化出版公司2005年版，第119页以下。

和《欧洲原子能共同体条约》[①]（这两个条约也被称为《罗马条约》），建立了欧洲经济共同体和欧洲原子能共同体，上述两个条约于1958年1月1日正式生效。

在20世纪50年代欧洲建立煤钢、原子能和经济共同体之后，从50年代末至60年代初逐步进行机构调整与合并。1955年，德法比荷意卢六国召开了墨西拿会议，发表了“墨西拿宣言”，认为建立一个共同市场和逐步协调它们的社会政策，对于创造统一的欧洲是必要的。[②] 经过1957年的《关于设立欧洲各大共同体共同机构的协定》[③] 和1965年的《欧洲各大共同体关于设立共同的理事会和共同的委员会的条约》[④]（简称《合并条约》），欧洲共同体、欧洲原子能共同体、欧洲煤钢共同体依其各自行使的职能开始渐渐融合并渐渐拥有了共同的机构。1965年4月8日，各大共同体的六个创始国签订的《布鲁塞尔条约》[⑤] 决定将三个共同体的机构合并，统称欧洲共同体。但三个组织仍各自存在，具有独立的法人资格。条约于1967年7月1日正式生效。根据这项条约，上述三个共同体，即欧洲煤钢共同体、欧洲原子能共同体和欧洲经济共同体的组织机构得以充分合并。

根据1957年的《关于设立欧洲各大共同体共同机构的协定》的第1条和第2条规定，今后将由唯一的一个大会来履行欧洲经济共同体和欧洲原子能共同体的大会以及欧洲煤钢共同体的共同大会的职责；第3条和第4条规定，今后将由唯一的一个欧洲法院履行欧洲经济共同体、欧洲原子能共同体和欧洲煤钢共同体法院的职责；第5条还为欧洲经济共同体和欧洲原子能共同体设立了一个共同的机构，即经济与社会委员会。欧共体大会曾在1958年3月21日的一份公报中自称为欧洲议会，其后在1962年3月30日的一项决议中再次自称为“欧洲议会”。根据1986年2月的《单一欧洲法令》（或《单一欧洲文件》）[⑥] 第3条第1款，欧共体大会正式被称为欧洲议会。

1965年的《布鲁塞尔条约》第1条第1款规定：“设立一个欧洲各大共同体理事会，以下简称理事会。这个理事会代替欧洲煤钢共同体的特别部长理事会、欧洲

---

① 欧共体官方出版局编：《欧洲联盟法典（第一卷）》，苏明忠译，国际文化出版公司2005年版，第332页以下。

② 连玉如：《新世界政治与德国外交政策——“新德国问题”的探索》，北京大学出版社2003年版，第215页。

③ 欧共体官方出版局编：《欧洲联盟法典（第一卷）》，苏明忠译，国际文化出版公司2005年版，第448页以下。

④ 欧共体官方出版局编：《欧洲联盟法典（第一卷）》，苏明忠译，国际文化出版公司2005年版，第456页以下。

⑤ 全称《欧洲各大共同体关于设立共同的理事会和共同的委员会的条约》。

⑥ 欧共体官方出版局编：《欧洲联盟法典（第一卷）》，苏明忠译，国际文化出版公司2005年版，第558页以下。

经济共同体的理事会和欧洲原子能共同体的理事会。”第9条第1款规定：“设立一个欧洲各大共同体委员会，以下简称委员会。这个委员会代替欧洲煤钢共同体的高级管理机构、欧洲经济共同体的委员会和欧洲原子能共同体的委员会。”

在1965年之前，只有大会和法院同时适用于三个共同体。经过1957年的《协定》和1965年的《合并条约》，欧洲各大共同体共有的机构有下列5个：理事会（自1965年起）、委员会（自1965年起）、大会（自1957年起）、法院（自1957年起）、经济与社会委员会（自1957年起，仅仅针对欧洲经济共同体和欧洲原子能共同体）。1965年的《合并条约》使得三个共同体的所有机构完全合并，从某种意义上讲，对于欧洲公民来说，只存在一个欧共体，人们常常将欧洲煤钢共同体、欧洲原子能共同体和欧洲经济共同体简单地统称为欧洲共同体。然而，从法律角度来讲，当时关于三个共同体的条约文本并没有合并，它们仍然分别独立存在，三个共同体也各自独立存在。

二、欧共体与欧盟的历史沉浮

随着欧洲各大共同体的发展，其成员也逐渐增加。1973年1月1日丹麦、英国和爱尔兰加入欧洲经济共同体；1981年1月1日希腊加入欧洲经济共同体；1986年1月1日葡萄牙和西班牙加入欧洲经济共同体。1992年2月7日欧洲各大共同体的12个成员在马斯特里赫特缔结了《关于建立欧洲联盟的条约》（亦称《马斯特里赫特条约》，简称马约），该条约于1993年11月1日正式生效。

马约的宗旨是深化欧洲一体化进程，建立欧洲联盟；而且修改补充了《欧洲煤钢共同体条约》《欧洲经济共同体条约》和《欧洲原子能共同体条约》的内容，并正式将欧洲经济共同体改名为欧洲共同体①，从而，《欧洲经济共同体条约》也随之变为《欧洲共同体条约》；另外，在三个共同体体系之外拓展了新的政府间合作的领域。

自从依据《舒曼——莫内计划》建立了欧洲煤钢共同体之后，欧洲各国继续致力于推动一体化的进程，试图在更广泛的领域中建立共同体。为了实现这一目标，曾提出过《欧洲防卫共同体草案》以及与此紧密联系的《欧洲政治共同体章程草案》。1954年的法国国民议会否决了《欧洲防卫共同体草案》，随着它

---

① 值得注意的是，这里所说的欧洲共同体专指原来的欧洲经济共同体，而不是前面说的三个共同体的总称。有些中文材料在翻译外文文献时忽略了外文用语的单复数，统统翻译成欧洲共同体。如果使用欧洲各大共同体来表达三个共同体的总称，比较容易避免混淆不同的概念。所以，在遇到欧洲共同体这个名词时，要区分是指哪个意义上的欧洲共同体。《欧洲共同体条约》只有一个，即被《马斯特里赫特条约》修改后的原《欧洲经济共同体条约》。前面已经提到，关于建立三个共同体的条约文本独立存在、未曾合并。欧洲各大共同体指欧洲经济共同体（自1993年11月1日起为欧洲共同体）、欧洲原子能共同体和欧洲煤钢共同体，共三个共同体。

的破产，《欧洲政治共同体章程草案》的命运也就注定了。这两项草案未能通过，说明当时欧洲政治一体化的时机尚不成熟，政治方面的一体化应放慢步伐，转而寻求逐步完成。此后，各国开始致力于深化经济一体化的进程。但是，失败并没有阻止欧洲一体化的进程。在来自比荷卢三国的政治家的倡导下，1955 年 6 月，一体化进程在墨西拿重新起步。1957 年 3 月 25 日，六个创始国签署了建立欧洲经济共同体和欧洲原子能共同体的两个罗马条约。

虽然，从 1972 年到 1995 年，先后有英国等 9 个国家加入，使欧洲共同体拥有了 15 个成员，但是，1973 年和 1979 年相继出现的两次石油危机削弱了共同体。在如此情况下，共同体奋力抗拒离心趋势，并且通过在 1979 年引入欧洲货币制度巩固了其凝聚力。这个制度渐渐为缓慢而不可避免地走向经济和货币联盟铺平了道路，随着欧盟的 11 个成员接受欧元，1999 年 1 月 1 日成立了经济和货币联盟。

除了石油危机之外，欧洲共同体还经历了其他各种各样的危机。1965 年的机制危机，一成员企图质疑表决的大多数制度；财政危机，由自有资源和消费的急剧增长之间的不相称所导致，新政策的增多和共同农业政策的成本增加引起了消费的急剧增长等。尽管如此，没有成员考虑离开这个共同体。1984 年，欧洲议会接纳了一个关于欧洲联盟的条约草案，建议各机构在整合的情况下做量的跳跃。通过签署 1986 年《单一欧洲法令》，成员从舒曼——莫内计划获得了他们的灵感和机制方法。成员用围绕自由边界大市场这一中心目标的一系列专门目标补充了《罗马条约》，并且制定了时间表；通过扩大特定多数决的范围更新了决策程序。

1993 年 11 月 1 日生效的《马斯特里赫特条约》① 为成员设定了野心勃勃的时间表。《马斯特里赫特条约》的一个修订条款敦促成员就新条约进行谈判，即 1997 年 10 在阿姆斯特丹签订的条约②，它调整和加强了“联盟”的政策和资源，尤其是在司法合作、人员流动自由、外交政策以及公共卫生方面。而欧洲议会作为“联盟”的民主表达机构，更是被授予新的职责而享有共同立法权。2001 年的《尼斯条约》③ 更为欧盟东扩后的机构改革铺平了道路。

三、欧洲联盟的现状

2003 年 7 月，欧盟制宪筹备委员会全体会议就欧盟的盟旗、盟歌、铭言与庆典日等问题达成了一致。根据宪法草案：欧盟的盟旗仍为现行的蓝底和 12 颗

---

① 欧共体官方出版局编：《欧洲联盟法典（第二卷）》，苏明忠译，国际文化出版公司 2005 年版，第 7 页以下。

② 欧共体官方出版局编：《欧洲联盟法典（第一卷）》，苏明忠译，国际文化出版公司 2005 年版，第 207 页以下。

③ 关于《尼斯条约》中译本及评介，可参见赵海峰、石佳友、李晴兰译，载《欧洲法通讯》（第 3 辑），法律出版社 2002 年版，第 163～195 页。

黄星图案，盟歌为贝多芬第九交响曲中的《欢乐颂》，铭言为“多元一体”，5月9日为“欧洲日”。

继2004年5月1日欧盟完成东扩10国之后，2007年1月1日，罗马尼亚和保加利亚正式加入欧盟，使欧盟成员的数量达到27个；2013年7月1日，克罗地亚正式成为欧盟第28个成员。欧盟成为当今世界上经济实力最强、一体化程度最高的国家联合体。2017年到2020年，英国与欧盟谈判“脱欧”，对欧盟形成一定的负面影响。

回顾过去六十多年欧洲整合的过程，总体而言，欧洲联盟是一个历史性的成功。民主和人权的共同价值重整了欧洲各民族，欧洲正是从此获得了力量。欧洲联盟保护了文化与语言的多元化，维护了其独特的传统。当一些或远或近的国家正致力于巩固民主或者重建经济的时候，它们看到了欧洲联盟史无前例的进步。欧洲联盟的壮大正在对其与美国、俄罗斯、亚洲及拉丁美洲的关系和全世界的和平发展产生重大影响。英国“脱欧”事件考验着欧盟领导机构的智慧与决心。

第三节　欧共体的法律性质和超国家性

欧共体拥有极具特色的特征和法律性质，特别是超国家性。

一、欧共体的特征

欧洲共同体具有下列特征，并以此与其他国际组织区别开来。

第一，欧共体是一个国家间的联合体，这些国家虽然保有各自的主权，但为了实现共同目标，允许对其主权作一定的限制。第二，作为代表成员各自利益的机构，欧共体理事会的各项决定可以通过多数决来决定。① 第三，欧共体委员会的职责在于代表和保护共同体的共同利益，所以，欧共体委员会的委员不受成员指令的约束。② 第四，欧共体拥有自己的司法机关——欧共体法院③，并对相关事务享有专属管辖权。第五，欧共体有权颁布各项指令、条例、规定，对共同体成员及其国民具有直接的拘束力。④ 第六，除了成员上交的费用之外，欧共体还拥有其他的经费来源。

---

① 参见《欧洲共同体条约》第205条第1款。关于对《马斯特里赫特条约》的相关修改，见Rudolf Streinz, Der Vertrag von Amsterdam-Die institutionellen Veraenderungen fuer die Europaeische Union und die Europaeische Gemeinschaft, in: Jura, 1998, 第57页以下。

② 参见《欧洲共同体条约》第213条第1款。

③ 参见《欧洲共同体条约》第220条以下。

④ 参见《欧洲共同体条约》第249条第2款。

诚然，上述任一项特征或权利都可能在其他国际组织中找到先例，① 但是，与其他国际组织相比，欧共体各成员所作出的主权让渡的程度是史无前例的。这就是众说纷纭的所谓“超国家共同体”，源自于《欧洲煤钢共同体条约》最初文本的第9条，那里的提法是欧洲煤钢共同体委员会的“超国家特征”。② 对此，下文将予以详述。

二、欧共体的法律性质

《欧共体条约》第281条规定，共同体享有法律人格。根据《欧共体条约》第282条的规定，共同体在任何一个成员方内都拥有最广泛的权利能力和行为能力，即在当地依各自法律规定赋予法人的权利。③ 虽然，根据《欧共体条约》第281条和条约的整体体系可以推导出欧共体的国际法主体资格，但是，欧共体可以作为国际法主体参与国际交往并不能具体说明欧共体的法律性质。对这一问题的阐述和分析对理解共同体与成员之间的关系具有特别重要的意义。共同体的法律性质到底如何，颇具争议。从法律角度探讨，主要有联邦国家说、国际组织说和自成一家说。笔者试着从国家、联邦国家、国家联盟和国际组织角度去分析个中原委。

（一）欧共体不是国家

根据德国国际法学家们所习惯谈的三元素说，如果领土、人民和有效的国家权力存在，则国家存在。④ 据此，若将欧共体划入国际法和国家法的传统范畴，试图将它视为一个国家的尝试必将失败，原因在于，欧共体虽然拥有一定的领土和国家权力，但却缺乏统一的欧洲人民这一必要条件。鉴于在欧洲大陆生活的民

---

① Ignaz Seidl-Hohenveldern/Gerhard Loibl, Das Recht der internationalen Organisationen einschliesslich der supranationalen Gemeinschaften, 6. Auflage, Carl Heymanns Verlag 1996, S. 7, Rn. 0114.

② 在相关的《欧洲经济共同体条约》第157条和《欧洲原子能共同体条约》第126条的几乎相同的条文处避免直接提及委员会的“超国家特征”。

③ 类似规定见《欧洲原子能共同体条约》第184、185条和《欧洲煤钢共同体条约》第6条。该第6条第2款明确规定，在国家间交往中，共同体拥有为执行任务和实现目标所必要的权利能力和行为能力。

④ 国家构成之三元素说，可参见 Knut Ipsen (Hrsg.), Voelkerrecht, 4. Aufl., 1999, 第55页；Kimminich/Hobe, Einfuehrung in das Voelkerrecht, 7. Aufl., 2000, 第74页以下。关于四元素说，中国学者朱奇武认为，人民、土地、政府和主权是国家存在的四个前提要件，见朱奇武：《中国国际法的理论与实践》，法律出版社1998年版，第71页；王铁崖主编：《国际法》，法律出版社1995年版，第65~66页。另有所谓五元素说，例如美国亚历山大·温特总结了国家的五个特征：制度——法律秩序、唯一可以合法使用有组织暴力的组织、具有主权的组织、社会和领土，见其著作《国际政治的社会理论》，上海人民出版社2000年版，第257页。综上所述，领土、人民、有效的国家权力与政府是构成国家的必要条件。

族和使用语言的多样性，仅仅因此，是否存在统一的欧洲国民群体存疑。这里首先缺乏一种建立统一欧洲民族的必要的意识，对此，即便是在条约中引入“盟民资格”① 也无济于事。同时，该资格所规范的也不是与国民资格相联系的权利或义务。②

而欧共体更缺乏的是拥有广泛权能的国家主权。实际上，欧共体既不对外交政策也不对国防负全责，条约事实上的主人仍然是各个成员，只有它们才有能力依据条约规定的形式来修改条约。而欧共体仅主管有限的任务，为此拥有有限的、必要的、在条约中明文规定的权限。所以，欧共体不能像一个国家一样任意选择它的目标，或在现代国家所能驰骋的所有领域里有所作为。另外，欧共体没有组织权，无法自主地建立自己的机构，无法自主地决定这些机构之间的关系。

（二）欧共体不是联邦国家

联邦国家指由两个或两个以上的有一定自治权的实体组成的统一国家，例如，美国、德国、俄罗斯等国。由于欧共体不是一个国家，所以它也不是一个联邦国家。其原因首先在于，条约所规定的欧共体的任务远不如一个联邦国家中的联邦的任务那样全面。其次，在欧共体中，决策意志的形成过程也与联邦国家中的情形不同。欧共体对关键问题的决策由部长理事会作出，即由各成员起决定性作用。由此，被特别关注的不是欧共体的统一性，而是成员的多重性，这在欧洲议会和欧共体委员会中体现得尤为明显。与此不同，在一个联邦国家中，联邦州的多重性虽然在联邦参议会或上议院中得以体现，但国家的最重要的机构是联邦议会和联邦政府，此二者根据其组成和职责代表统一的联邦的利益。

不仅在欧共体法的创制，而且在欧共体法的实施方面，欧共体都依附于成员的意志。这就是说，欧共体不拥有执行（行政）权限，③ 欧共体法必须通过各成员的行政机构和法院贯彻执行。若各成员拒绝执行欧共体法，除了《欧共体条约》第226条以下条款所规定的总计款项或强制金之外，欧共体缺乏其他强制措施。

另外，成员的脱离权也是一个颇具争议的问题。鉴于缺乏自己的强制能力和措施，欧共体几乎无法剥夺其成员的这项权利。与此相反，通常，在一个联邦国

---

① 参见《欧洲共同体条约》第17条以下。

② Pechstein/Koenig, Die Europaeische Union. Die Vertraege von Maastricht und Amsterdam, 2. Aufl., Tuebingen 1998, S. 28, Rn. 56.

③ 少许赋予欧共体委员会、欧洲基金会和欧洲投资银行的权限除外。

家中，各州不具有脱离权。[①]

综上所述，欧共体一体化尚未达到联邦国家的程度。虽然，相对于其他国家间组织，这个超国家组织通过尚保有主权的成员广泛深入地向欧共体让渡主权而独树一帜，但是，各成员之间的关系仍然属于国际法上的国际关系，而不像联邦国家中联邦州之间的关系由国家法调整。

（三）欧共体是否属于国家联盟

对于某些专家学者而言，欧共体不是国家联盟。根据他们的见解，由于历史上国家联盟的多样性，可以暂且不去讨论，究竟是否存在一个统一的关于国家联盟的概念。无论如何，一个国家联盟不会像欧共体的情况一样，仅仅对某些领域享有职责和权限。

而对于另外一些专家学者而言，欧共体是一个国家联盟。例如，有学者提出，"诸如国家联盟这样的联合体的特殊称谓……可以说明自己属于某种组织的理由，仿效历史上的先例，国家联盟的成员在保有各自主权的前提下，在对外政策、国防和经济方面实现一体化"。[②] 由于欧共体就是这种情况，所以，根据他们的理解，欧共体是一个国家联盟。

（四）欧共体属于国际组织范畴

一般地说，国际组织在国际法上具有如下特征：第一，国际组织的主要参加者是国家；第二，国际组织是国家为实现国际合作而建立的；第三，国际组织依据国家间协议而创立；第四，国际组织设有常设机构；第五，国际组织有相对独立的法律人格。[③] 毫无疑问，欧共体应属于国际组织范畴。不过，它与通常的国际组织在超国家性上有所区别。所以说，称欧共体为"超国家组织"是恰当的。

三、欧共体的超国家性

目前，还没有任何一个关于超国家性[④]的定义能被普遍认可。为了描述和总结那些在"强度和累积"[⑤] 上令欧共体区别于其他一般国际组织的特征，这一概念常被使用在欧共体身上。

超国家性意味着超越于国家、凌驾于国家之上。该概念可以被理解为国际性

---

① Albert Bleckmann, Europarecht, 6. Aufl., Koeln, Berlin, Bonn, Muenchen 1997, S. 78, Rn. 149. 有兴趣进行对比研究者，可参阅赵建文主编：《国际法新论》，法律出版社 2000 年版，第 70 ~ 71 页。

② Ignaz Seidl-Hohenveldern/Gerhard Loibl, Das Recht der internationalen Organisationen einschliesslich der supranationalen Gemeinschaften, 6. Auflage, Carl Heymanns Verlag 1996, S. 8.

③ 邵津主编：《国际法》，北京大学出版社、高等教育出版社 2000 年版，第 226 ~ 227 页。

④ 关于这一概念的演化可参见 Manfred Zuleeg, Wandlungen des Begriffs der Supranationalitaet, in: Integration, Band 11 (1988), 第 291 页以下。

⑤ Rudolf Streinz, Europarecht, 5. Aufl., Heidelberg 2001, 第 48 页。

的特例属于此种特例的政府间国际组织的特质之一是，成员对组织的一体化进程一直深入推进，并影响到本国的国家主权领域。原则上说，仅对那些能够将组织责成的任务在国内继续分派给其主权之下的实体和个人的成员，一般国际组织的法律行为才能迫使它们承担义务；而超国家组织的法律行为却能够不通过成员方国内的贯彻指令而直接击穿“主权铠甲”①。欧共体就具有这种特性。

多数决机制使欧共体有能力制定有拘束力的决定，即使在违背成员意志的情形下，也可责成成员承诺履行特定义务。

作为独立的决策机构，欧共体委员会有权通过条例、指令和决定，欧洲法院有权通过生效判决，使成员——甚至直接使成员方国民——承担义务。在欧共体理事会中，成员由来自各个成员的国家代表组成，理事会成员虽然不能不顾其国家利益行事，但是，决定将通过（加权）多数决作出。也就是说，少数代表的影响力是有限的，不足以改变多数决的结果。②

此外，各大共同体的独立性③、共同体法律规范的优先权④和强制效力⑤是欧共体超国家性的其他标志。

但是，欧共体的超国家性并非无拘无束，有限授权原则即是限制之一。⑥ 一个国家拥有创制权限的权限，但欧共体没有。虽然《欧共体条约》第308条实际上类似于创制权限的权限，并且第94条和第95条提供了广阔的权限领域，但此种权限专属于各个成员。根据《欧共体条约》第249条第1款，欧洲议会和欧共

---

① 见 Albert Bleckmann, Grundgesetz und Voelkerrecht, Berlin 1975，第272和308页。

② 但是，此项制度由于卢森堡协定（1966年1月29日）的表决实践而中断，导致的结果是，若违背一成员的意志，则不可采用多数决的表决制度。由此，共同体的超国家特征被大大削弱。为了达到阻止理事会工作的目的，除了法国1965年的“空椅政策”之外，英国在1996年疯牛病事件中，曾通过有计划地、持续地投反对票来对抗欧共体所作出的对英国牛肉的贸易限制措施。

③ 欧洲法院在判例中（1964年，第1251页以下及1269页，判决理由8）对共同体的独立性作了如下说明：“为了与通常的国际条约相区别，《欧洲经济共同体条约》创设了一套独特的法律规范，该法律规范在其生效时即被纳入各成员的各项法律规范中，并被各成员的法院适用。因为通过建立一个没有时间限制的、有自身独立机关的、有权利和行为能力的、有国际行为能力，尤其有真正的通过限制各成员职权管辖范围或者将各成员主权让渡给共同体而产生的主权权利的共同体，即便只是在有限的领域内，各成员仍旧因此限制了其自身的主权权利，因而创建了一个对其所属成员和自身利益均具约束力的权利载体。”

④ 依据共同体的独立性，欧洲法院在同一个判例中（判决理由9）支持共同体法的优先权，此点亦与《欧共体条约》第249条的规定相符。在判决理由12中，欧洲法院确认，如果该法律作为共同体法的特征不被否认，并且欧共体的法律基础不被质疑，那么，基于欧共体法的这种独立性，没有任何一项类似的成员方国内法律规定可以优先于该项由《欧共体条约》所创设的、源自于独立的法律渊源的法律而适用。

⑤ 这里指的是条例的一般适用，《欧共体条约》第249条第2款。

⑥ 德国联邦宪法法院的赞同意见参见联邦宪法法院判例集（BverfGE）第89卷，第155及194页以下。

体理事会、欧共体理事会和欧共体委员会按照条约联合颁布了规定在第249条第1款里的（各自的）法律行为。由此产生了有限授权原则。据此，这些机构只被允许在条约设立的共同体组织权限范围内活动。此外，这些机构必须遵守和适用各法律行为的规定形式。[①]

第四节　《里斯本条约》下欧盟对外关系改革

2007年12月13日，欧盟27国领导人在葡萄牙首都里斯本正式签署了《里斯本条约》，旨在取代2005年被法国、荷兰全民公决否决的《欧洲宪法条约》。欧盟原计划该条约于2009年1月1日生效，但由于爱尔兰2008年6月12日全民公决的负面结果而未能成功。[②] 就性质而言，《里斯本条约》是一个修改条约，它没有采用《欧洲宪法条约》那种将《欧洲联盟条约》和《欧共体条约》合二为一的结构，而是保留了《欧洲联盟条约》的名称，并将《欧共体条约》更名为《欧洲联盟运行条约》。[③] 因此，《里斯本条约》由《欧洲联盟条约》和《欧洲联盟运行条约》两部分组成，并且这两部分具有同等的法律地位。[④] 此外，《里斯本条约》对《欧洲宪法条约》的部分内容进行了删减：修改后的条约不再提及“宪法”“欧盟外交部长”这样敏感的字眼，不再规定盟旗、盟歌等象征国家性质的标志以及其他可能导致把欧盟与国家进行比较的因素。但是，《里斯本条约》重申了《欧洲宪法条约》中已有的主要变化，在这些变化中，欧盟对外关系无疑是这些变化中最重要的改变之一。

一、《里斯本条约》下欧盟对外关系的总体改革

欧盟在《里斯本条约》下的总体改革主要表现在赋予欧盟明确的法律人格、对欧盟权限进行划分以及简化决策机制三个方面。

（一）赋予欧盟法律人格

根据1992年的《马斯特里赫特条约》，欧盟有三大支柱[⑤]结构，其中只有欧

---

① 本章部分内容发表于葛勇平、孙珺：《欧洲法析论》，法律出版社2008年版，第二到四章。

② 刘明礼：“爱尔兰否决《里斯本条约》与欧洲一体化前景”，载《国际资料信息》2008年第7期，第30～31页。

③ 吴江：“《里斯本条约》的出台：解析和展望”，载《欧洲研究》2008年第1期，第102页。

④ Article 1, para 3, TEU.

⑤ 欧洲联盟大厦下有所谓三大支柱：欧洲各大共同体、共同的外交和安全政策和司法与内务领域的合作。若按欧共体原来的三个共同体分别计算，可以是五大支柱，由于欧洲煤钢共同体条约已经失效，也可称为四大支柱。

共体被明确授予了法律人格而享有国际法律人格。尽管有人指出，依据《尼斯条约》可以推断出欧盟具有法律人格，但这种法律人格是隐含的，不是明确的。① 现在，《里斯本条约》将三大支柱结构合并成一个，也就是欧盟。新的欧盟条约第1条规定“欧盟应取代并继承欧共体”，据此，欧盟具有了明确的法律人格。但同时，《里斯本条约》所附的一份声明也强调：“欧盟具备法人资格这一事实并不允许欧盟在成员通过条约赋予它的权限以外立法或采取行动。”②

赋予欧盟明确的法律人格使欧盟具备了主体身份，欧盟对外行动的新架构正是基于欧盟主体身份的确定，这使得它能够在自己的权限内，在各个领域内缔结条约。具体而言，首先，欧盟可以在发展合作领域与第三国缔结国际协议；其次，欧盟可以在共同外交与安全政策领域与一个或多个成员或国际组织缔结国际协议；最后，欧盟可以在共同商业政策领域缔结国际协议。③ 这一改变是一项重大进展，结束了欧盟和欧共体共存而又在对外关系领域各有各的权限的混乱局面，并且提高了欧盟的国际认同度，使欧盟具有缔结国际协议的能力，尤其是具备了作为国际条约的一方和国际组织中的一员的资格。另外，以欧盟取代欧共体，不只是简单地意味着体制上的突破，这意味着向建立一个政治实体迈出了重要的一步。④

（二）进一步明确欧盟的权限

《里斯本条约》对欧盟和成员的权限进行了阐明，它勾画出一种以欧盟为一方、以成员为另一方的更透明和更系统化的权限方式，其中对欧盟专有权的划定使得欧盟在对外关系中有更加清楚明晰的行动依据。《里斯本条约》对欧盟对外权限的阐明是促进欧盟对外行动的一个可喜的发展，它与欧盟法院关于欧盟对外权限的判例一起，建立了欧盟对外行动的稳固的法律基础。⑤

1. 欧盟的专有权限

《里斯本条约》规定了欧盟专有权的种类和范围。《欧盟运行条约》第3条第1款规定：“欧盟在下列领域享有专有权：关税联盟；境内市场竞争规则的制定；欧元成员的货币政策；共同渔业政策下海洋生物资源的保护；共同商业政

---

① Jan Wouters/Dominic Coppens/Bart De Meester, The European Union's External Relations after the Lisbon Treaty, in: Stefan Griller Jacques Ziller (eds.) The Lisbon Treaty EU Constitutionalism without a Constitutional Treaty? Wien: Springer Verlag 2008, p. 147.

② Declaration (no. 24) attached to Lisbon Treaty, signed on 13 December 2007.

③ See Article 37, TEU; Article 209 (2) and Article 212 (3), TFEU; Article 207, TFEU.

④ 戴炳然：“解读里斯本条约”，载《欧洲研究》2008年第2期，第55页。

⑤ Jan Wouters/Dominic Coppens/Bart De Meester, The European Union's External Relations after the Lisbon Treaty, in: Stefan Griller Jacques Ziller (eds.) The Lisbon Treaty EU Constitutionalism without a Constitutional Treaty? p. 196.

策”。另外，在缔结被视为欧盟立法的国际协议、欧盟行使对内权限所必需的国际协议或者是可能影响或改变共同规则的国际协议时，欧盟的权限也是专有的。①

所有上述领域都属于欧盟的专属权限，只有欧盟可以在这些领域制定和通过法律法规，成员不再有权参加此类贸易协议的谈判和缔结。②

2. 欧盟的共有权限

《欧盟运行条约》第4条规定，“在条约授予专有权的领域之外，欧盟和其成员享有共有权”，“欧盟和其成员在下列领域享有共有权：境内市场；社会政策；经济、社会和属地凝聚力；除海洋生物资源之外的农业和渔业；环境；消费者保护；运输；欧洲内部网络；能源”。另外，欧盟有权在科研、技术开发、太空领域和人道主义援助方面采取行动及制定共同政策，但是不能阻止成员行使其自己的权利。③

（三）细化欧盟的决策机制

《里斯本条约》对欧盟决策机制进行改革主要是为了加强欧盟作出决定的能力，以及加强欧盟在新成员加入后的行动能力，以保证决定和行动的合法性，这为欧洲与欧洲人民走得更近提供了有利条件。

一直以来，理事会制定一项决议被视为立法行为，决议应得到超过一般多数的成员的同意才能通过，这也就是“特定多数表决机制”。根据《尼斯条约》，成员拥有一定票数的表决权，票数与其人口数量相关并按其国力进行加权。而《里斯本条约》规定了“双重多数表决机制”，根据该机制，一项决议要获得通过，应得到55%以上的理事会成员的支持，并且支持的成员的总人口达到欧盟人口总量的65%，而构成阻碍决议通过的阻挡少数至少应为4个理事会成员。④也就是说，如果持反对立场的少数不足4个国家，则即便特定多数没能包括65%的欧盟人口，决议也将获得通过。⑤“双重多数表决机制”比《尼斯条约》下的表决机制更民主和高效，它使一项决议更容易获得通过，提高了政策批准的效率，这对于已经拥有28个成员的欧盟来说是极其重要的。

新条约规定“双重多数表决机制”从2014年11月1日起正式生效，在此之前，特定多数表决机制将沿用原《尼斯条约》的相关规定。此外，根据“约阿尼

① Article 3, para 2, TFEU.

② Article 2, para 1, TFEU.

③ Article 4, para 3 and 4, TFEU.

④ Article 16, para 4, TEU.

⑤ 戴炳然：“解读里斯本条约”，载《欧洲研究》2008年第2期，第61页。

纳妥协”[①]，2014 年 11 月 1 日至 2017 年 3 月 31 日为过渡期，成员在这一过渡期内可以在个别情况下申请沿用原《尼斯条约》中有关特定多数表决制的相关规定。[②] 成员之间，扩大后的一个突出矛盾是：大国担心它们的利益会被数量上占优的小国阻断，小国则担心欧盟的决策可能被大国操纵。《里斯本条约》对特定多数程序的设计以及实施日期的推迟，正是这种平衡的结果。[③]

决议程序有效性的加强还包括扩大特定多数表决机制的适用范围。例如，在外部边界控制、庇护和移民等领域中用特定多数表决机制代替原有的全体一致原则。扩大适用范围后，加上原有的 63 个条款，现在共有 96 个条款规定了适用“特定多数表决机制”，[④] 这一新机制能减轻全体一致原则所带来的阻碍效果。但是特定多数表决机制并不适用于军事和防御问题，另外，在改变税率、共同商业政策、与商品和服务有关的关贸协议、外国直接投资、共同外交政策和共同防御等领域仍适用全体一致原则。[⑤]

二、《里斯本条约》下欧盟对外关系的局部改革

欧盟对外关系的局部改革主要体现在三个领域：共同外交与安全政策、共同安全和防御政策、共同商业政策。

（一）共同外交与安全政策中的改革

在共同外交与安全政策领域中，能够代表欧盟的只有欧洲理事会主席和欧盟共同外交事务与安全政策高级代表。因此，下面分这两部分来介绍共同外交与安全政策的主要改革。

1. 欧洲理事会主席

欧洲理事会最大的制度改革是欧洲理事会常任主席制度的确立。为了保证欧盟讨论和决议的连贯性，《里斯本条约》将原有的欧盟轮值主席改为常任主席，将轮值期 6 个月改为任期两年半且可连任一届，[⑥] 从而保证了欧洲理事会主席的任期和欧洲议会的任期相一致。未来的欧洲理事会主席不能在任何国家中担任职

---

① “约阿尼纳妥协”的名字来源于 1994 年在希腊举行的一次非正式外交事务部长会议上达成的一次妥协，这一妥协使得一小部分要阻碍协议通过但没有成功的国家，能够要求对理事会以特定多数表决机制通过的决议进行再次审查，推迟其生效。郑春荣教授将其翻译为“艾奥尼纳机制”。在此处是作为对波兰的妥协。

② 吴江：“《里斯本条约》的出台：解析和展望”，载《欧洲研究》2008 年第 1 期，第 103 页。

③ 戴炳然：“解读里斯本条约”，载《欧洲研究》2008 年第 2 期，第 62 页。

④ List of the articles coming under qualified majority voting，http：//www. robert-schuman. org/doc/divers/lisbonne/en/annexe3. pdf.，2009 - 04 - 03 访问。

⑤ Article 207，para 1，TFEU.

⑥ Article 15，para 5，TEU.

位，并由理事会以特定多数选出，其罢免也是如此。①

虽然改变轮值主席制度不会根本解决 CFSP 领域中的效率和能力问题，但却能有效避免轮值主席制度所引发的共同外交与安全政策战略重点随主席国的变化而变化的情况。共同外交与安全政策领域内政策的连续性和一致性将随着理事会常任主席制度的实施而提高，这也是各大国要求改革轮值主席制度的初衷。独立于各成员的欧洲理事会主席职位的设立，在某种意义上使理事会主席成为欧盟元首，对外代表欧盟，这在客观上将增加第三方对欧盟作为一个“外交政策整体”的印象，为保障欧盟政策的连续一致、提高欧盟在国际舞台上的可信度提供了制度基础。②

2. 欧盟外交事务与安全政策高级代表

《里斯本条约》放弃了《欧洲宪法条约》中“欧盟外交部长”的提法，而称之为“欧盟外交与安全政策高级代表”，但是，“欧盟外交部长”的原有架构得到了保留，根据“双重头衔”原则，高级代表集原共同外交与安全政策高级代表和欧盟委员会对外关系专员的职权于一身，并且还将担任外交部长理事会主席和欧盟委员会副主席。根据这种权限，高级代表将负责确保欧盟对外行动的一致性，并负责处理对外关系以及协调对外行动的其他方面。③

欧洲理事会和欧盟委员会主席应采取特定多数表决机制任命欧盟外交事务与安全政策高级代表。高级代表实施欧盟的共同外交与安全政策。他应为政策的发展提出建议，并按理事会的委托去执行政策。高级代表应在理事会的授权下缔结欧盟的共同外交和安全政策，并主持外长理事会。④ 可以说，高级代表在共同外交与安全政策事务中将结合动议权、管理权和执行权于一身。与原高级代表辅助性作用相比，条约赋予欧盟外交与安全政策高级代表以核心角色。该职位能够在超国家层面巩固欧盟外交政策权能，从而提高欧盟外交政策的一致性以及欧盟在国际舞台上的形象。

“高级代表在共同外交与安全政策中代表欧盟，他应以欧盟的名义与第三方进行政治对话并在国际组织和国际会议上表明欧盟的身份。”⑤ “当欧盟就联合国安理会议程中的某一主题确定了立场，属于安理会成员的欧盟成员可以请求高级

---

① 易小明：“欧盟《里斯本条约》”，载《国际资料信息》2007 年第 12 期，第 6 页。

② 金玲：“《里斯本条约》与欧盟共同外交与安全政策”，载《欧洲研究》2008 年第 2 期，第 68 页。

③ Christine Kaddous, Role and position of the High Representative of the Union for Foreign Affairs and Security Policy under the Lisbon Treaty, in: Stefan Griller Jacques Ziller (eds.), The Lisbon Treaty EU Constitutionalism without a Constitutional Treaty? p. 209.

④ Article 18, para 3, TEU.

⑤ Article 27, para 2, TEU.

代表代表欧盟陈述立场”。[①] 允许高级代表代表欧盟以及允许其在联合国安理会中代表欧盟表达立场，显示了欧盟努力“用一个声音说话”的决心。

《里斯本条约》同时规定，高级代表应得到欧洲对外行动署的帮助。对外行动署应与成员的外交部合作，并应包括理事会和委员会总秘书处相关部门的公务人员以及从成员外交部借调的工作人员。[②] 虽然条约没有明确规定欧洲对外行动署的具体结构和运转方式，但是明确规定了组成人员应分别来自理事会秘书处、委员会以及成员，代表欧盟外交政策的不同层面，在理论上说，这应该能够协调、缓解共同外交与安全政策领域内不同力量之间的竞争和冲突，增强欧盟外交政策的一致性和成员之间的协调能力。

此外，如果成员把欧洲对外行动署看作是一种机会而不是缔结外交政策的潜在威胁的话，那么欧洲对外行动署的作用将是重大的。与现有的委员会和轮值主席难以协调的情况相比，欧洲对外行动署为成员和欧盟之间的进一步协调提供了机会，为协调大量增加的超出成员范围的问题提供了有用的平台。[③] 像欧洲对外行动署这样专门的外交行政机构的出现，推动了成员外交政策的“社会化”进程，培育了欧洲共同的外交政策文化，更有利于外交政策领域形成协调方案，从而提高欧盟共同外交与安全政策的效率。[④]

最后，需要说明的是，欧盟高级代表和对外行动署的成立，不影响成员现有的缔结外交政策或是在第三国和国际组织中代表国家的职责。欧盟及其成员仍受《联合国宪章》的约束，尤其受联合国安理会及其成员维护国际和平和安全主要职责的约束。[⑤] 同时，与高级代表和对外行动署有关的共同外交和安全政策条款，不会影响每个成员现有的制定和实施其外交政策、管理其国家外交事务、与第三国的关系及参与国际组织（包括联合国安理会的成员身份）的法律依据、职责和权力。[⑥]

（二）共同安全和防御政策中的改革

2004年，欧盟理事会正式决定建立欧盟防务局，以促进防御能力和加强欧洲军备合作，这一欧洲防务机构的建立标志着欧洲形成了自己的安全与防御政

---

① Article 34, para 2, TEU.

② Article 27, para 3, TEU.

③ Simon Duke, the Lisbon Treaty and External Relations, EIPASCOPE 2008/1, p. 17.

④ 金玲：“《里斯本条约》与欧盟共同外交与安全政策”，载《欧洲研究》2008年第2期，第70页。

⑤ Declarations No. 13 concerning the common foreign and security policy, annexed to the Final Act of the Intergovernmental Conference which adopted the Treaty of Lisbon signed on 13 December 2007.

⑥ Declarations No. 14 concerning the common foreign and security policy, annexed to the Final Act of the Intergovernmental Conference which adopted the Treaty of Lisbon signed on 13 December 2007.

策。欧洲安全与防御政策控制在成员的手中，培养了成员促进欧盟发展的责任感，唤起了一种强烈的主人翁意识。①

《里斯本条约》制定了共同安全和防御政策来取代原有的欧洲安全与防御政策。但是，名称的变化并不会影响其与共同外交和安全政策的关系，共同外交和安全政策应包括共同防御政策，② 共同安全和防御政策构成了共同外交和安全政策的一个组成部分。③ 在新条约的规定下，共同安全和防御政策应为欧盟提供利用民用和军用资产的能力。欧盟可以根据《联合国宪章》的原则在欧盟以外履行维护和平、预防冲突和加固国际安全的职责，但应在成员的授权下才能采取行动。④ 在履行上述职责的过程中，欧盟可能会使用民用和军事手段，包括裁军联合行动、人道主义和救援、军事咨询和援助、预防冲突及维持和平等。所有这些行动都将有助于打击恐怖主义，包括支持第三国在其领土上打击恐怖主义。⑤

为防备军事威胁，《里斯本条约》规定了“共同防御条款”。根据该条款，如果一个成员遭到武装侵略其领土，那么其他成员有必须依照《联合国宪章》第51条进行援助和协助的义务。然而，这一条款并不妨碍某些成员安全和防御政策的具体条款。此外，北约成员在这一领域内的承诺和合作应与北大西洋组织采取的行动一致。⑥ 为防备军事威胁以外的其他威胁，《欧盟运行条约》规定了“团结条款”⑦，根据“团结条款”，当一成员受到恐怖主义攻击或遭受自然或人为灾难时，欧盟应调动一切手段对其实施保护与援助，包括由成员提供军事资源。如果一个成员遭受了恐怖主义袭击或者发生了自然或人为灾难，那么其他成员应该国政治当局的请求对其进行协助。⑧ 但同时，《里斯本条约》规定，共同安全和防御政策不能损害成员本国安全和防御政策的特性。⑨

（三）共同商业政策中的改革

共同商业政策一直并且仍然是欧盟对外关系中一个最具活力的领域，同时它也是确定欧洲在全球经济关系中地位的法律依据。2003年的《里斯本战略》和2001年的《莱肯宣言》提出，如果欧盟及其成员想在国际竞争中取得成功，那

---

① Fredrick Lee-Ohlsson, Sweden and the Development of the European Security and Defence Policy: A Bi-Directional Process of Europeanisation, EU Diplomacy Papers 5/2008, p. 18.

② Article 24, para 1, TEU.

③ Article 42, para 1, TEU.

④ Article 42, para 1, TEU.

⑤ Article 43, para 1, TEU.

⑥ Article 42, para 7, TEU.

⑦ TFEU, PART V, TITLE VII.

⑧ Article 222, TFEU.

⑨ Declarations No. 13 concerning the common foreign and security policy, annexed to the Final Act of the Intergovernmental Conference which adopted the Treaty of Lisbon signed on 13 December 2007.

么必须适应全球化带来的挑战。由此指出了改革欧盟对外关系和共同商业政策的法律根据的必要性。为适应不断发展的国际贸易和日益复杂的经济关系，《里斯本条约》对共同商业政策进行了一系列的改革。

《里斯本条约》规定，欧盟应建立关税同盟，应为了共同利益及世界贸易的和谐发展而逐步取消有关国际贸易和外国直接投资的种种限制，减少关税及其他贸易壁垒。① 共同商业政策应在改变税率、缔结与商品和服务贸易有关的关税和贸易协定、外国直接投资、实现统一的开放措施以及保护贸易的出口政策和措施等方面采取统一的原则。

谈判和缔结共同商业政策条约时，理事会应采用特定多数表决机制。但是在文化视听贸易领域，由于有些条款可能损害欧盟文化和语言的多样性，因此应采用全体一致原则。此外，在社会、教育和公共医疗卫生服务贸易领域，有些条款可能严重扰乱这些服务机构的秩序，不利于成员履行提供服务的职责，因此也应采用全体一致原则。②

由此可见，《里斯本条约》扩大了欧盟在共同商业政策中的权限，为共同商业政策提供了基准并完成了范式的转变。在所有改革中，共同商业政策的改革是最明显的，也是引起争议最少的。

三、《里斯本条约》下欧盟对外关系改革的不完善性

欧盟对外关系改革的不完善性体现在两个方面：局部改革与总体改革不一致、局部改革有缺陷。

（一）局部改革与总体改革不一致

共同外交与安全政策并没有实现与欧盟总体改革的有效统一。《里斯本条约》规定了欧盟的专有权限，但是它对欧盟在共同外交与安全政策领域的权限的性质并没有作出明确的规定，这种权限是专有权还是共享权，在条约中不能找到明确的答案。另外，为简化决策程序，提高决议的通过率，《里斯本条约》扩大了特定多数表决机制的适用范围，但共同外交与安全政策并不适用特定多数表决机制，仍然适用全体一致原则。由此可见，尽管废除了支柱结构，但是仍有一种强大的意志以某种方式重新引入了第二支柱，使得共同外交与安全政策不再适用条约的一般条款，而是适用特殊的规则和程序。③ 这与现有法律相比，没有实质性的改变，仍然受强大的政府间决议制定程序的支配。

---

① Article 206, TFEU.

② Article 207, para 4, TFEU.

③ Christine Kaddous, External action under the Lisbon treaty, in: Ingolf Pernice/Evgeni Tanchev (eds.): Ceci n'est pas une Constitution-Constitutionalisation without a Constitution? Nomos Verlag 2008, p. 178.

（二）局部改革的缺陷

首先，在《里斯本条约》下，欧盟的国际代表不只一个。欧洲理事会主席和高级代表在共同外交和安全政策领域都有代表欧盟的能力，只是程度不同而已。欧盟委员会具有也在共同外交和安全政策以外的其他领域代表欧盟的权力。这样，欧盟的对外代表权共由三个实体来分担。多个代表者能否在一起很好的工作，这很大程度上取决于高级代表的个性以及欧洲理事会主席和委员会主席的个性，以及他们之间的互动效果。① 如果没有紧密的协调，欧盟对外行动框架内的多个代表者可能会侵害欧盟行动的一致性。因此，欧盟是否能更加团结一致是不确定的。

其次，在《里斯本条约》下，高级代表与欧洲理事会的关系是不明确的。根据《欧盟条约》第 27 条第 1 款的规定，高级代表应为共同外交和安全政策的筹备提出建议，同时应确保执行欧洲理事会和欧盟理事会通过的决议。这两种动议权怎样结合在一起以及如何具体地执行渗透在日常事务中的权力，条约没有给出确切的答案。②“欧洲理事会主席应在其水平和权限内确保欧盟在共同外交和安全政策上的对外代表权，而不损害欧盟高级代表的权力”。③ 这意味着什么？这是意味着欧洲理事会主席在有第三国参加的共同外交与安全政策和共同安全和防御政策会议上代表欧盟，而高级代表在较低水平的会议上代表欧盟吗？这个问题也只能留待实践来解决。由于没有明确的权限划分，在这些职务间也许会形成某种潜在的权限冲突。④

再次，高级代表的双重头衔以及在理事会和委员会中的双重职责，使他要向两个机构负责。高级代表能否发挥好桥梁作用？另外，高级代表在委员会中的职责十分纷繁复杂，例如，在布鲁塞尔举行的会议需要高级代表出席，同一时间在其他地点举行的国际会议也需要高级代表参加，此时他应如何平衡和协调这些职责？在高级代表拥有极其繁忙的行程安排的情况下，这种协调难以实现。⑤

最后，共同安全和防御政策中也包含了一些矛盾。欧盟愿意制定一项共同防御政策，但同时允许一些成员将其共同防御建立在另一个区域组织北约中。虽然欧盟与北约之间的合作已经得到了极大发展，但是，其中的不协调因素仍然存在。⑥

---

① Christine Kaddous, External action under the Lisbon treaty, p. 180.

② Christine Kaddous, Role and position of the High Representative of the Union for Foreign Affairs and Security Policy under the Lisbon Treaty, p. 211.

③ Article 15, para 6, TEU.

④ 郑春荣：“《里斯本条约》解析”，载《国际论坛》2008 年第 3 期，第 12 页。

⑤ Simon Duke, the Lisbon Treaty and External Relations, EIPASCOPE 2008/1, p. 15.

⑥ Christine Kaddous, External action under the Lisbon treaty, p. 183.

四、结语

2009年10月3日，爱尔兰第二次全民公决以绝对多数通过了《里斯本条约》；2009年10月29日，欧盟作出妥协，同意捷克提出的在《里斯本条约》中增加关于捷克的特别条款的条件，清除了阻碍这一条约生效的最后一个障碍；2009年11月3日，时任捷克总统克劳斯正式签署了《里斯本条约》。至此，条约已获得欧盟全部成员的批准。从2001年12月欧盟制宪委员会成立开始，历经8年坎坷，《里斯本条约》终于在2009年12月1日正式生效。

《里斯本条约》正式赋予欧盟独立的法律人格、进一步明确了欧盟的权限并细化了欧盟的决策机制，为欧盟日后进一步改革与发展提供了必要的法律基础，目的是使欧盟更民主、高效、强大、具有更强的行动能力。但是，《里斯本条约》的制定过程是曲折的，成员围绕重要改革条款展开过激烈争论，在诸如欧盟是否应该继续扩大、欧盟成员是否应该采纳单一货币等核心问题上，也都暂时采取了回避的态度。这体现出各成员之间在某些问题上仍存在分歧，各成员能否恰当执行《里斯本条约》仍是个未知数。而且，《里斯本条约》并没有完全解决欧盟各方面的问题，在欧盟不断扩大、其内部利益关系变得起来越复杂的情况下，《里斯本条约》只能算是一个比较稳妥的折中方案，《里斯本条约》的生效并不意味着欧洲未来一体化的进程将一帆风顺。

但不管怎样，《里斯本条约》的内容相当丰富，其对欧盟的对外关系进行了大量的改革，虽然某些改革进行得并不彻底和完善，但《里斯本条约》对欧盟推进机制改革和深化政治一体化都具有重要意义。因此，可以说，《里斯本条约》是欧洲一体化进程中的一个重要的里程碑，标志着建立一个更加协调一致的新欧洲的开始。[①]

案例事件

欧盟公署在司法和内务领域的建立（1992—2009年）

欧洲警署是第一个获得授权的司法与内务领域的欧盟公署。

为加强欧盟成员间的警察合作，有效打击恐怖主义、毒品走私与重大国际性有组织犯罪，1991年《马斯特里赫特条约》K.1.9条提出建立欧盟警务合作机构。但因成员间的较大分歧，1992年欧洲理事会在提出欧盟警署公约草案时采取了相对稳妥的策略，建立由成员内政部官员组成的工作领域和权力都极为有限

---

① 本章部分内容发表于葛勇平、刘鸿鹤："《里斯本条约》下欧盟对外关系改革的内容与不足"，载赵海峰主编：《国际法与比较法论坛（第4辑）》，哈尔滨工业大学出版社2012年版，第61~76页。

的欧盟机构，然后通过司法与内务领域理事会修约逐步开放合作领域和权限。1993 年建立只有情报分析能力和汇总权力的欧盟警署反毒局。1995 年反毒局工作扩大到打击非法移民、贩卖人口和洗钱等领域。1998 年欧盟警署公约才通过各国议会批准正式成立，并取代反毒局。

2009 年欧盟通过二级立法将欧洲警署转变为欧盟公署。①

2012 年欧盟对华光伏“双反调查”案

因欧盟许多国家深陷欧洲债务危机，减少对光伏等产业的财政支持，而中国产品具有的规模效应和成本优势又挤压了欧盟太阳能产业的生存和利益空间。由德国企业太阳能世界公司发起，欧洲光伏制造商联盟于 2012 年 7 月 25 日向欧盟提交对中国光伏产品的反倾销、反补贴调查。2013 年 6 月 4 日，欧盟委员会初步决定对所有中国光伏企业征收 11.8% 的临时反倾销税。2013 年 6 月 21 日在第二十七届中欧经贸委员会会议上，双方达成“以友好谈判方式解决争端”的共识。6 月 23 日，中国与欧盟在新一轮价格承诺谈判中达成和解。12 月 2 日，欧盟委员会对本次贸易争端作出终裁，接受中方价格承诺。至此，中欧光伏贸易争端暂告一段落。

该案可以深刻反映国家内部利益集团对欧盟决策机制的影响。在初期，由 25 个光伏企业组成的欧洲光伏制造商联盟反映了支持反倾销的利益集团拥有的更多代表性力量。但当调查进入中后期，欧盟内越来越多的光伏企业意识到与中国贸易争端最终也将使自己遭受损失。加上中国光伏企业在“双反调查”中开展了大量的游说活动，进一步坚定了对中国的贸易限制会损害欧洲用户利益的认知。这种代表性力量的前后转变，是影响“双反调查”进行的主要推动力。②

2018 年法国总统提出的欧盟改革方案

2018 年 1 月，在达沃斯世界经济论坛上，法国总统埃马纽埃尔·马克龙高调宣布“法国回来了”，强调“法国重回欧洲中心”，“如果欧洲没有成功，法国也没法成功”。马克龙讲话的背后是一个欧盟改革方案。

早在 2017 年 9 月在巴黎索邦大学发表演讲时，马克龙就已经阐述了这一计划。欧盟改革的总体目标是继续推动欧盟一体化，强化欧盟机构的权力，具体措施涉及政治、经济、教育、防务等各个方面。马克龙提出了一个非常重要的“欧

---

① 钟艺琛、罗英杰：“欧洲一体化中的新公共管理改革——以欧盟司法与内务领域的超国家政署化为例”，载《欧洲研究》2019 年第 3 期。

② 张磊、查海峰：“国内利益集团对超国家机构决策机制的影响分析——以欧盟贸易领域决策为例”，载《国际观察》2018 年第 5 期。

盟主权”概念。马克龙希望进一步削弱原本属于民族国家的主权，消除欧盟下的政治藩篱，充实欧盟机构的权力，强化对欧洲共同体的身份认同。在他看来，只有欧盟这个层次的行为体进行改革，才能够更好地实现广泛的福利和深刻的进步。

在具体措施方面，首先，与欧盟委员会希望改革整合货币财政机制的动议相呼应，马克龙计划引入欧盟财政部长这一职位，用来完善欧元区的联合预算机制、监督协调欧盟各国的经济政策、主持欧元集团会议、改革欧洲单一货币集团。其次，马克龙提出改革欧元区的救助机制，将欧洲稳定机制发展为欧洲货币基金组织，防止经济危机在欧元区内蔓延。再次，建立完全由欧洲管理和财政支持的欧盟干预部队。同时，整合欧洲的边境管控力量和联合民事防卫力量，设置统一的欧洲边防警察和难民管理机构。最后，建立应对恐怖主义威胁的欧洲情报中心。

这些举措不仅是政策和策略的改变，而且是管理、经费和法律方面的变革。此外，马克龙希望加强欧洲税收政策的协调，包括向一些数字技术公司征税。①

2020年欧盟成员签署终止欧盟内部双边投资条约的协议

2020年5月5日，绝大多数欧盟成员签署了终止欧盟内部双边投资条约的协议（“终止协议”）。

签署终止协议的成员为比利时、保加利亚、克罗地亚、塞浦路斯、捷克、丹麦、爱沙尼亚、法国、德国、希腊、匈牙利、意大利、拉脱维亚、立陶宛、卢森堡、马耳他、荷兰、波兰、葡萄牙、罗马尼亚、斯洛伐克、斯洛文尼亚和西班牙。共计23个成员。

尚未签署的国家包含：奥地利、芬兰、爱尔兰和瑞典。

终止协议执行了2018年3月欧洲法院的判决（Achmea案），该法院裁定欧盟内部双边投资条约（“欧盟内部BIT”）中的投资人与国家之间的仲裁条款与欧盟条约不符。终止协议有待各成员承认、批准或接受，之后才能生效。

2020年欧委会反击德国宪法法院有关欧洲央行购债项目的判决

2020年5月10日，针对德国联邦宪法法院有关欧洲央行购债项目的一项判决，欧盟委员会主席冯德莱恩女士发表声明，强调欧盟法律优先于成员法律，欧盟法律解释权归欧洲法院。

欧洲央行2015年3月启动公共债券购买计划，俗称“量化宽松”。有人质疑

① 李雁、耿鹏涛：“马克龙的欧盟改革方案能否成功”，载《人民论坛》2018年第13期。

这一做法违反欧盟法律。2018 年 12 月，欧洲法院作出判决，认定合乎欧盟法律。但是，2020 年 5 月 5 日，德国联邦宪法法院判决，欧洲央行实施的公共债券购买计划部分违反德国宪法，要求其在三个月内采取弥补措施。

2020 年 5 月 8 日，欧洲法院发表新闻公告说，只有欧洲法院拥有司法管辖权，来裁定欧盟机构的行为是否违反欧盟法律。在欧盟的成员层面，成员法院必须确保欧盟法律完全发挥效力，这是确保各成员在欧盟内平等的唯一途径。

2020 年 5 月 10 日，欧盟委员会主席冯德莱恩表示，欧盟委员会坚持三项基本原则：欧盟的货币政策是欧盟（而非成员）的专属权限，欧盟法律优先于成员法律，欧洲法院的判决对所有成员法院具有拘束力。此外，欧盟法律的最终解释权归于位于卢森堡的欧洲法院，欧委会的任务是保障欧元体系和欧盟法律体系正常运作，下一步可能向德国提出违反欧盟程序的法律诉讼。

德国联邦宪法法院的这一判决使欧元体系和欧盟法律体系成为焦点，在欧洲引起强烈反响。德国施派尔管理科学大学法学教授约阿希姆·威兰接受采访时说，这一判决将挑战欧洲法院和欧盟各成员宪法法院之间的关系。①

争议点在于专属权限。如果欧盟货币政策是欧盟的专属权限，那么，如何解释欧元不能在全欧盟通用？由此可见，这个专属权限并不完全专属，德国宪法法院的判决不容易被否决。欧盟领导机构和欧洲法院的意见是否一定正确？权力和法理之间是什么关系？英国成功“退欧”开了先例之际，德国宪法法院提出与欧盟及其法院相左的判决。不管法律之争结果如何，欧盟领导机构的权威性都遇到了严重挑战。

❖ 问题思考

1. 舒曼—莫内计划提出的四个共同体原则目的何在？
2. 如何理解欧共体的超国家性？
3. 《里斯本条约》的改革措施能否有效应对欧盟的危机？

---

① 王子辰：“欧委会反击德宪法法院判决 维护欧盟法制统一”，http：//www. chinanews. com/gj/2020/05 - 11/9180861. shtml，2020 - 05 - 11 访问。

第五章　世界贸易组织

◎ **核心概念**

世界贸易组织；关税与贸易总协定；WTO 争端解决机制；常设上诉机构

◎ **重点内容**

——世界贸易组织的宗旨、基本原则和主要职能。

——在 GATT 争端解决机制中存在的许多问题。

——WTO 拥有多种解决争端的程序，可划分为非司法性解决程序和司法性解决程序，其中，以司法性解决程序为主。

——WTO 争端解决体制的最主要特点在于具有更强的司法性，表现在独立的争端解决机构、DSB 的广泛的职权和以司法性解决程序为主的程序体系。

世界贸易组织（WTO，简称世贸组织）是唯一一个在各国和各地区之间处理全球性贸易规则的国际组织。

第一节　世界贸易组织概况

世贸组织的主要功能是保障世界贸易尽可能平稳、可预见和自由地进行。WTO 具有法人地位，它在调解成员争端方面具有更高的权威性和有效性。

一、组织简介

世界贸易组织于 1995 年 1 月 1 日根据乌拉圭回合谈判的决议结果而成立。有 104 个国家为其创始成员。总部位于瑞士日内瓦。1996 年 1 月 1 日，世界贸易组织正式取代成立于1947年的关税与贸易总协定（简称关贸总协定）。[①] 世界贸易组织是一个独立于联合国的永久性国际组织，负责管理世界经济和贸易秩序，现有成员164个，观察员24个（截至2020年5月）。世贸组织成员或地区的贸易量超过世界贸易总量的90%。

二、宗旨与目标

世界贸易组织的宗旨是：在提高生活水平和保证充分就业的前提下，扩大货物和服务的生产与贸易，按照可持续发展的原则实现全球资源的最佳配置；努力确保发展中国家，尤其是最不发达国家在国际贸易增长中的份额与其经济需要相称；保护和维护环境。

世界贸易组织的目标是：建立一个完整的、更具有活力的和永久性的多边贸易体制。与关贸总协定相比，世界贸易组织管辖的范围除传统的和乌拉圭回合确定的货物贸易外，还包括长期游离于关贸总协定外的知识产权、投资措施和非货物贸易（服务贸易）等领域。

三、基本原则与核心文件

世界贸易组织的基本原则包括：第一，非歧视贸易原则，包括最惠国待遇和国民待遇条款；第二，可预见的和不断扩大的市场准入程度，主要是对关税的规定；第三，促进公平竞争，努力建立开放、公平、无扭曲竞争的自由贸易环境和规则；第四，鼓励发展与经济改革。

世界贸易组织的核心文件是由全球大多数贸易国家或地区经过谈判后签署，并由该国或地区议会批准的WTO协议文件。这些协议文件成为国际商业活动的基础性法律规则。从本质上说，这些文件就是保障成员最重要的贸易权利的合同。这些文件同时约束着各成员政府，要求它们将其贸易政策控制在已由各方一

---

① 由于1948年3月24日的《哈瓦那宪章》未被成功批准，由《哈瓦那宪章》规定的国际贸易组织（ITO）没能成立。作为过渡措施，各国于1947年10月30日在日内瓦签署了一项一般性的关税和贸易协定《关税和贸易总协定》，该协定重申了部分《哈瓦那宪章》的内容，但不包括计划中的国际贸易组织和其他包含众多目标的部分，尤其是涉及最惠国待遇（第2条）、过境自由（第5条）、倾销禁止（第6条）、海关估价（第7条）、非歧视原则（第13条及以下）等等的内容。但是，与未被建立的国际贸易组织一样，关税和贸易总协定并不是联合国的一个特别组织。从名称上看，关税和贸易总协定只是一项"协定"，但它实际上等于是一个"组织"。这个在总协定基础上形成的国际组织，其最高决策机构是缔约方大会（通常每年举行一次），其常设机构是由缔约方常任代表组成的理事会（一般每两个月开例会一次），其常设秘书处设在日内瓦。此外，关贸总协定下还设有20个机构，例如贸易与发展委员会、国际收支限制委员会、关税减让委员会、反倾销委员会、纺织品委员会等，分别负责各种专门问题事务。关税和贸易总协定实现目标的主要手段是签订彼此消减关税、消除其他贸易壁垒及国际贸易上的歧视待遇等的协定。

致同意的、对各方平等互利的范围之内。当前有效的WTO协议文件是1986—1994乌拉圭回合谈判的最终议定书。该议定书包含了绝大部分经过修订的关贸总协定的内容。实际上，关贸总协定就是WTO最主要的货物贸易规则。而乌拉圭回合的主要成就在于制定出了关于服务贸易、知识产权、争议解决和贸易政策审查等重大领域的新规则。乌拉圭回合决议由近60项协议和单项承诺构成，总计近30 000页文件。

四、主要职能和机构设置

世界贸易组织的主要职能包括：监督执行贸易协定；作为贸易谈判的论坛和载体；解决贸易争端；审查各成员或地区的贸易政策；通过技术援助和训练计划，在贸易政策方面帮助发展中国家；与其他国际组织合作。

世界贸易组织决议必须由全体成员参与制定，通常要求全体一致通过。世界贸易组织的最高决策机构是部长会议，部长会议至少每两年召开一次。

部长会议之下是总理事会和秘书处。总理事会由各成员驻日内瓦大使或首席代表组成。总理事会每年均在日内瓦总部召开数次会议，总理事会同时起到贸易政策审查机构和争议解决机构的作用。

总理事会之下设立货物贸易、服务贸易和知识产权等三个理事会。这些理事会向总理事会报告和负责。另外还就单个协议和某些专门领域（如环境、发展、入世申请和地区贸易协定等）设立专门委员会、工作组和工作会议等机构。

世界贸易组织秘书处设在日内瓦，其首脑为秘书处总干事。秘书处的主要功能是向部长会议、各理事会和委员会提供技术支持，向发展中国家提供技术援助，分析世界贸易，以及向公众和媒体解释世界贸易组织的各项事务。

五、中国与世界贸易组织

世界贸易组织有创始成员和新成员之分，创始成员必须是关贸总协定的缔约方，新成员必须由其决策机构——部长会议以2/3多数票通过方可加入。中国自1986年起申请重返关贸总协定；1995年7月11日，世界贸易组织总理事会会议决定接纳中国为该组织的观察员；2001年11月，中国加入世界贸易组织，成为该组织的第143个成员。

第二节 关贸总协定的争端解决机制

关贸总协定是世贸组织的前身，其争端解决机制有一些特点，也存在缺陷。

一、GATT 争端解决的法律依据和机构

1948 年生效的《关贸总协定》中没有出现“争端解决”一词，只在题为“协商”的第 22 条和“利益丧失或损害”的第 23 条中简略规定了协商和解程序。一般认为，第 22 条和第 23 条是《关贸总协定》争端解决的法律依据。[①] 第 22 条规定，一缔约方就影响协定执行的任何事项向另一缔约方提出陈述时，后者应同意与前者进行协商；如果双方协商未达成满意的解决办法，缔约方全体可应一缔约方的请求，与另一缔约方或几个缔约方进行协商。第 23 条规定，一缔约方在其依关贸总协定直接或间接享有的利益受到抵消或损害时，可以向另一缔约方提出书面陈述或建议；若在合理期间内不能达成满意的解决办法，可以递交缔约方全体进行调查、建议、裁决或协商。可见，“缔约方全体”是关贸总协定实质上的“争端解决机构”，虽然在其条文中根本看不到这个词。

二、GATT 争端解决机制的管辖范围

亦即 GATT 争端解决机制的受案范围。第 22 条规定，一缔约方可向另一缔约方就“影响协定执行”的任何事项提出陈述，后者应同意与前者进行协商。考查 GATT 个案可以看出，“影响协定执行”的事项可以由具体措施引发，例如反倾销措施，也可以是一些没有具体缘由的争端，例如欧共体诉日本进口量过小纠纷案（1983/8）。[②] 根据第 23 条的规定，各缔约方利益受到抵消或损害而引起的纠纷尽属 GATT 争端解决机制管辖之列。

三、GATT 争端解决的手段和程序

关贸总协定争端解决机制拥有多种解决争端的手段，例如双边和多边协商、斡旋、调解、工作组、专家小组、双方同意办法和理事会决定等。实践中，其他

---

① 余敏友：“关贸总协定争议解决活动的主要成就与问题”，载《中国国际法年刊》1996 年卷，法律出版社 1997 年版，第 251 页，称其为“总协定争议解决机制的‘主要规则’”；另见该文第 252 页脚注 2，“中心正式程序”；张若思：“多边贸易体制内争端解决制度的发展——从关贸总协定到世界贸易组织”，载《中国国际法年刊（1996 年卷）》，法律出版社 1997 年版，称其为“争端解决的核心基础”，第 304 页。

② 朱榄叶：《关税与贸易总协定国际贸易纠纷案例汇编》，法律出版社 1995 年版，第 216 页。

行之有效的手段，诸如主席裁决、独立专家组调查、关贸总协定专家小组直接向争议各方提供他们认为有拘束力的咨询意见和争议各方请求有拘束力的仲裁等，也被采用过。此外，《关于实施关贸总协定第7条的协定》第2款还提及，在一定条件下利用国内司法审查的可能性。

GATT争端解决机制拥有三种程序，即争议解决之一般程序、对发展中投诉国的特别程序和东京回合非关税壁垒协定中的特别程序。其中，特别程序是对一般程序的补充，一般程序才是这种机制的核心。三种程序均能受理“违法之诉”和“非违法之诉”，但是，特别程序较为快捷。另外，无论是GATT的实践①还是法律文件②都明确了关贸总协定第22条第1款和第23条第1款与第23条第2款之间的关系，即双边协商是进行其他争端解决程序的前提条件。

四、GATT争端解决机制的缺陷

在GATT争端解决机制中存在许多问题，诸如缺乏统一性、拖延与阻挠、混乱的实体法规范、各国各方的政策分歧，以及争端解决机构的缺失、争端解决程序的非司法性、争端解决目的的误导、监督机制的不健全和成为建立国际经济新秩序的障碍等。③ 着力弥补GATT争端解决机制的缺陷实际上正是乌拉圭回合谈判的重要目标之一。

第三节　世贸组织的争端解决机制

1948年达成的《关于争端解决规则与程序的谅解书》（下称谅解书）是乌拉圭回合有关贸易争端解决机制的一大成果。它是世贸组织争端解决制度的法律依据。据谅解书，世贸组织总理事会执行谅解书规定的规则，设立常设的解决争端的机构，总理事会授权该常设机构行使总理事会的职权。

一、WTO争端解决机构

谅解书规定，在WTO下设立一常设的解决争端的机构（DSB）和常设上诉机构（SAB），该常设的解决争端的机构由WTO的每个成员委派代表组成，其

---

① 参见关贸总协定《基本文件和资料》，增刊，第7辑，第45页及其以下澳大利亚与法国之间的“小麦和面粉出口补贴”争端和第10辑，第140页以色列与意大利关于进口限制的争端。

② 参见1979年东京回合通过的《关于通知、协商、争端解决和监督的谅解书》第4~6条的规定。

③ 李居迁：《WTO争端解决机制》，中国财政经济出版社2001年版，第31~33页。

决定采取全体无异议原则。[①] 但专家组和总干事的地位不容忽视。谅解书第 6 条规定，"如经申诉方提出要求，应在 DSB 首次将该请求列入议事日程之后的最近一次会议上成立专家组，除非 DSB 一致同意不设立专家组"。可见，专家组的设立几乎是自动的、无例外的。虽然谅解书并未规定专家组是 DSB 的机构，但事实上它相当于一级机构，这一点特别可以从"常设上诉机构"一词推而论之。显然，常设上诉机构相当于 WTO 争端解决的"终审机构"，其案件来源于对"一审机构"的裁决不满而进行的上诉。所以，专家组的法律地位是 WTO 争端解决机制中的一审争端处理机构。类似于专家组，总干事本也不是 WTO 中专门的争端解决机构。但是，由于总干事在争端解决中因进行斡旋、调解、调停以及一些辅助性工作而发挥的无法替代的作用，使它成为常设的解决争端的机构、常设上诉机构和专家组之外的辅助性争端解决机构。

二、WTO 争端解决机制的管辖范围

根据谅解书第 1 条的规定，DSB 的管辖权适用于世贸组织成员之间关于其在《马拉喀什建立世界贸易组织协定》和谅解书项下权利和义务而单独地或结合其他任何适用协议提起的协商和争端解决。而且，只有基于条约义务而产生的 WTO 体制内的争端，才属于 WTO 争端解决机制管辖的范围。

三、WTO 争端解决的程序

WTO 拥有许多种解决争端的程序，笔者认为，可将它们划分为非司法性解决程序和司法性解决程序，其中以司法性解决程序为主。[②] 对国际争端可以采取强制的和非强制的方法解决，后者又分为政治的和法律的方法。政治的方法包括谈判、斡旋、调停、和解和国际调查；法律的方法有仲裁和司法解决。[③] 在谅解书总共 27 条规定中，第 4 条"协商"和第 5 条"斡旋、调解和调停"当属于非司法性解决程序；而有关专家组程序、上诉审程序和执行程序的 17 条规定则属

---

① 即只要与会代表在争端解决机构作出决定时没有正式提出反对意见，该决定便可被视为经全体成员无异议表决通过。这与 GATT 的全体通过原则不同。王贵国："从服务贸易总协定看经济一体化的法律渗透"，载陈安主编：《国际经济法论丛（第 1 卷）》，法律出版社 1998 年版，第 116 页。

② 判定一程序是司法性的或不是司法性的，其依据主要如下：司法性程序之发起基于法定管辖权及当事人单方行为，而不是当事方的协议；执行司法性程序的机构独立于争端方以外，没有当事方的参与；执行司法性程序的机构人员由该机构自己确定。

③ 邵津主编：《国际法》，北京大学出版社、高等教育出版社 2011 年版，第 411 页。

于司法性解决程序。[①] 世贸组织争端解决程序由 DSB 实施，其活动贯穿专家组程序、上诉审程序和执行程序。[②] 可见，世贸组织争端解决程序是以司法性解决程序为主的程序体系。

第四节　GATT 和 WTO 争端解决机制的特点比较

从关贸总协定到世界贸易组织，争端解决机制的发展具有明显的继承性。因为在新体制中，从关贸总协定实践中产生出来的有关原则、习惯仍然具有指导意义；关贸总协定第 22、23 条继续发挥解决争端的核心作用；专家组程序仍然不可或缺；利益的丧失或损害概念仍然被沿用；等。

WTO 争端解决机制的最主要特点在于具有更强的司法性，表现在独立的争端解决机构、DSB 的广泛的职权和以司法性解决程序为主的程序体系。由此克服了在关贸总协定体制下常遇到的争端双方“选择规则”和“选择机构”的困难，使争端解决的程序更加高效、透明、法制化。[③]

WTO 争端解决机制的另一个特点是制度更加严格。它的建立是以弥补 GATT 的缺陷为出发点的，因而一改 GATT 争端解决机制松散、灵活、不确定的特点（同时也是缺点），在争端解决过程中遵循严格的程序，甚至允许使用较严厉的制裁措施。这一严格性首先表现在各个程序都有明确的时间限制，以确保争端得以迅速解决。根据谅解书，磋商应于争议发生后的 30 天内举行；若未果，请求磋商的成员可直接要求成立专家组（谅解书第 4 条第 3 款）；在争端不能通过协商在 60 天内解决（紧急情况下 20 天）的情况下，任何当事方都可以要求成立专家组（谅解书第 4 条第 7 款）；紧急情况下任何成员都可以要求于 10 天内举行磋商（谅解书第 4 条第 8 款）；争端解决机构应在接到该要求后的第一次会议上决定是否成立专家组；一旦作出成立的决定，必须在 20 天之内完成对专家组的委任。对于争端解决机构的建议和裁决，当事方应立即执行。

---

① 第 20 条“仲裁”的属性并非一目了然。仲裁是和平解决（国际）争端的法律方法之一，指争端发生时，经各当事方同意，将争端交付由他们自行选任仲裁人处理，并约定服从裁决。与斡旋、调停和调解不同，仲裁裁决对当事方具有约束力，但它不具有法律制裁的性质。

② 谅解书第 2 条规定，实施谅解书的规则和程序以及适用协议关于协商和解决争端的规定的机构是 DSB。DSB 有权设立专家组、采纳专家组和上诉机构的报告、监督对裁定和建议的实施、授权中止减让和其他依据协定的义务、随时向有关的 WTO 理事会和委员会通报争端发展状况以及按需要适时召开会议等，因此说，DSB 的活动贯穿各个程序。

③ 参见董世忠：“世界贸易组织的法律框架”，载陈安主编：《国际经济法论丛（第 1 卷）》，法律出版社 1998 年版，第 81 页。

严格制度还表现在谅解书规定的监督执行的措施，包括当事方向争端解决机构通知其执行的意向、明确规定执行的合理期间以及任何成员方随时可以向争端解决机构提出有关执行的问题。这样，一方执行建议和裁定不再仅仅是对有关当事方的义务，而成为对全体成员方的义务。如果建议和裁定在合理期间未被执行，有关当事方可以要求赔偿。如果不能寻得双方都能接受的赔偿方法，有关当事方可以要求授权中止减让或其他依据条约的义务。①

另外，与 GATT 时期有所不同，WTO 谅解书允许使用“交叉报复”措施，即报复措施可以在与违反条约或造成损害的行为不同的贸易部门甚至不同的贸易条约内实施。允许使用“交叉报复”措施实际上将成员方在不同的贸易领域的利益关系联系在一起，是相当严厉的规则，因而也更能促进成员方审慎行事、依约而行。

最后值得一提的 WTO 争端解决机制的特点是，受影响的第三方可以主张知情权（获取专家组的报告和其他资料）及参与权（参与争端解决程序）。② 这条规定可能使众多成员成为争议一方或第三方，有助于维持成员方之间权利和义务的平衡，从而使争端得到更圆满的解决。

第五节　WTO 争端解决机制改革

WTO 争端解决机制依据《关于争端解决规则与程序的谅解》而建立，通过磋商、专家小组审查、上诉审查、执行、报复等程序处理 WTO 成员之间发生的国际经济争端。在 GATT 争端解决机制的基础上，WTO 争端解决机制建立发展起来，并对前者加以创新：统一了争端处理的程序与规则，明确了处理争端的时限，设立专门解决争端的机构和上诉机构，增强裁决执行力度，增加了“反向一致”决策原则等。

作为多边贸易体制的核心，WTO 争端解决机制在促进成员之间的贸易交流与合作、妥善解决成员之间的争端、维护全球多边贸易体制的稳定等方面发挥着重要作用。

但是，WTO 争端解决机制存在一些弊端。由于自身规则的限制，WTO 争端解决机制运行效率低下，逐渐不能满足成员快速解决争端的需求。上诉机构在美国的阻挠下已经停摆，WTO 争端解决机制陷入了僵局，其报复措施以及第三方

---

① 张若思：“多边贸易体制内争端解决制度的发展——从关贸总协定到世界贸易组织”，载《中国国际法年刊（1996 年卷）》，法律出版社 1997 年版，第 308 页。

② 谅解书第 4 条第 10 款。例如美国等诉欧共体香蕉案。

制度存在诸多弊端。因此，WTO 争端解决机制急需改革。

WTO 成员以及学者们提出了诸多方案和改革建议，例如欧盟的《概念文件》、加拿大的《讨论文件》以及和其他成员共同发布的《渥太华联合公报》、中国的《立场文件》《建议文件》以及和其他成员共同提交的《联合提案》及《欧中印提案》、非洲集团的《交流文件》等。这些文件肯定了 WTO 争端解决机制的重要作用，同时指出目前 WTO 争端解决机制面临的危机，主张提高 WTO 的运行效率，尽快启动上诉机构成员的遴选程序，恢复上诉机构的运行。

案例事件

1997 年 WTO 处理的第一件知识产权案件

1997 年底，WTO 通过其争端解决机制处理了第一件知识产权案件。该案源于美国对印度未履行《与贸易有关的知识产权协定》（TRIPS）第 70. 8 条和第 70. 9 条义务的指控。不到一年，WTO 对该案作出最终裁决，判定美国胜诉，认定印度没有满足 TRIPS 对医药和农用化学产品专利保护的要求。①

2003 年安提瓜诉美国赌博案

安提瓜②国内的赌博业较为发达，吸引了大量的美国游客，美国成为安提瓜赌博业的核心市场。但大量的美国游客涌入安提瓜，损害了美国国内赌博业的发展。因此，美国通过政策法规，禁止本国国民参与安提瓜的赌博行业。这一政策使得安提瓜国内赌博行业受到重创。2003 年，安提瓜以美国违反《服务贸易总协定》③ 相关规定为由，向 WTO 争端解决机构提出申诉。

美国以“道德例外”原则为自己辩解，但没能说服专家小组，专家小组报告裁决美国败诉。美国提出上诉。但最终，上诉机构报告支持了专家小组报告中的观点，最终裁决美国败诉，要求美国解除相关政策，允许其国民参与安提瓜的赌博行业。美国拒绝执行该裁决。于是，安提瓜向争端解决机构提出报复申请。2007 年，争端解决机构授权安提瓜实施报复措施。

---

① 杨红菊：“从世界贸易组织（WTO）处理的第一件知识产权案件看 WTO 的争端解决机制”，载《知识产权》2000 年第 5 期。

② 该国家全称为安提瓜和巴布达，位于加勒比海小安的列斯群岛的北部，为英联邦成员。

③ 《服务贸易总协定》（GATS）作为 WTO 协定不可分割的一部分，1995 年正式生效。GATS 以服务贸易的四种提供方式即跨境支付、境外消费、商业存在、自然人流动对服务贸易作出了全面的定义，被各国普遍接受。

安提瓜作为世界上最小的国家之一，在与美国的规则对抗中能够获得胜利，具有非常积极的意义。① 但从现实来看，安提瓜不太可能从对美国实施报复措施中获利。原因在于，报复措施的实施受到一国经济实力的影响，如果申请报复的国家经济实力较弱，而对方的经济实力较强，那么报复的效果可能不佳。② 报复措施的实施必须借助单方国家力量，同时也依赖一国的政治、经济等实力。相较于发达国家，报复措施对于发展中国家的保护不足。

美中贸易摩擦（2017—）

2017 年以来，美国特朗普政府采取各类贸易保护政策，对中国提起多起反倾销、反补贴以及“201 调查”“337 调查”。2018 年 3 月，基于美国贸易代表办公室发布的《根据〈1974 年贸易法〉第 301 节对中国技术转让、知识产权和创新有关行为、政策和做法的调查结果》，美国政府再次挑起贸易摩擦，中国采取相应反制措施，贸易摩擦持续升级。

美中贸易摩擦使得两国多个重点产业受到较大冲击，中国机械设备制造、信息与通信技术等领域以及美国农产品、汽车等领域均受到波及，相关行业重点企业面临严峻挑战。随着国际分工不断深化，美中之间贸易摩擦影响已不仅仅限于两国相关企业，不断细化的产品内分工使全球经济牵一发而动全身，作为世界两大经济体，美中贸易摩擦对世界经济的影响不容忽视。

美中贸易摩擦的起因是中美贸易收支失衡，但深层次更多是贸易规则之争。美国贸易代表署在近几年发布的《中国执行世贸组织承诺年度报告》中，反复指责中国，没有如实履行“入世”承诺，并且与自由市场经济愈行愈远。美国总统特朗普也在许多场合宣称，“美国支持中国加入 WTO 是错误的决定”。美方认为，中国在国家补贴、竞争规则、知识产权和环境法规等方面的表现给全球其他国家作出了错误的示范，阻碍了全球贸易规则升级。

但事实上，特朗普政府反复强调的“公平贸易”并非基于国际贸易规则的公平竞争，尤其特朗普的单边主义与以世贸组织为核心、以规则为基础、公平开放的多边贸易体制的精神明显不符。近年来，由于多边回合谈判进程缓慢，WTO 争端解决机制已不堪重负，双边和区域自由贸易协定开始迅速发展，对国际贸易和国际投资的作用和影响越来越大。③

---

① 胡建国：“安提瓜诉美国赌博案评析”，载《武大国际法评论》2007 年第 2 期，第 269 页。

② 吴淑娟：“WTO 交叉报复的缺陷与完善”，载《北方经贸》2010 年第 11 期，第 12 页。

③ 冯帆、何萍、韩剑：“自由贸易协定如何缓解贸易摩擦中的规则之争”，载《中国工业经济》2018 年第 10 期。

2019年世贸组织上诉机构停摆

2019年12月11日，来自美国的格莱汉姆和来自印度的巴提亚的任期结束，来自中国的赵宏的任期将于2020年11月截止。由于世贸组织上诉机构只剩赵宏一名法官，低于三名法官的基本要求，国际贸易的“最高法院”——世界贸易组织上诉机构遭遇成立近25年来的首次停摆。

自2018年起，WTO成员为避免此种情况发生，先后29次提出启动上诉机构新法官遴选程序，以填补已经空缺和即将空缺的法官席位。美国29次动用了“一票否决权”，加以阻挠。在2019年11月22日WTO争端解决机构例会上，美国照例否决117个会员的提议后，世贸组织上诉机构停摆成为定局。WTO总干事阿泽维多警告说，世界经济有可能就此倒回“丛林法则”时代。①

需要指出的是，上诉机构的瘫痪并不意味着整个WTO争端解决机制的终结。从程序上看，争端解决机制的前两个阶段分别是磋商和专家组。在1995－2018年，总共有573个案例被提起，其中40%的案例都是通过磋商得到解决的，而真正产生专家组报告的只有249个，而其中1/3的案例并没有被提起上诉。也就是说，真正进入上诉阶段的案例只有166个（占573个案例的29%）。因此，只要相关成员之间有足够的意愿解决彼此间的争端，即便没有上诉机制，大部分的争端仍然可以得到解决。②

2020年中国与欧盟等成员向WTO通报多方临时上诉仲裁安排

2020年4月30日，中国、欧盟和其他17个世贸组织成员正式向世贸组织提交通知，共同建立多方临时上诉仲裁安排（MPIA），以替代目前停止运转的WTO贸易问题解决机制，维护世贸争端解决机制在上诉机构停摆期间的运转。目前正式确立的MPIA机制是绕开美国而设立的。

多方临时上诉仲裁安排规定，在上诉机构停摆期间，参加方将通过世贸组织《关于争端解决规则与程序的谅解》第25条规定的仲裁程序，处理提起上诉的争端案件。参加方根据世贸组织关于上诉程序的现行规则和实践，确定了上诉仲裁程序规则，保障裁决的一致性和可预期性。该安排显示了各方对多边贸易体制的信心和支持，有利于维护以规则为基础的多边贸易体制。

除中国、欧盟外，多方临时上诉仲裁安排的参加方还包括澳大利亚、巴西、加拿大、智利、哥伦比亚、哥斯达黎加、危地马拉、中国香港、冰岛、墨西哥、新西兰、挪威、巴基斯坦、新加坡、瑞士、乌克兰和乌拉圭。该安排向所有世贸

① 详见杨国华：《丛林再现——WTO上诉机制的兴衰》，人民出版社2020年版。

② 屠新泉：“WTO遭美重伤 但不会死”，载《环球时报》2019年12月6日，第15版。

组织成员开放，欢迎其他成员参加。多方临时上诉仲裁安排是在上诉机构停摆期间的临时措施，各方的最终目标仍是恢复上诉机构的正常运转。①

※ 问题思考

1. 与 GATT 争端解决机制相比，WTO 争端解决机制有哪些优势？
2. 如何解决 WTO 上诉机构停摆难题？

① 朱赫："中国与欧盟等成员向世贸组织通报多方临时上诉仲裁安排"，http：//www.mofcom.gov.cn/article/ae/ai/202004/20200402961036.shtml，2020-05-22 访问。

第六章　国际货币基金组织

◎ **核心概念**

《布雷顿森林协定》；国际货币基金组织；“怀特计划”；“有效自卫份额”

◎ **重点内容**

——国际货币基金组织的基本职能是监督国际汇率、提供国际信贷、协调国际货币关系。

——国际货币基金组织的份额的调整、特别提款权的分配、章程的修改等重大问题需要理事会 85% 的赞成票。

——由于美国等几个发达国家所占份额巨大，使得该组织成为其金融政策代言人。

——国际货币基金组织存在诸多问题，需要改革。

1944 年 7 月 1 日至 22 日，44 个国家的代表在美国新罕布什尔州布雷顿森林召开联合国货币金融会议。这次会议以“怀特计划”为讨论蓝本，以“凯恩斯方案”① 为辅助，在美国和英国合作操控下，确立了以美元为中心的国际货币体系，即“布雷顿森林体系”，并决定建立国际货币基金组织和国际复兴开发银行两大机构，会议通过了《联合国货币金融会议的最后决定书》《国际货币基金组织协定》《国际复兴开发银行协定》三份文件，总称《布雷顿森林协定》。

国际货币基金组织（IMF）产生于布雷顿森林体系之下，自其 1945 年 12 月 27 日正式成立以来，在加强国际货币合作、建立多边支付体系、促进国际汇率稳定、维持国际收支平衡、防止和解决国际债务与金融危机等方面作出过积极的贡献，其在维持国际金融秩序方面的作用不容忽视。但在面对当今更为复杂多变

---

① 1943 年 3 月，英国公布了以凯恩斯为主拟定的“国际清算同盟计划”，被称为“凯恩斯方案”，包括三项主要内容：反对用黄金或其他国家的货币作为主要储备；成立“国际清算同盟”，相当于世界中央银行；以清算制为基础，各国之间发生的债权债务都通过在这个联盟里开设的账户来进行转账结算。李一文、马风书编著：《当代国际组织与国际关系》，天津人民出版社 2002 年版，第 229 ~ 230 页。

的金融形势时，国际货币基金组织显现出了种种缺陷和不足，必须改革。

第一节　国际货币基金组织的设立宗旨与基本职能

依照"怀特计划"[①] 建立的国际货币基金组织履行着监督国际汇率、提供国际信贷、协调国际货币关系等三大职能。

作为战后国际货币体系的核心，国际货币基金组织的设立宗旨是，通过这一"永久性的国际金融机构"来促进国际金融与货币领域的合作，为国际货币问题的磋商与合作提供平台；促进国际贸易和投资的均衡发展，提高成员的就业与实际收入水平，扩大生产能力；维护国际的汇率秩序，促进汇率稳定，维护正常汇兑关系，避免竞争性货币贬值；协助成员建立经常性多边支付体系，消除外汇管制；对收支不平衡的国家提供资金借贷，以调节国际收支失衡等。国际货币基金组织的资金来源于各成员认缴的份额，而该份额决定了各成员在组织中投票权大小和可向组织获得借贷资金的额度。

经历了布雷顿森林体系到牙买加体系的过渡，无论世界经济环境如何变迁，国际货币基金组织从建立之初的宗旨——维护各国固定汇率的稳定，到后来的维护各国汇率体系的稳定，这一宗旨的连贯性说明国际货币基金组织维持国际货币体系的稳定这一核心原则从未改变。

第二节　国际货币基金组织的机构与职能演变

经济全球化是当前世界经济发展的大趋势。由于信息技术的飞速发展，跨国公司在全球经营范围的扩大，资本在全球的流动性越来越强，全球经济形成一个统一市场的趋势在逐步增强。[②] 国际货币基金组织之所以能在国际金融货币领域发挥巨大作用，依赖的是其健全的组织机构和运作机制。随着世界格局的变化，国际货币基金组织的机构与职能也在不断变化和完善，其主要机构包括理事会、执行董事会、国际货币与金融委员会、发展委员会和总裁。

---

① "怀特计划"是时任美国财政部长助理怀特提出的"联合国平准基金计划"。"怀特计划"试图由美国控制"联合国平准基金"，通过该基金使会员国的货币"钉住"美元。这个计划还立足于取消外汇管制和各国对国际资金转移的限制。

② 何志华、王志军："浅谈国际货币基金组织改革的必要性"，载《武汉工业学院学报》2000 年第 2 期。

围绕着这些常设的组织机构，国际货币基金组织设立了一系列配套运作机制，以实现《国际货币基金协定》的宗旨。运作机制主要包括组织管理程序、业务开展方式以及成员权利行使三个方面。

首先，在组织管理程序上，作为国际货币基金组织的最高权力机构，理事会通常每年在基金组织和世界银行年会上召开一次会议，必要时也可以召开特别会议。理事会决定主要政策问题，但将日常决策权赋予执行董事会。执行董事会除了每周的定期会议及负责向理事会作例行年度报告外，还要时常开会讨论成员出现的重大经济发展问题以及国际金融领域出现的重大事件等。总裁由执行董事会选举产生，一般情况下没有投票权，只有在执行董事会表决过程中，出现赞成与反对双方票数相同时才投下决定性的一票。

其次，在业务开展方式上，国际货币基金组织的业务主要围绕监督、磋商与协调、资金融通等方面展开。为了促进国际货币合作，维护国际金融体系的稳定，基金组织要对成员的货币汇率政策及汇率制度实施监督。在成员权利行使方式上，每个成员在加入基金组织时都要缴纳一定数额的款项，即认缴份额。

最后，在表决模式上，国际货币基金组织的许多政策和业务决定都需要特定多数票才能通过，例如份额的调整、特别提款权的分配、章程的修改等重大问题需要理事会85%的赞成票。因此，拥有17%左右份额的美国，拥有国际货币基金组织一切重大决策的单边否决权。正是基于投票权上的优势，美国在该组织的各项活动中起着决定性作用，该组织始终是美国主导控制下的一个国际机制。①

第三节　国际货币基金组织存在的问题

国际货币基金组织至少存在三方面的问题。

一、内部决策机制的合法性遭受质疑

与世界贸易组织采用的“一成员一票”的决策机制不同，国际货币基金组织的决策机制采用加权投票表决制。投票权由两部分组成，每个成员都有250票基本投票权以及根据各国所认缴的份额所得到的加权投票权。由于各国的基本票数一样，而在实际决策中起决定作用的则是加权投票权，因此，事实上，国际货币基金组织的决策程序采用的是份额制。国际货币基金组织作为一个国际性的金

① 而且，在没有改变自己把持IMF重大事务的基本格局的同时，美国决策层还在图谋给中国等份额提高的国家增加额外的义务。李本：“国际货币基金组织份额制改造与中国的进路分析”，载《法学论坛》2010年第2期，第89页。

融合作机构，其资金来源于各成员加入组织时依据本国国民收入、黄金外汇储备、国际贸易程度等指标进行的认缴。在这种决策机制下，该认缴份额不仅决定着成员可从组织中获得的贷款的最高限额，更为重要的是，它决定了成员在组织中发言权的大小和投票权的多少。由于美国等几个发达国家所占份额巨大，使得国际货币基金组织成为它们的金融政策代言人。

国际货币基金组织现有 187 个成员，重要决策——例如份额的调整、特别提款权的分配、章程的修改等——都需要 85% 的票数才能通过。这决定了拥有 15% 以上的投票权份额，就是拥有“有效自卫份额”，即可以一票否决，确保该组织不会通过明显不利于自己的决议。美国凭借其世界第一经济大国的地位，拥有 16. 77% 的投票权、17. 09% 的份额，长期拥有一票否决的权益；欧盟通过“老欧洲”各国的合力，也拥有“有效自卫份额”，单是德国（5. 98%）、法国（4. 94%）、英国（4. 94%）加起来，就达到了 15. 86%，而欧盟合并投票权和份额竟高达 31. 98% 和 32. 38%。所以，美国在改革中让渡的份额仍不能撼动其在组织中的霸主地位，美国还拥有着对需要 85% 多数投票支持的重大事项的一票否决权。①

二、监管机制及危机应对能力不足

随着经济全球化的发展，西方发达国家的触角延伸到了全球各个角落，也不可避免地把资本主义的固有矛盾扩散到了世界各地，其对资本利益最大化无止境的追求使得全球化的金融危机一触即发。因此，牙买加体系下的国际货币基金组织，其主要职能也由初建时的维持固定汇率转变为金融监管与危机救助，在国际金融领域承担着“危机防范者”“危机管理者”和“危机贷款人”三重角色，相应地，国际货币基金组织的监管机制主要由危机预警、政策监督、危机援助三部分组成。

国际货币基金组织作为“危机防范者”，就是要在金融危机爆发伊始甚至危机爆发之前对成员作出预警，争取将危机扼杀在萌芽之中，避免危机的加剧与蔓延，以维持国际金融秩序的稳定。然而，不论是 1994 年的墨西哥金融危机，1997 年的亚洲金融风暴，还是 2008 年始于美国次贷危机的全球金融海啸，国际货币基金组织都没能起到其本应发挥的预警作用。2009 年 3 月，国际货币基金组织终于在其新闻发布会上公开承认了其在危机预警上的不力。

三、现行国际货币制度的内在缺陷

2008 年金融大海啸震荡了整个世界的金融市场，也进一步暴露了牙买加体

---

① 刘涛：“IMF 份额改革符合各方利益”，载《证券时报》2010 年 11 月 8 日，第 A03 版。

系的内在缺陷。迄今为止的各种国际货币制度都存在其固有的缺陷，虽然在布雷顿森林体系瓦解之后，牙买加体系呈现出的国际储备多元化、汇率制度多样化、国际收支调节多渠道化等灵活性顺应了当时世界经济动荡混乱的特点，但是牙买加体系并没能从根本上改变金融大国操控国际货币体系的不平等和不公平现象，也没有建立起稳定的国际货币金融秩序。伴随着世界经济格局的变化以及国际金融合作的加强，现行的国际货币制度早已无法适应国际金融形势的变迁。

国际货币体系的动荡与危机折射出国际货币领域合作的失衡与低效，这种体系隐含的不平等、不对称，使其与历史上的金本位、金汇兑本位、布雷顿森林体系相比，具有更大的内在不稳定性。一轮又一轮的金融危机也充分暴露了当前国际货币体系的内在缺陷和系统性风险。改革势在必行。在内外交困的环境下，IMF 不得不启动了针对其治理结构的改革。IMF 在 2006 年 9 月的新加坡年会上启动了名为“份额与声音”的改革，旨在提高新兴市场国家在 IMF 中的份额，以及增强最不发达国家在 IMF 中的发言权。①

第四节　改革的难点

目前国际社会上对国际货币基金组织改革的要求越来越强烈，提出的方案也是千差万别。由于改革必然牵扯到成员现有利益格局的调整，因此，各国均从自身的角度出发，不仅发展中国家同发达国家之间存在难以调和的利益之争，就连发达国家内部声音也难以统一。从这些现有的改革呼声来看，国际货币基金组织改革不存在全球化的共同利益和统一版本，仍然是主权国利益制衡的体现。局部问题考虑得多，全局问题考虑较少，各种方案均缺乏整体适用性，导致改革之路遍布荆棘，使得国际货币基金组织的改革陷入知易行难的困境。集中表现在三个问题上。

一、决策机制失衡

2008 年美国“次贷危机”引爆全球金融海啸，而国际货币基金组织却无法释放足够的能量来及时有效地浇熄这场金融大火，因此，美国极力呼吁国际货币基金组织增资，企图让其他国家为美国金融危机买单的同时，继续享有对国际货币基金组织不合理的霸权，使得广大发展中国家改革的矛头直指决策权失衡这一最为敏感的部位。

---

① 刘骏民、李凌云：“‘双本位’国际货币体系与全球金融危机”，载《亚太经济》2009 年第 5 期。

国际货币基金组织的决策机制仍沿袭布雷顿森林体系成立时遗留下来的规则，即成员在国际货币基金组织中权力的大小与其基金份额的多少成正比。在组织成立七十余年来，少数发达国家占据绝大多数投票权的状况从未改变，广大发展中国家的要求始终难以得到合理体现。发展中国家认为，随着其经济实力的增长，其有能力在国际社会上承担更多的经济责任，也有必要赋予其更高的国际地位，而现有的份额分配方案已经无法公正客观地反映当今的国际经济格局，因此，特别呼吁改变份额分配方案，提高其在国际金融领域话语权。然而，基于投票权总数的恒定，有人增加，就要有人减少，因此，欧美等发达国家和地区必然不肯放弃手中的控制权。在发达国家与发展中国家的投票权博弈过程中，发达国家利用现有控制力一直试图阻挠投票权向着公正合理的方向改革，发展中国家渐渐失去对国际货币基金组织的信心和积极性，凸显出国际货币基金组织在发展中国家被边缘化的趋势。

二、贷款条件的取舍

根据国际法领域的主权原则，国际货币基金组织并不是凌驾于主权国家之上的国际组织，其与成员以及其成员之间均为平等主体，相互之间不存在管辖权。但是，由于国际货币基金组织的特殊使命，在其实际运行过程中又必须被赋予一定的权威性来实现其金融监管职能。由于缺失明确具体的法律制度，国际货币基金组织在职能履行中若用力过小，则难以实现其维持金融稳定应有之义，而用力过猛，则又有过度干预主权之嫌。发展中国家作为新兴经济体，由于金融市场相对脆弱，其发生金融危机的概率往往比发达国家大得多，相比之下，其更需要获得国际货币基金组织的金融援助。然而在发达国家掌控下的国际货币基金组织进行融资援助的同时，往往掺杂了很多非经济因素，伴随着欧美等发达国家和地区政治因素的渗透。所以，如何把握成员主权让渡的程度便成为双方争执的焦点。

三、对金融援助职能的分歧

在美国看来，作为布雷顿森林体系的产物，国际货币基金组织当初设立的初衷之一就是弥补私人资本的供给不足。而伴随着国际私人资本的急剧膨胀，国际货币基金组织可控制的资源无论在规模还是在流动性上均不可同日而语，因此，国际货币基金组织不应该再继续将职责的重点放在向成员提供资金援助上，而应该停止中长期贷款业务，把有限的资源集中于维持国际金融体系的稳定上，在金融救助领域仅保留危机发生后的短期资金融通。相反，发达国家呼吁国际货币基金组织的金融救助职能应不断淡化，并逐渐让位于私人资本。然而，现实中很多发展中国家并不能从国际金融市场上获得必需的救助与发展资金，尤其是长期陷于国际收支失衡问题的贫穷重债国，国际货币基金组织的金融援助具有重大的现实意义。广大发展中国家认为，美国之所以建议削弱国际货币基金组织的援助职能，本质是为了推行其私人资本在全球的进一步扩张。因此，发展中国家坚持强化国际货币基金组织的金融援助职能，仅承认私人资本作为互补的援助方式，强烈反对缩小国际货币基金组织的援助规模与救助范畴。

此外，发达国家和发展中国家在国际货币基金组织监管原则和适用范围等方面也存在分歧，发达国家提出了很多针对发展中国家的监管要求，而其自身则置之度外，发展中国家则要求所有的国家都要遵守国际货币基金组织的监管准则。

面对全球性金融危机，国际货币基金组织可提供的救援资金却严重匮乏。显然，国际货币基金组织急需大量融资。国际货币基金组织的困境并非仅靠一纸融资可行性报告就能够解脱，它更多地折射出国际货币基金组织改革的迫切性。因此，必须重新评估国际货币基金组织的作用和对该组织的要求，以使该组织适应新的全球货币与金融体系，去除它的官僚之风和立足发达国家利益的霸气，使它真正融入当今的金融体系中，在民主与公平的国际氛围中为各国提供必要的资金援助和切实有效的政策指导，在真正意义上重新担当起金融危机拯救者的角色。

案例事件

1980年国际货币基金组织恢复中国代表权

国际货币基金组织于1945年12月正式成立。中国是创始国之一。

中华人民共和国成立以后，1950年，时任政务院总理兼外交部部长周恩来致电国际货币基金组织，严正声明中华人民共和国是代表中国的唯一合法政府，要求恢复中国在国际货币基金组织的合法席位。然而，由于国际政治环境的制约，中国在国际货币基金组织的代表权问题长期得不到解决。

1972年10月，联合国大会通过决议，恢复中华人民共和国的合法席位，为中国恢复在联合国下属各专门机构的席位创造了条件。

1978年，改革开放以后，中国经济发展成就引起国际社会的普遍关注。

1979年1月，中美建交，加入国际金融组织的外部条件最终趋于成熟。

1980年4月17日，国际货币基金组织理事会正式决定恢复中国的代表权。同年5月15日，世界银行（国际复兴开发银行）执行董事会正式恢复中国在世界银行、国际开发协会和国际金融公司的代表权。①

---

① 周扬清、范志睿："1980年4月17日 国际货币基金组织恢复我国代表权"，载《解放日报》2019年4月17日，第3版。

2019年IMF新总裁艰难产生

2019年7月，国际货币基金组织原总裁克里斯蒂娜·拉加德获欧洲中央银行行长提名，随后向国际货币基金组织递交辞呈，辞呈在2019年9月生效。

2019年8月2日，经过激烈讨论和两轮投票，欧洲联盟确认，来自保加利亚的世界银行首席执行官克里斯塔利娜·格奥尔基耶娃为IMF总裁候选人。

根据规则，获胜候选人不但需要在欧盟28国中获得55%以上的支持率，而且投赞成票的国家合计人口应不低于欧盟总人口的65%。实际上，格奥尔基耶娃虽然获得65%的欧盟国家支持，这些国家合计人口仅占欧盟总人口的57%，没有达标。只是，戴塞尔布卢姆随即承认败选，祝贺格奥尔基耶娃获胜，僵持局面得以化解。①

经过国际货币基金组织执行董事会确认，格奥尔基耶娃的总裁任期从2019年10月1日开始，为期五年。

国际货币基金组织和世界银行在第二次世界大战结束后创建，前者一向由欧洲人执掌，后者则由美国人执掌。不过，越来越多的新兴经济体质疑此惯例，希望来自发展中国家的人选有机会执掌这两大国际金融机构。

❖ 问题思考

1. 国际货币基金组织的份额与投票权制度存在哪些问题？如何解决？
2. 国际货币基金组织的监督职能存在哪些问题？如何解决？

① 杨舒怡：“IMF新总裁花落谁家？欧盟候选人出炉”，2019-08-05，https://world.huanqiu.com/article/9CaKrnKlZ7S，2020-05-04访问。

第七章　世界银行

◎ **核心概念**

世界银行；国际复兴开发银行；执行董事会；《国际复兴开发银行协定》

◎ **重点内容**

——IBRD 的行长同其他专门机构的负责人一样，都是以联合国秘书长为主席的协调行政委员会成员。人选由美国总统提名，由银行董事会选举通过。

——IBRD 实行加权表决制，重要事项的决策采用秘密投票方式。

——IBRD 仅对国际货币基金组织的会员开放。成员可自愿退出。

世界银行是国际复兴开发银行（IBRD）的通称，是世界银行集团的简称，后者包括国际复兴开发银行、国际开发协会、国际金融公司、多边投资担保机构和争端解决国际中心五个机构。

国际复兴开发银行孕育于第二次世界大战末期的国际环境，在美国主导下成立，是以美国为中心的战后国际经济体系的重要组成部分。国际复兴开发银行为促进战后欧洲主要国家复兴、加快欠发达国家经济发展提供了大量资金，为全球经济发展作出了重要贡献，有力地维护了国际经济秩序。同时，国际复兴开发银行与其他国际组织相比，有许多自己的特点。

第一节　国际复兴开发银行的成立

在 19 世纪和 20 世纪，垄断资本的国际竞争得到各国政府的支持。各国为解决国内因资本主义固有矛盾造成的经济困难而不断进行经济干预，竞相采取各种刺激出口和限制进口的措施，这影响和损害了他国利益，使国家间经济矛盾加剧和尖锐化，阻碍了国际经济的增长。两次世界大战后，由于金本位崩溃、世界性经济危机的发生，各国进一步通过经济法干预经济，如实施关税壁垒、外贸统制等措施，加剧了资本主义各国间经济关系的矛盾，营造良好的国际经济秩序势在必行。①

“二战”末期，世界经济力量对比发生重大变化。美国一跃成为世界最大的债权国，黄金储备占世界的2/3，对外贸易额占世界贸易总额的32.5%②，在国际经济关系中的地位举足轻重。而英国和法国等老牌资本主义国家的经济遭到了严重破坏。“二战”前在国际货币体系中居于核心地位的英国，其经济实力和地位已经大大下降。与此同时，世界政治格局也发生了变化，经历反法西斯战争洗礼的社会主义国家苏联日益成为欧亚大陆的政治、军事大国，在战争走向尾声时与主要资本主义国家的矛盾逐渐浮出水面，国际社会东西分裂的趋势日益显著。

基于上述国际经济、政治背景，一方面，欧洲国家的复兴及欠发达国家的开发都亟须注入大量的长期资金，而私人贷款与对外投资无法满足这样的需求；另一方面，美国的实力与利益决定了美国力图在战后建立世界经济霸权。于是，在美国主导下，开展国际金融合作、提供复兴与开发贷款的金融机构应运而生。

美英两国，尤其是美国，在推动战后国际金融合作进程中扮演了领导角色。1943年4月，美英两国政府同时分别公布了“稳定基金计划”和“清算联盟计划”；11月，美国政府又公布了联合国家复兴开发银行协定草案。以计划的主要作者命名，美国的方案统称为“怀特计划”，英国的方案统称为“凯恩斯计划”。1943年9月到10月，美英两国政府就国际货币问题在华盛顿举行会谈。英国被迫接受“怀特计划”，与美国达成妥协。

1945年12月27日，美国等28国政府代表签署《国际复兴开发银行协定》，国际复兴开发银行正式成立。1946年6月25日，国际复兴开发银行正式营业。

第二节 国际复兴开发银行的法律地位

作为成员依据《国际复兴开发银行协定》所创设的机构，国际复兴开发银行建立起包括理事会、执行理事会及相关部门在内的一套内部组织架构，完全符合国际组织的基本特征③。

同时，《国际复兴开发银行协定》第7条第2款规定，“银行应具有完整的

---

① 余劲松、吴志攀主编：《国际经济法》，北京大学出版社、高等教育出版社2005年版，第25页。

② 肖月、朱立群主编：《简明国际关系史（1945－2002）》，世界知识出版社2003年版，第3页。

③ 作为“国家联盟或国家联合体”的国际组织有如下五个基本特征：建立在主权国家基础上；依据并经由国家的正式协议而成立；设有一套承担一系列持续职能的常设机构；拥有某种自主权；具有国家间合作的职能。饶戈平主编：《国际组织法》，北京大学出版社1996年版，第15～17页。

法人权利，特别是有权签订契约、取得和处置动产和不动产、进行法律诉讼。”并且，《国际复兴开发银行协定》第7条随后规定，国际复兴开发银行的资产免收扣押、档案豁免、资产免受限制、税收豁免，同时还享有通信的特权、官员和雇员的豁免权与特权。《国际复兴开发银行协定》的上述规定直接表明了国际复兴开发银行的国际法律地位，说明它是一个具有国际法律人格的政府间国际组织。

1946年10月3日，联合国经社理事会通过决议，“指令秘书长加强及扩展联合国与国际货币基金及国际复兴开发银行间之合作关系，并继续与该二组织之代表磋商，俾能尽早开始正式谈判”。① 1947年8月16日，经社理事会通过了《联合国与国际复兴开发银行以及与国际货币基金组织所订立之协定草案》，提请联合国大会核准。② 1947年11月15日，联合国大会通过决议，核准了上述协定，两个布雷顿森林机构同一天成为联合国的专门机构，进入联合国系统。③

协定承认，国际复兴开发银行在经营上对联合国的政治机构保持其独立性。国际复兴开发银行与联合国建立密切关系，并在纽约联合国总部设立办事处。国际复兴开发银行的财务会计年报每年都要送联合国的经济和社会理事会上审议。国际复兴开发银行行长同其他专门机构的负责人一样，都是以联合国秘书长为主席的协调行政委员会的成员。

第三节　国际复兴开发银行的成员

在成员加入方面，国际复兴开发银行仅对IMF的会员国开放。

一、成员加入的规定

《国际复兴开发银行协定》第2条第1款“会员国资格”明确规定，“一、银行的创始会员国应为国际货币基金组织的会员国，并在本协定第11条第1款所规定日期前正式参加银行者。二、基金的其他会员国按照银行所规定的时间和条件加入银行为会员国。”换言之，凡参加国际复兴开发银行的国家必须以参加国际货币基金组织为先决条件，但国际货币基金组织的会员国并不一定要参加国际复兴开发银行。

---

① 联合国经济与社会理事会文件，《与各专门机构之联系》，E/241，1946年，第12页。

② 参见联合国经济与社会理事会文件，E/RES/92（V），1947年，第33～34页。

③ 参见联合国大会文件，《与各专门机构之协定》，A/RES/124（II），1947年，第12页。

具体而言，国际复兴开发银行的会员国有两类：创始会员国和纳入会员国。创始会员国应当是国际货币基金组织会员，其本国政府于1945年5月1日前签署《国际复兴开发银行协定》，并应将正式证书交存美国政府，说明其业已依照本国法律接受《国际复兴开发银行协定》，已经采取一切必要措施，以便履行协定规定之义务。而纳入会员国则是在1945年5月1日后签署《国际复兴开发银行协定》、并将正式证书交存美国政府的国家。各国政府自向美国政府交存证书之日起成为国际复兴开发银行会员国。同时，美国政府应将《国际复兴开发银行协定》的签字情况及按照相关规定交存证书的情况，通知其他会员国国家政府。各会员国政府应在签署《国际复兴开发银行协定》时，将其每股价格的万分之一用黄金或美元交给美国政府作为银行之行政费用。此项付款应记入按《国际复兴开发银行协定》第2条第8款所规定的应缴款账内。

鉴于国际复兴开发银行在国际经济秩序方面的巨大作用，已有180多个国家成为国际复兴开发银行的会员国。

二、会员国退出的规定

在成员的退出方面，国际复兴开发银行采取自愿原则。《国际复兴开发银行协定》第6条第1款明确指出，任何会员国得随时以书面通知国际复兴开发银行总办事处，退出国际复兴开发银行。在银行接到该项通知之日起，退出即生效。

三、暂停会员国资格的规定

此外，《国际复兴开发银行协定》第6条第2款、第3款规定了暂停会员国资格的情形。主要有两种情形：第一，会员国不履行任何对银行的义务，银行经半数以上理事并持有过半数总投票权的表决，得暂停其会员国资格。该国自暂停会员国资格之日起1年后，除非以同样的多数表决恢复其资格外，即自动终止为会员国。第二，任何会员国在其丧失国际货币基金组织会员国资格3个月后，即自动丧失其为银行会员国的资格，除非经银行总投票权3/4的多数通过允许该国仍为会员国。在暂停资格期间，该会员国除有权退出外，不再享有本协定规定的任何权利，但仍应对全部债务负责。

另外，在暂停任何会员国资格之前，执行董事会应考虑此事项，并将指责它的事实在合理时间内通知该会员国，并应允许该会员国有适当机会口头及书面就该问题进行申述。执行董事会应向理事会建议他们认为应采取的适当行动。该项建议及理事会讨论该问题的日期应通知该会员国，并给予合理时间，使其能在此时间内口头及书面向理事会就该问题进行申述。任何会员国可自行选择，对此款规定弃权。

综上可见，《国际复兴开发银行协定》在成员加入和退出上基本采用了自愿原则。但是，与退出条件相区别，成员的加入需要有一前提，即成为国际货币基金组织的会员国。

第四节　国际复兴开发银行的组织机构与运作

1965年12月7日修订的《国际复兴开发银行协定》对国际复兴开发银行的组织机构作了原则性规定，在此基础上，1980年9月26日修订补充了《国际复兴开发银行协定附则》，这两个法律文件对国际复兴开发银行的内部机构、各自的职能和运作方式作了详细规定。

根据《国际复兴开发银行协定》第5条的规定，国际复兴开发银行由一个理事会、若干执行董事、一名行长及其他官员和工作人员组成，以执行银行所决定的职责，即国际复兴开发银行的组织系统包括决策机构（即理事会和执行董事会）和行政管理机构（由行长、若干副行长和工作人员组成）。

一、理事会

理事会是国际复兴开发银行的最高权力机关，即最高决策机关，有权对《国际复兴开发银行协定》项下国际复兴开发银行权限范围内的所有事项作出决定。具体而言，理事会的职权包括：批准新会员及决定其加入的条件；增加或减少银行资本总额；暂停会员资格；裁决对执行董事解释本协定所产生的异议；安排与其他国际机构的合作办法（暂时性和行政性的非正式安排除外）；决定永远停止银行业务及其资产的分配；决定银行净收入的分配。此外，理事会有权裁决执行董事在解释银行协定方面发生的争执、批准修改《国际复兴开发银行协定》、批准解散银行等。

理事会由每一成员委派理事和副理事各一位组成。按银行协定，副理事只有在理事缺席时才有投票权。两者任期均为5年、可以连任。成员一般都委任财政部长或中央银行行长担任理事。理事会除行使必须由其行使的职责外，将协定赋予它的一般职权委托给执行董事会代行。

理事会以会议形式开展工作，包括定期会议和特别会议。全体大会的定期会议（即年会）每年举行一次。理事会年会应按理事会决定之时间和地点召开；但如执行董事会因特殊情况认为必要时，执行董事会得改变该年会的时间和地点。

理事会特别会议可在任何时候由理事会或执行董事会召开。在有五个银行会员国或共持有总投票权1/4的银行会员国要求召开时亦应召开。如任何银行会员国要求执行董事会召开理事会特别会议，行长应将该项请求及要求召开的理由通知全体银行会员国。在每次年会上，理事会应选择一名理事作为主席，及至少两名理事作为副主席，其任期至下次年会结束为止。主席缺席时，主席所指定之副主席应代执行其职责。

理事会任何会议的法定人数应为过半数并持有不少于2/3总投票权的理事参加。任何理事会会议如果不足法定人数，得随时由到会理事的多数决定休会，而无须提出休会的通知。

国际复兴开发银行实行加权表决制。每一会员国享有250票，每持有股份1股（票面额为10万美元）另增加一票。除另有特别规定外，国际复兴开发银行“一切事项均依多数票决定之”。这种表决制度对主权平等因素考虑较少。这种以持股数量确定投票权多寡的表决制度，确保了美国等少数发达国家对这一国际组织的主导权。

二、执行董事会

执行董事会简称执董会，是负责组织银行日常业务的机构，行使由理事会授予的职权，但理事会的职责不得委托给执行董事。目前，执董会由24名执董组成，其中5人由拥有股份最多的5国（美国、日本、德国、法国、英国）政府委派，其余19人由其他成员的理事按地区分组选举产生。中国和沙特阿拉伯及俄罗斯由于有一定的投票权，作为独立选区可以各自单独选举一位执行董事。联合选区选举产生的执董，按联合选举他（她）的各国所拥有的投票权总数投票。但每一选举产生的执行董事所代表的投票权总数只能作为一个统一单位使用，不能分开使用。

每一执行董事应指派一副董事，在其本人缺席时，全权代行其职权。指派副董事的执行董事出席时，副董事可参加会议，但无投票权。董事应继续任职至其继任人被派定或被选出为止。如果某一选任董事在其任期终了前缺职超过90天以上时，应由原选举该前任董事的理事另选一董事以继其未满的任期。当选的票数必须过半数。在执行董事缺席期间，由副董事代行其职权，但不得再指派副董事。

执行董事应常驻银行总办事处办公，并根据银行业务需要经常集会。执行董事每次会议的法定人数应为过半数董事，并持有不少于半数的总投票权。事实上，执行董事会很少进行正式投票，因为实际上大多数决定是在意见一致的情况下作出的。另外，执行董事得在其认为有必要时，酌情设立各种委员会。委员会的成员不必限于理事、董事或其副职。

三、其他行政管理机构

银行管理机构由行长、若干副行长、管理层及工作人员组成，具体的机构有：行长、业务评估部、金融部、业务部、经济与调研部、人事与行政部、对外联络部、法律部、秘书处。这些行政管理机构都是国际复兴开发银行日常运作的重要机构。

行长（总裁）由执行董事会主席兼任，负责银行的日常事务。在行长的领导下，国际复兴开发银行的员工分为下述几个部分：业务评估部，该部主任直接对执行理事会和行长负责，负责银行贷款效果的评估；金融部主要负责银行的金融业务，并就金融政策提供意见；业务部主要负责银行的发展与援助项目，包括关于相关国家整体经济或部门经济战略的制定以及国际复兴开发银行贷款的谈判与签订等；经济与调研部事实上是国际复兴开发银行的研究单位，负责国际经济的发展与研究，以便银行对会员国的情形有足够的了解与理解，及在制定方案时参考；法律部负责国际复兴开发银行的法律工作，包括银行的贷款活动的法律问题，银行内部行政和人事方面的法律问题，并就国际复兴开发银行协定的解释提供建议。①

关于行长人选，据说在成立国际复兴开发银行和国际货币基金组织时有过这样的默契，银行行长由美国人担任，国际货币基金组织总裁由欧洲人担任。目前行长人选一般由美国总统提名，由银行董事会选举通过。

作为一个国际机构，国际复兴开发银行向各个成员招聘管理和技术方面的人才，原则上会考虑各国人员数量的平衡，但是没有严格的指标或比例。国际复兴开发银行的工作人员来自100多个国家，但根据《国际复兴开发银行协定》规定，不论是行长、还是副行长或是一般工作人员，在执行国际复兴开发银行任务时只向国际复兴开发银行负责，不向任何国家负责。成员政府必须尊重国际复兴开发银行职员职责的国际性质，不能对他们在履行官方职务时施加任何影响。

此外，国际复兴开发银行还设立了顾问委员会和贷款委员会。② 根据《国际复兴开发银行协定》第3条第4款的规定，负责贷款报告的委员会，应由银行指派。每一个这种委员会，应包括代表项目所在地会员国的理事所选的专家一人，以及银行技术人员一人或数人，以协助贷款事项的办理。

第五节　国际复兴开发银行的国际组织法特征

综上，从国际组织法的视角考察，与其他国际组织相比，国际复兴开发银行具有以下几项重要特征：

---

① 王贵国：《国际货币金融法》，法律出版社2007年版，第187页。

② 参见《国际复兴开发银行协定》第5条第6款、第7款。

第一，国际复兴开发银行现已成为一个具有广泛代表性、全球性、专业性的政府间国际组织。国际复兴开发银行的成员遍布欧洲、美洲、亚洲、非洲、大洋洲。

第二，国际复兴开发银行是一个相对“自由出入”的国际组织，允许成员自愿退出的相对开放型的国际组织。如前所述，其退出程序十分便捷，完全取决于当事成员的意愿，其他成员难以阻止。

第三，在国际复兴开发银行的几个主要工作机构中，理事会和执行董事会承担的职责相对重要，并与发放贷款密切相关。

第四，行长是国际复兴开发银行机构中一个至关重要的角色。

第五，国际复兴开发银行实行加权表决制，并且在重要事项的决策上采用秘密投票方式。

第六节　国际复兴开发银行对中国的影响

国际复兴开发银行是中国改革开放以来积极利用外资的一条重要渠道。在改革开放初期，国际复兴开发银行资金在中国利用的外资总额中所占的比例较高，此后，随着各种来源的外资的增长，国际复兴开发银行资金所占比例相对有所下降，但仍然是重要的外资来源。国际复兴开发银行贷款期限较长、利率较低，在中国利用的外国中长期优惠资金中占有突出的地位。

国际复兴开发银行对中国贷款覆盖了大部分省、自治区、直辖市，遍及国民经济的许多重要部门，一方面弥补了中国建设资金的不足，另一方面也为中国引进了先进的技术和管理经验，并培养了一批各领域的人才。

总之，作为当今一个具有广泛代表性、全球性、专业性的政府间国际组织，国际复兴开发银行为帮助非发达国家发展经济、构建良好的国际经济秩序作出了巨大贡献。认识国际复兴开发银行的发展历史、组织架构和运作规则，把握国际复兴开发银行的国际组织法特征，是加强与国际复兴开发银行合作、发挥好其平台作用的重要前提。中国应当充分发挥自身的外交影响力，联合其他国家一同实现自己的目标。此外，中国可以通过购买方式增加自己在国际复兴开发银行的股份，以发挥更大的国际金融影响力。

案例事件

2011年世界银行支持南非电力集团可再生能源建设项目

为支持南非实施长期碳减排，世界银行在2011年同其签订贷款协议，贷款总金额为655万美元，贷款用途为可再生能源项目建设，预计在2021年终止。①

2017年世界银行支持巴西教育改革

2017年12月，世界银行向巴西联邦政府提供了一笔2.5亿美元的信贷，以支持后者的第一个成果项目，预计有约240万名巴西学生受益。②

❈ 问题思考

1. 国际复兴开发银行的表决机制有何特点？
2. 国际复兴开发银行在运作上存在哪些问题？如何解决？

---

① 薛志华："金砖开发银行与世界银行贷款条件性比较：理论分析与案例验证"，载《上海金融》2019年第9期。

② 董海青："世界银行支持巴西教育改革"，载《世界教育信息》2018年第2期。

第八章　世界卫生组织

◎ **核心概念**

世界卫生组织；《世界卫生组织组织法》；《国际卫生条例》

◎ **重点内容**

——世界卫生组织是联合国下属的一个专门机构，只有主权国家才能参加。

——在组织架构上，WHO 拥有大会、委员会、秘书处、地区组织、专业组织等。其中，大会是 WHO 的最高权力机构，委员会为 WHO 最高执行机构。

——WHO 的法治基础是《世界卫生组织组织法》和《国际卫生条例》。

世界卫生组织（WHO，简称世卫组织）是公共卫生领域最重要的国际组织，它以战略规划、行动计划和策略等多种政策形式，通过各成员的认同与自觉执行来实现协调与解决全球卫生问题的目标。[①]

在国际组织法意义上，世卫组织是联合国系统内卫生问题的指导和协调机构，是联合国下属的一个专门机构，只有主权国家才能参加，是国际上最大的政府间卫生组织。

第一节　世界卫生组织的发展历程和宗旨职责

世界卫生组织的前身可以追溯到 1907 年成立于巴黎的国际公共卫生局和 1920 年成立于日内瓦的国际联盟卫生组织。“二战”后，经联合国经社理事会决定，64 个国家的代表于 1946 年 7 月在纽约举行了一次国际卫生会议，签署了《世界卫生组织组织法》。1948 年 4 月 7 日，该法得到 26 个联合国会员国批准后

① 代涛、韦潇、郭岩：“世界卫生组织的政策类型及其特点”，载《中国卫生政策研究》2010 年第 4 期，第 47 页。

生效，世界卫生组织宣告成立，总部设在瑞士日内瓦。每年的4月7日也就成为全球性的“世界卫生日”。①

世卫组织的宗旨是使全世界人民获得尽可能高水平的健康。该组织给健康下的定义为：“身体、精神及社会生活中的完美状态”。

世卫组织负责对全球卫生事务提供领导，拟订卫生研究议程，制定规范和标准，阐明以证据为基础的政策方案，向各国提供技术支持，以及监测和评估卫生趋势。世卫组织还负责促进流行病和地方病的防治；提供和改进公共卫生、疾病医疗和有关事项的教学与训练；推动确定生物制品的国际标准。

具体而言，世卫组织的主要职责是指导和协调国际公共卫生事务，制定相关国际规则、从事特定问题研究、制定专业标准、协调争取资源，有针对性地开展项目，向目标群体提供特定的产品和服务，向政府、行业组织和社会传播政策理念和健康知识，在危机时刻采取卫生行动等。②

第二节　世界卫生组织的组织架构

世卫组织共有六个区域、194个会员国和准成员及观察员若干，七千余员工在全球150多个办事处工作。

在组织架构上，WHO拥有大会、委员会、秘书处、地区组织和专业组织。

大会是WHO的最高权力机构，主要任务是审议总干事的工作报告、规划预算、接纳新会员和讨论其他重要议题。执委会是世界卫生组织大会的执行机构，负责执行大会的决议、政策和委托的任务，它由32位有资格的卫生领域的技术专家组成，每位成员均由其所在的成员选派，由世界卫生大会批准，任期三年，每年改选1/3。根据世界卫生组织的君子协定，联合国安理会五个常任理事国是必然的执委成员，但席位第三年后轮空一年。

委员会为WHO最高执行机构，每年举行两次全体会议。

秘书处为WHO常设机构。2017年5月，埃塞俄比亚政府提名的特沃德罗斯·阿达诺姆博士（中文称作谭德塞）成为世卫组织总干事。

WHO分6个地区委员会及地区办事处，分别设在非洲区域、美洲区域、东南亚区域、欧洲区域、地中海区域和西太平洋区域。

---

① 李素心：“让全世界人民获得健康——世界卫生组织简介”，载《人民日报（海外版）》2017年1月16日，第6版。

② 韦潇、代涛、郭岩、李世绰：“世界卫生组织的管理体制机制及其影响”，载《中国卫生政策研究》2010年第4期，第43页。

专业组织有顾问和临时顾问、专家委员会、全球和地区医学研究顾问委员会和合作中心。

第三节 世界卫生组织的法治基础

WHO 的法治基础是《世界卫生组织组织法》和《国际卫生条例》。

《世界卫生组织组织法》是 1946 年 6 月 19 日至 7 月 22 日在纽约召开的国际卫生大会上通过的重要成果，获得了当时 61 个国家代表签署，并于 1948 年 4 月 7 日正式生效，此后的各项修正案和新增成员均以此为基础，编列在文本之中。

《世界卫生组织组织法》作为国际卫生领域的“大宪章”，是制定其他国际卫生政策、协商国际条约的法律基石。该组织法规定了 WHO 的宗旨、22 项职能权力、会员国条件、机关架构与工作机制、法律行为能力、与其他组织的关系以及修改协商表决等程序性规定，这为 WHO 的行动职能创造了国际适用的法律基础和行为规范，也为国际社会在 WHO 的工作框架下增进合作、为共同的健康目标协同发展提供了法治基础。

基于 2003 年“非典”疫情控制的经验教训，2005 年 5 月，世卫组织大会通过了新修订的《国际卫生条例》。经过世卫组织所有成员方国内批准程序后，该条例自 2007 年 6 月正式生效，对各缔约方拥有广泛法律拘束力。条例旨在增强各方应对国际潜在公共卫生紧急事件的能力，尤其体现在各方承诺将积极建设其发现、评估、报告以及应对任何具有国际影响可能性的公共卫生事件的能力，从而限制健康风险向邻国及国际范围蔓延，并防止不必要的旅行和贸易限制，将交通和贸易限制降至最低。①

第四节 世界卫生组织面临的挑战和经费构成

世卫组织是联合国系统内卫生问题的指导和协调机构，具有指导协调国际卫生工作、制定相关国际规则的职能，其行政体制、筹资机制和决策程序对其政策有着重要影响。世卫组织具有行政体制流程化、决策程序规范化、筹资机制严格

① 袁婷予：“危机中的世界卫生组织：被边缘化的全球抗疫合作”，https：//www. thepaper. cn/newsDetail_ forward_ 7134731，2020 -05 -01 访问。

透明等优点。①

世卫组织面临的挑战主要表现在政策过于技术化、宏观战略性政策不够，政策拘束力低、执行力弱，政策重点受预算方式和投入机制限制，政策制定过程中协调能力不强以及政策针对性不强等方面。应对挑战的举措是保持技术领先优势、提高获取资源能力、建立更多有拘束力的规则、不断创新理念。②

世卫组织的经费由两部分组成：评定会费和自愿捐赠。评定会费是国家作为本组织会员国交纳的费用。每一会员国交纳的费用按本国的财富和人口状况计算。评定会费的占比有所减少，近年来占资金总额不到1/4。以2018—2019双年度为例，分摊的评定会费总额为9.569亿美元，自愿捐赠的会费为34.646亿美元。

表2-1是2016—2017双年度联合国的五个常任理事国，即美、中、英、俄、法，以及日本和德国在世卫组织缴纳的评定会费与捐赠经费的情况。

表2-1　各国在世界卫生组织的评定会费与捐赠经费情况

国别	评定会费比例（%）	评定会费（百万美元）	捐赠会费2016—2017年度（百万美元）	2020—2021年度评定会费比例
美国	22.0000	210.52	725.27	22%
日本	9.6802	92.63	114.97	
中国	7.9212	75.80	15.15	12%
德国	6.3892	61.14	129.61	
法国	4.8592	46.50	22.85	
英国	4.4632	42.71	29.76	
俄罗斯	3.0882	29.55	15.15	

至于自愿捐赠的会费，美国所占的比例与分摊经费相比还要更高。这里没有计入慈善基金会、国际组织和其他非营利机构的捐款，例如，美国的比尔和梅琳达·盖茨基金会一家，在2017年度向世界卫生组织捐赠了3.25亿美元。如果加上这类捐款，美国的经费超过总经费的一半。③

① 韦潇、代涛、郭岩："世界卫生组织的管理体制机制及其影响"，载《中国卫生政策研究》2010年第4期。

② 韦潇、郭岩、李世绰："世界卫生组织政策的挑战及应对策略研究"，载《中国卫生政策研究》2010年第4期，第53页。

③ 佚名："世界卫生组织的经费从哪里来?"，http://k.sina.com.cn/article_1743951792_67f297b002700m9jp.html，2020-04-23访问。

第五节　中国与世界卫生组织

中国是世卫组织的创始国之一。在1945年4月25日至6月26日联合国于旧金山召开的关于国际组织问题的大会上，中国和巴西代表提交的“建立一个国际性卫生组织的宣言”为创建世界卫生组织奠定了基础。1972年5月10日，第25届世界卫生大会通过决议，恢复了中华人民共和国在世界卫生组织的合法席位。此后，中国出席该组织历届大会和地区委员会会议，被选为执委会委员，并与该组织签订了关于卫生技术合作的备忘录和基本协议。

中国自始就对世界卫生事业作出巨大贡献，承担了其作为大国应有的责任和义务。对2003年的“非典”疫情，世卫组织驻华代表贝汉卫博士对中国政府富有成效的抗疫措施留下了深刻的印象。① 2020年，中国为抗击新冠肺炎疫情，积极团结与支援世界各国和有关国际组织。②

同时，中国还不断努力建立具有中国特色的世卫组织“安全社区”——一套组织机构和程序，社区有关机构、志愿者组织、企业和个人共同参与预防伤害和“安全促进”工作，持续改进地实现安全目标的社区，保持理想的安全水平，达到向社会人群提供所必需的保障条件的最终目标。③

近年来，随着中国国情的不断变化、经济实力的不断增强、传统医学在世界的发展，中国与世卫组织一起，为推进世界卫生事业不断作出新的贡献。④

2017年7月，世卫组织向中国政府颁发“社会健康治理杰出典范奖”，以纪念中国爱国卫生运动开展65周年，表彰爱国卫生运动取得的辉煌成就。

---

① 张峰：“国际合作：迎战公共危机的法宝——访中国国家‘友谊奖’获得者世界卫生组织驻华代表贝汉卫博士”，载《国际人才交流》2004年第4期，第5页。

② 《光明日报》评论员：“抗疫全胜需要世界携手前行”，载《光明日报》2020年4月16日，第1版。文章指出，在国内形势仍面临疫情压力的情况下，中方积极向各国伸出援手，共同维护全球公共卫生安全。中国已向伊朗、伊拉克、意大利、塞尔维亚、柬埔寨、巴基斯坦、菲律宾、德国、沙特阿拉伯等多个国家派出医疗专家组，向100多个国家和多个国际组织提供包括普通医用口罩、N95口罩、防护服、核酸检测试剂、呼吸机等在内的物资援助，同时向世卫组织提供了2000万美元捐款，支持其开展抗疫国际合作。

③ 迟阿鲁：“创建具有我国特色的世界卫生组织‘安全社区’”，载《城市与减灾》2007年第6期。

④ 张辰雪：“中国在世界卫生组织中的地位逐渐提升”，载《中国公共卫生管理》2009年第6期，第602页。

案例事件

2020年美国暂停向世界卫生组织提供资助

2020年4月14日，美国总统特朗普宣布，将暂停向世界卫生组织提供资助。特朗普为什么在全球抗击新冠肺炎病毒关键时期作出这一举动？美国对世卫组织贡献有多大？作为成员和捐资方有哪些权利和义务？国际组织有哪些应对工具和手段？①

IOC与WHO合作确保东京奥运在2021年如期召开

2020年5月16日，国际奥委会（IOC）与世界卫生组织（WHO）在日内瓦召开联合新闻发布会，双方表示已签署工作协议，旨在帮助各国政府推广体育运动，作为积极健康生活方式的一部分，并在未来一年将紧密合作，以确保东京奥运会能在2021年如期进行。

此前，IOC在征求WHO的意见后，宣布2020东京奥运推迟至2021年7月23日召开。但最近，有多位医学专家认为，在新冠疫苗没有生产出来之前，大型体育赛事无法正常进行。

IOC主席巴赫表示："没有人能够准确预测2021年7月时疫情会怎样，现在去考虑明年东京奥运能否正常举办还为时尚早。"

WHO总干事谭德赛则说："奥运会、足球大赛等不仅是运动员参与其中，每个人都需要肩负起抗疫的责任，体育比赛是一种文化的传承。"②

2020年第七十三届世界卫生大会视频会议

2020年5月18日，第七十三届世界卫生大会视频会议在瑞士日内瓦开幕。这是该大会首次以视频会议形式召开。

大会选举巴哈马常驻联合国日内瓦办事处代表凯娃·贝恩为本届世界卫生大会主席，选举中国常驻联合国日内瓦办事处副代表李松等5人为副主席。

根据WHO公布的议程和其执行委员会达成的共识，今年大会只讨论抗击新冠肺炎疫情、选举执委会委员等必要议题，议程大幅压缩，表决程序相应改革。

世卫组织总干事谭德塞向大会报告了世卫组织协调、领导国际抗击新冠肺炎疫情的情况，指出必须把公共卫生放在发展的中心位置，要建设一个更加健康、

---

① 刘万里："世卫组织经费怎么来？美国暂停资助会造成哪些影响？"，https：//finance. sina. cn/china/gjcj/2020－04－15/detail-iircuyvh7967401. d. html？from＝wap，2020－04－23访问。

② 佚名："IOC与WHO签署工作协议 合作确保东京奥运顺利举办"，https：//sports. sina. cn/others/zongheother/2020－05－16/，2020－05－23访问。

安全、公平的世界，建设一个更加强大的世卫组织。

多国领导人在讲话中呼吁，全球危机需要各国共同应对、团结抗疫，要遵守世卫组织专业建议，支持世卫组织在抗击疫情中的领导作用，加大卫生投入，尤其是要加大对发展中国家、公共卫生体系薄弱国家的支持。各国领导人和代表在发言中表示，要坚持多边主义，实行包容性的经济、社会措施，统筹做好疫情防控、恢复经济、保护人权等工作。多国领导人还宣布了进一步加大支持世卫组织的措施。①

2020 年 5 月 19 日，第 73 届世卫大会闭幕。作为重要成果，大会通过了应对新冠肺炎疫情决议，在加强世卫组织领导作用、确认新冠疫苗应为全球公共卫生公益服务、向世卫组织提供可持续资金等方面达成共识。②

❖ 问题思考

1. 国际组织有哪些筹措资金的方式方法？
2. 世卫组织如何提高政策的执行力？
3. 如何解决国际组织责权不符的难题？

---

① 张朋辉："第七十三届世界卫生大会视频会议开幕"，载《人民日报》2020 年 5 月 19 日，第 3 版。

② 马子倩："世卫大会凝聚抗疫共识 全球治理迎来'中国机遇'"，载《中国青年报》2020 年 5 月 21 日，第 3 版。

第九章　上海合作组织

◎ **核心概念**

上海精神；“上海五国”会晤机制；上海合作组织；《上海合作组织成立宣言》

◎ **重点内容**

——以“互信、互利、平等、协商、尊重多样文明、谋求共同发展”的上海精神为上海合作组织成员相互关系的准则。

——上海合作组织的前身是“上海五国”会晤机制。1996 年 4 月，中国、俄罗斯、哈萨克斯坦、吉尔吉斯斯坦、塔吉克斯坦五国元首在上海会晤。

——上海合作组织面临三个问题：中国与俄罗斯关注的重心不同，俄罗斯经济合作积极性不高，吸纳新成员。

上海合作组织的前身是“上海五国”合作机制，正式成立后，在坚持其宗旨和原则的前提下，设置了健全的机构，不断扩大合作范围，增强了维护地区和平、促进地区发展的能力。上海合作组织业已成为世界上重要的区域性国际组织之一，中国在其中发挥着重要的作用。

2018 年 6 月 9 ~ 10 日，上海合作组织在青岛举行峰会，接收印度、巴基斯坦为新成员，弘扬“上海精神”，并签署多项重要协定。截至 2020 年，上海合作组织拥有八个成员、四个观察员国、六个对话伙伴，成员经济和人口总量分别约占全球的 20% 和 40%，成为世界上幅员最广、人口最多的综合性区域国际组织。①

---

① 人民日报评论员：“国际关系理论和实践的重大创新——一论习近平主席上合组织青岛峰会重要讲话”，载《南京日报》2018 年 6 月 11 日，第 A4 版。

第一节 上海合作组织的基本情况

上海合作组织（简称上合组织），前身是“上海五国”会晤机制。1996 年 4 月 26 日，中国、俄罗斯、哈萨克斯坦、吉尔吉斯斯坦、塔吉克斯坦五国元首在上海举行会晤。自此，“上海五国”会晤机制正式建立，旨在加强边境地区信任和裁军的谈判进程。2001 年 6 月 15 日，该机制国家元首在上海举行第六次会谈，并签署《上海合作组织成立宣言》，上海合作组织正式成立。

上海合作组织设置下列机构：国家元首会议（上海合作组织最高机构）；政府首脑（总理）会议；外长会议；各部门领导人会议；国家协调员理事会（上海合作组织日常活动的协调和管理机构）；秘书处（上海合作组织常设行政机构，设在北京）；地区反恐怖机构（上海合作组织常设机构，设在塔什干）。

上海合作组织的宗旨是：第一，加强各成员之间的相互信任与睦邻友好；第二，鼓励各成员在政治、经贸、科技、文化、教育、能源、交通、环保及其他领域的有效合作；第三，共同致力于维护和保障地区的和平、安全与稳定；第四，建立民主、公正、合理的国际政治经济新秩序。①

上海合作组织的原则：以“互信、互利、平等、协商、尊重多样文明、谋求共同发展”的上海精神为成员相互关系的准则；严格遵循《联合国宪章》的宗旨与原则；相互尊重独立、主权和领土完整，互不干涉内政，互不使用或威胁使用武力；成员一律平等；相互协商解决所有问题；不结盟；不针对其他国家和地区；对外开放；重视并尽一切必要努力保障地区安全。

作为一个开放性的地区性国际组织，上海合作组织对扩增新员酝酿多年。2002 年 6 月通过的《上海合作组织宪章》第 13 条规定：“本组织对承诺遵守本宪章宗旨和原则及本组织框架内通过的其他国际条约和文件规定的本地区其他国家实行开放，接纳其为成员。”第 14 条规定：“本组织可向感兴趣的国家或国际组织提供对话伙伴国或观察员地位。”②

---

① “‘上海合作组织’成立宣言”，载《国务院公报 2001 · 25》，第 32 页。

② 邱昌情：“印度加入上海合作组织的进程、动力及影响”，载《南亚东南亚研究》2019 年第 3 期。

第二节　上海合作组织的合作内容

上海合作组织主要在六大领域进行合作。

第一，经贸领域。成立十多年来，区域经济合作的法律框架、组织机制和发展目标已经确立，合作机制不断完善，合作规模和合作领域不断扩大，区域内贸易和投资环境逐渐完善。①

第二，安全领域。上海合作组织在安全领域取得了令人瞩目的成就，包括不断健全法律法规，日趋完善合作机制，联合军演成效明显，联合反恐进展迅速。此外，各方还签署了禁毒合作协议、合作打击犯罪协定等多个安全合作文件，将合作范围逐步扩展到战略安全、防务安全、执法安全、信息安全、禁毒、反洗钱、打击跨国有组织犯罪等广泛领域，使安全合作范围不断扩大。

第三，文化领域。《上海合作组织宪章》规定的合作方向之一是“扩大在科技、教育、卫生、文化、体育及旅游领域的相互协作”。至今，上海合作组织已经成功举办了多届成员文化艺术节，举行了多次成员文化部长会晤，制定了成员多边文化合作计划，以推进多边文化合作。②

第四，教育领域。自2006年签署《上海合作组织成员间教育合作协定》以来，各成员政府全面加强了教育领域的一体化建设。短短几年，上海合作组织成员在教育领域确立了多层面合作机制。既有官方，又有民间；既有政府，又有学校。③

第五，科技领域。2010年5月14日“上海合作组织成员首届科技部长会议”决定，建立上海合作组织科技部长定期会晤机制，并决定设立上海合作组织成员常设科技合作工作组，各方同意开展科技联合科学研究；联合组织举行培训班、研讨会、展览；共同培养人才、建立创新机构、实验室和科学中心，以及各方协商的其他方式开展多边科技合作。

第六，环保领域。环境保护已经成为人类在当代发展经济、谋求幸福的必要行动，而且成为国际合作的必要内容，因为环境污染不再是一国问题，而是跨国界的严重问题。在环保技术、措施及其研究等方面加强合作十分必要，这也是上

---

① 汪巍：“上海合作组织经济、安全领域合作有利于地区稳定与繁荣”，载《和平与发展》2011年第5期，第37页。

② 李葆珍：“上海合作组织的文化合作探析”，载《河南社会科学》2011年第3期，第176～177页。

③ 徐海燕：“上海合作组织教育合作述评”，载《俄罗斯中亚东欧市场》2012年第7期，第48页。

海合作组织宗旨的内在要求。

第三节 中国与上海合作组织的关系

从“边界谈判”到“上海五国”再到上海合作组织，中国与上海合作组织的成立、发展、扩大息息相关。中国在上合组织的框架下与成员发展多边合作，对亚欧及整个世界产生重大影响，不仅有利于中国周边环境的稳定，而且有利于中国实现构建和谐地区的愿望。

中国是“上海五国”会晤机制的成员，也是上海合作组织的创始成员。2001 年，“上海五国”国家元首在上海签署了《上海合作组成立宣言》。在历届峰会上，中国国家主席都出席并发表重要讲话，推动达成了许多领域的合作文件，并积极促进吸收观察员国、对话合作伙伴，签署了众多富有成效的宣言、文件。中国与上海合作组织的成员、观察员国之间的合作交流频繁不断，在多个领域开展了广泛有效的合作。中国总理倡议或参与签署的合作文件数目众多，类别各样，充分说明了中国对于上海合作组织合作重要性和必要性的重视。中国与上海合作组织的贸易额的增加有利于促进中国经济增长。[①]

例如在能源建设领域，中国与哈萨克斯坦合资兴建的全长 960 多公里的中哈管道一期工程“阿塔苏—阿拉山口”段在 2011 年正式投入使用，它打通了从里海经俄罗斯、哈萨克斯坦、乌兹别克斯坦、吉尔吉斯斯坦到中国的能源运输大走廊。[②]

第四节 上海合作组织面临的问题

首先，在上海合作组织中，中国更多关注经济合作，而俄罗斯坚持以安全合作为重心。解决这个分歧的关键是协调好多个领域的共同发展问题。

其次，俄罗斯对上海合作组织框架内经济合作积极性不够高。对此，双方应该增进共识，进一步加强在上海合作组织框架内的经济、安全、文化、政治、军事等方面深层次合作，加固两国战略协作伙伴关系的根基。

---

① 孟延军、李豫新：“中国与上海合作组织贸易对中国经济增长贡献的实证分析”，载《科技和产业》2008 年第 9 期，第 37 页。

② 吴颖蕾：“上海合作组织框架下中国与中亚地区的经济交流”，载《商业文化》2011 年第 8 期，第 187 页。

最后，吸纳新成员问题。

第五节 未来展望

上海合作组织成员总面积约占欧亚大陆总面积的3/5，其成员、观察员国、对话伙伴国目前为止共14国，合作领域覆盖面广，对东亚、中亚、北亚以及周边地区的和平与发展已经作出了巨大的贡献。基于下列理由，上海合作组织在解决好面临的问题的同时，一定会更加充分利用自己的地区和综合优势，促进成员以及周边国家的经济发展和地区和平。第一，西方民主政治模式的缺陷为上海合作组织前行提供更大的发展空间；第二，欧美经济衰退为“上合经济圈”带来极大发展契机；第三，上海合作组织依然是各成员维护各自利益不可或缺的战略依托；第四，上海合作组织依然是各成员应对非传统安全威胁的重要安全屏障；第五，上海合作组织仍然是各成员未来发展经济的重要平台。①

案例事件

2011年上合组织深化交通领域的合作

在交通领域，上海合作组织成员制订了公路协调发展规划、确定新的公路基础设施示范项目、上合组织成员交通领域人员培训和经验交流、共同消除国际道路运输领域现存障碍、加强民航、铁道领域合作以及与观察员国交通领域合作等。2011年6月15日，在上海合作组织成员元首理事会第十一次会议上，各与会国家元首都强调加强包括交通在内的多领域合作。

能源合作——上合组织的地缘经济转向催化剂

能源合作是当前上海合作组织经济合作当中发展最快的领域。

2002年，上海合作组织举办了首届投资与发展能源专题论坛。2004年签署的《上海合作组织成员多边经贸合作纲要》当中，能源问题列入其中。2007年，上海合作组织能源部长会议在莫斯科召开，达成《上海合作组织能源俱乐部章程》，加速推动组织内部能源合作。2009年，中俄签署了能源合作协议：俄承诺向中国提供三亿吨石油，以换取中国向俄两家石油公司提供250亿美元的贷款。10月，中俄签署了俄向中国供应天然气基本条件的框架协议。2014年，中石油

① 赵鸣文：“上海合作组织未来十年发展前景”，载《国际问题研究》2011年第6期，第77～80页。

和俄罗斯天然气公司签署了《中俄东线供气购销合同》，合同期30年。此外，中国还与哈萨克斯坦等国就能源共同开采达成了诸多协议。

总体而言，目前上海合作组织成员在石油、天然气、水电、核电等多领域开展了合作，这表明了地缘经济优势是上海合作组织能源合作的持续动力。①

※ 问题思考

1. 如何取得上海合作组织成员资格?
2. 如何应对成员内部分歧给上合组织带来的困难?

① 凌胜利:“地缘关系变动与上海合作组织的发展”，载《战略决策研究》2015年第2期。

第十章　亚洲基础设施投资银行

◎ **核心概念**

亚投行的法律地位；《亚洲基础设施投资银行协定》；多边投资开发机构；公私合作伙伴关系模式

◎ **重点内容**

——亚投行是由中国主导发起、用于发展亚洲地区基础设施项目的金融组织，旨在补充资金缺口，实现互联互通和经济一体化。

——亚投行是一个以政府间多边投资开发机构为主，兼具部分非政府间多边投资开发机构和国际法人性质的国际组织。

——亚投行具备区域性多边投资开发机构的法律性质，既包括政府间多边投资开发机构，也包括非政府间多边投资开发机构两种性质。

——在亚投行的理事会、董事会、管理层的三层管理架构中，理事会具有最高权力，董事会负责主要运营。

亚洲幅员广阔、人口众多，目前拥有较快的经济发展速度，同时也面临诸多挑战。整个亚洲都是以新兴市场国家和发展中国家为主，基础设施落后牵制着这些国家的发展。基础设施建设可以为一国经济发展注入持久动力，但建设这样的大项目，私人投资难以胜任，多数国家政府也无资金实力。① 中国提出筹建亚洲基础设施投资银行，愿向包括东盟国家在内的本地区发展中国家基础设施建设提供资金支持，正是为了解决亚洲基建资金短缺问题，促进亚洲地区互联互通建设和经济一体化进程，从而促进亚洲区域经济发展。亚洲基础设施投资银行是中国主导发起、用于发展亚洲地区基础设施项目的金融组织，旨在补充资金缺口，实现互联互通和经济一体化。②

---

① 卢芳华："亚投行的创建与大国博弈"，载《思想政治课教学》2015 年第 5 期，第 50 页。

② 祝庆："亚投行与亚开行的比较"，载《时代金融》2017 年第 7 期，第 62 页。

第一节　亚投行的基本情况

亚洲基础设施投资银行（简称亚投行），是一个亚洲区域多边开发机构，以支持基础设施建设为重点，法定资本1000亿美元，在北京设立总部，金立群担任首任行长。

中国、越南、马来西亚、印度等21个首批意向创始成员的财长和授权代表于2014年10月24日在北京签约，决定成立亚洲基础设施投资银行。到2015年4月15日，亚投行意向创始成员全部确定。在原有意向创始成员同意基础上，包括以色列、阿塞拜疆、瑞典、葡萄牙、南非、冰岛、波兰在内的57个国家成为亚洲基础设施投资银行意向创始成员。同年6月29日，创始成员在北京签署亚投行基本文件《亚洲基础设施投资银行协定》，规定了宗旨、成员资格、股本等具体内容；2015年12月25日，《亚洲基础设施投资银行协定》正式生效，标志着亚投行正式成立。经过两年的发展，截至2017年12月19日，厄瓜多尔、白俄罗斯、库克群岛和瓦努阿图四个国家加入亚投行，亚投行成员达到84个。2019年7月13日，亚投行理事会批准贝宁、吉布提、卢旺达加入，亚投行成员总数达到100个。目前有102个核准成员。①

亚投行的治理结构分理事会、董事会、管理层三层。理事会是最高决策机构，每个成员在亚投行有正副理事各一名。董事会有12名董事，其中域内9名，域外3名。管理层由行长和5位副行长组成。

亚投行业务定位为准商业性。初期，亚投行将主要向主权国家的基础设施项目提供主权贷款。针对不能提供主权信用担保的项目，引入公私合作伙伴关系模式。亚投行也会通过成立一些专门的基金进行投融资，进而保证资金规模。亚投行还将考虑设立信托基金，通过亚投行和所在国政府出资，与私营部门合理分担风险和回报，动员主权财富基金、养老金以及私营部门等更多社会资本投入亚洲发展中国家的基础设施建设。②

第二节　亚投行的国际法律人格

法律地位，即法律上的人格或称为权利能力，指法律主体享受权利与承担义

---

① 亚投行官网，https：//www.aiib.org/en/about-aiib/index.html，2020－05－04访问。

② 石晋："亚投行与亚开行的职能错位与融合"，载《现代商贸工业》2016年第13期，第95页。

务的资格。国际组织的法律人格，是它依法独立享有权利和承担义务的一种资格。在国际组织法上，国际组织的法律地位即为其法律人格。一个国际组织在法律关系中并不当然具有法律人格，其法律人格往往取决于缔约方签订的基本文件中的规定。《亚洲基础设施投资银行协定》作为亚投行的基本文件，是亚投行法律人格的重要来源。2015年11月，《亚洲基础设施投资银行协定》获得全国人大常委会审议通过。2015年12月，俄罗斯批准《亚洲基础设施投资银行协定》条款的法令获得签署。此后，菲律宾、缅甸、老挝等成员相继批准《亚洲基础设施投资银行协定》。具有国际法律人格的国际组织能够在有关国家的国内法中取得完全独立的法律地位。[①] 随着该协定在各成员方国内的认可和接受，其国际法律人格也得到认可。

研究亚投行的国际法律人格必须考察其基本文件《亚洲基础设施投资银行协定》，从法定股本、业务运营、机构设置、利润分配四个方面进行分析。

首先，根据规定，亚投行的法定股本为1000亿美元。法定股本对应的是法人，非法人机构无法定股本一说。可见，亚投行除了具有多边投资开发机构的法律地位，还具有国际法人性质的法律地位。

其次，业务运营。亚投行以稳健为原则开展由亚投行普通资本提供融资业务的普通业务和服务于自身宗旨，以亚投行所接受的特别基金服务于特别业务。两种业务可以同时为同一个项目或规划的不同部分提供资金支持，但在财务报表中应分别列出。开展业务的方式包括直接提供贷款、开展联合融资或参与贷款、进行股权投资、提供担保、提供特别基金的支持以及技术援助等。这些业务形式与商业银行的业务基本重叠，具有浓厚的商业色彩。

再次，在机构设置上，亚投行设立理事会、董事会、一名行长、一名或多名副行长，以及其他必要的高级职员与普通职员职位。在理事会、董事会、管理层的三层管理架构中，理事会具有最高权力，董事会负责亚投行主要运营；与股份公司制的股东会、董事会、管理层的管理机制高度相似。理事会是亚投行最高决策机构，相当于现代公司制中的股东大会。[②] 亚投行总部设在中国北京，可在其他地方设立机构或办公室。这些机构或办公室的运营也具有商业性质，类似于股份有限公司的分公司，反而不同于其他国际组织的派出机构。

最后，利润分配。《亚洲基础设施投资银行协定》第18条对净收入的分配和处置有如下规定："一、理事会至少每年都应在扣除储备资金之后，就银行净收入在留存收益或其他事项以及可分配给成员的利润之间的分配作出决定。任何

---

① 饶戈平主编：《国际组织法》，北京大学出版社1996年版，第113页。

② 杨紫茉："亚投行的治理结构及其与其他国际金融机构的比较研究"，载《金融经济》2016年第24期，第131页。

将银行净收入分配用作其他用途的此类决策应依照第28条规定以超级多数投票通过。二、上一款中提及的分配应按照各成员所持股份的数量按比例完成，支付的方式和货币应由理事会决定。”储备资金好比股份有限公司的法定公积金，提取法定公积金后按股份将净利润分配给股东。亚投行的利润分配机制拥有浓厚的获利性和商业性。只不过其股东为政府，而普通股份有限公司为自然人或法人。

从这些规定可以看出，亚投行在国际法上具有法律人格，拥有法人地位。具有国际法律人格的国际组织能够在有关国家的国内法中取得完全独立的法律地位。因此，亚投行具有国际法人性质。

第三节　亚投行的多边投资开发机构性质

亚投行是中国倡导的以投资亚洲基础设施为重点的多边投资开发机构，属于国际法上的国际组织范畴。通过对亚投行的成立背景、机构组成、成员性质、机构职能等方面的分析，可以看出，亚投行具备区域性多边投资开发机构的法律性质，既包括政府间多边性开发机构，又包括非政府间多边开发机构两种性质。

一、多边投资开发机构

根据《亚洲基础设施投资银行协定》中对亚投行业务运营的规定，亚投行主要以直接提供贷款、进行股权投资、提供担保、开展联合融资或参与贷款、提供特别基金的支持以及技术援助等方式开展普通业务和特别业务。其中，普通业务以包括法定股本、担保收回的资金、贷款或授权募集的资金等亚投行普通资本提供融资的业务；特别业务是指为服务于自身宗旨，以亚投行所接受的特别基金开展的业务。银行可以向任何成员或其机构、单位或行政部门，或在成员的领土上经营的任何实体或企业，以及参与本区域经济发展的国际或区域性机构或实体提供融资。在符合银行宗旨与职能及银行成员利益的情况下，经理事会多数投票同意，也可向非成员提供援助。

亚投行业务主要服务于亚太地区，区域性非常明显。以援助亚太地区国家的基础设施建设业务为主，职能上具有较高的专门性，具有投资开发机构的特性。多边投资开发机构的定位是明显而确切的。

但是，其政府间及非政府间法律性质还需要进一步探讨。

二、政府间多边投资开发机构

在目前学术界，亚投行属于政府间性质的亚洲区域多边开发机构是主流的观点，主要表现在其成员性质、机构特权、职能以及决策机制四个方面。

首先，亚投行成员数量超过亚洲开发银行和欧洲复兴开发银行，已经成为世界第二大多边开发机构。84个成员方均为拥有领土主权的国家政府。根据《亚洲基础设施投资银行协定》中关于成员资格的规定，不享有主权或无法对自身国际关系行为负责的申请方，应由对其国际关系行为负责的银行成员同意或代其向银行提出加入申请。从亚投行现有成员的性质来看，亚投行具有明显的政府间的法律性质。

其次，亚投行基本文件《亚洲基础设施投资银行协定》第9条规定：银行在各成员境内享有相关豁免权、特权及免税权。其中，银行的全体理事、副理事、董事、副董事、行长、副行长及高级职员和普通职员，包括为银行履行职能或提供服务的专家和咨询顾问，其以公务身份从事的行为享有法律程序豁免，同时在入境限制、外国人登记要求、国民服役、外汇管制方面也享有豁免和特权。

国际组织的特权与豁免是指国际组织及其职员在执行职务时享有一定的特权与管辖豁免。① 亚投行本身享有相关豁免权、特权及免税权，办事人员也享有司法豁免权和其他豁免和特权。这一般是政府间国际组织才享有的待遇。具有总部和分支机构、享有司法豁免权往往是大型政府间组织才享有的机构特权，这样可以保障这些政府间国际组织的正常运行。因此，从机构特权上看，可以认为，政府间国际组织是亚投行具有的特性。

再次，亚投行主要有以下四项基本职能：推动区域内发展领域的公共和私营资本投资，尤其是基础设施和其他生产性领域的发展；利用其可支配资金为本区域发展事业提供融资支持，包括能最有效支持本区域整体经济和谐发展的项目和规划，并特别关注本区域欠发达成员的需求；鼓励私营资本参与投资有利于区域经济发展，尤其是基础设施和其他生产性领域发展的项目、企业和活动，并在无法以合理条件获取私营资本融资时，对私营投资进行补充；并且为强化这些职能开展的其他活动和提供的其他服务。汇成一句话，其职能就是支持本地区成员方的基础设施建设，并且重点支持本区域欠发达成员的需求。根据其职能安排，以帮助成员方的基础建设为主。而目前成员方均为拥有领土主权的政府，因此，从职能上看，亚投行具有政府间国际组织的特性。

最后，从决策机制上看，亚投行的权力机关是理事会，理事会拥有一切权力。理事会由每个成员在理事会中的代表构成，每个成员任命一名理事和一名副理事。每个理事和副理事均受命于其所代表的成员。亚投行的权力直接来源是每个成员方的理事或副理事，而理事或副理事均受命于其代表的成员，也就是说，亚投行的权力最终都来自每一个成员，每一个政府。因此，决策机制决定了亚投

---

① 鄂晓梅："简析国际组织特权与豁免的理论依据"，载《内蒙古大学学报（哲学社会学科版）》2000年第5期，第97页。

行具有政府间国际组织的特性。

因此，亚投行具有政府间多边投资开发机构的性质。

三、非政府间多边开发机构

亚投行不仅具有政府间多边开发机构的法律性质，还同时具有非政府间多边开发机构的法律性质。

从成员资格上看，《亚洲基础设施投资银行协定》中仅规定了亚投行成员资格向国际复兴开发银行和亚洲开发银行成员开放。不享有主权或无法对自身国际关系行为负责的申请方应由对其国际关系行为负责的银行成员同意或代其向银行提出加入申请。并没有将不享有主权或无法对自身国际关系行为负责的申请方拒之门外，对申请方是否必须为政府也没有明确规定。虽然到目前为止，84 个成员方均为享有主权的国家政府，但随着亚投行的不断发展，不享有主权或无法对自身国际关系行为负责的申请方，可以通过对其国际关系行为负责的银行成员同意或代其向银行提出加入申请，成为亚投行的一员。① 如果这些实体成功加入，则亚投行成员不再是单纯的拥有主权的政府，随着非政府实体的加入，亚投行也将具备非政府间国际组织的特性。

从资金来源上看，亚投行采用银行模式 + 基金模式的混合模式，其对应亚投行由普通资本提供融资业务的普通业务和特别业务两种业务形式。银行模式主要是指借助银行现有的成员实缴资本，即银行现有资金进行投融资活动。但是，亚投行初始法定资本中实缴资本仅为二百亿美元，仅靠其既存资金规模，很难满足各国庞大的借贷需求。因此，需要通过其他方式筹集资金以满足资金需求。《亚洲基础设施投资银行协定》第 16 条规定，银行可以根据相关法律规定，在成员或其他地方通过举债或其他方式筹集资金。随着民间资本的进入，亚投行非政府间组织的性质便有所加重。

此外，亚投行引入公私合作伙伴关系模式，由会员国政府共同出资，以本国养老金、国家基金以及私营部门等社会资本投资亚洲发展中国家的基础设施建设，既拓宽了各成员方个人资金的投资渠道，又丰富了亚投行的资金来源，达到投资者、亚投行以及受贷投资项目三赢的效果。② 私营部门的加入，也给亚投行增加了非政府间色彩。因此，亚投行具有非政府间多边投资开发机构的法律性质。

---

① 徐桂权、方若琳等："主体建构与利益博弈：现实建构主义视角下亚投行报道的框架分析"，载《国际新闻界》2016 年第 6 期，第 49 页。

② 廖中新、蔡栋梁、高菲："亚投行运营模式及其发展前景"，载《财经科学》2016 年第 3 期，第 38 页。

第四节 亚投行的发展趋势

综上所述，亚投行是一个兼具政府间和非政府间多边投资开发机构的组织，同时还具有国际法人性质的法律地位。其中，政府间多边投资开发机构仍然是其主要法律性质。

目前，政府间多边投资开发机构仍然是亚投行最主要的法律性质，其次是国际法人性质的法律地位，最后是非政府间多边投资开发机构。这肯定不是亚投行最终的法律地位，这种状态的产生更多是由于亚投行成立时间过短，目前的发展不够充分所致。随着亚投行的不断发展，业务的不断更新，非政府间多边投资开发机构的法律性质将有所增强，政府间多边投资开发机构的法律地位将有所削弱。原因如下：

首先，亚投行从筹建到正式成立到现在，势如破竹。不但亚洲区域内的国家踊跃加入，就连英、法、德、意等欧洲发达国家也史无前例地对中国筹建亚投行给予了高度重视和热烈回应。① 随着亚投行的不断发展，组织必然越来越壮大，成员方将会越来越多。虽然到目前为止，成员方均为享有主权的国家政府，但是，不享有主权或无法对自身国际关系行为负责的申请方，可以通过对其国际关系行为负责的银行成员同意或代其向银行提出加入申请，成为亚投行的一员。随着非政府实体的加入，亚投行非政府间国际组织的特性将会有所加强。

其次，随着世界经济的复苏，占全球经济总量1/3的亚洲经济发展具有重要意义，拥有全球60%的人口，是当今世界最具经济活力和增长潜力的地区。但很多国家因为资金的限制，铁路、桥梁、港口、公路、机场等基础建设严重不足，限制了经济的发展。根据亚洲开发银行的推算，未来十年内，亚洲域内的基础设施建设的总需求量高达八万亿美元。② 亚投行仅仅依靠由其自身普通资本提供融资业务的普通业务显然与这一需求相去甚远。将会引进更多私人资本来弥补地区资金需求总量的短缺。更多私人资本的加入，将对亚投行政府间多边投资开发机构的性质有所冲击。

最后，公私合作伙伴关系模式将会成为亚投行项目合作的重要形式，亚投行需要开展与商业金融机构的合作，以公私合作伙伴关系模式放大杠杆效应，更有

---

① 朱宏春：“中国如何应对亚投行治理和运营中的挑战?”，载《南方金融》2015年第6期，第11页。

② 李拴民、欧任国：“浅论亚投行的战略意义”，载《商》2015第7期，第163页。

效地调动、配置市场资源。① 亚投行需要学习世界银行和亚开行以公私合作伙伴关系模式运作项目的方式。② 很多成熟的国际开发银行都采取这种模式融资，亚投行可以学习这些成功经验，吸收公共和私人资本，最终争取达到投资者、亚投行以及受贷投资项目三赢的效果。随着私营部门的加入，亚投行非政府间性质将会有所增强。

综上，亚投行的法律地位是一个以政府间多边投资开发机构为主，兼具部分非政府间多边投资开发机构和国际法人性质的国际组织，随着其不断发展，非政府间多边投资开发机构的法律地位将有所提升。

案例事件

中国在亚投行的一票否决权问题

亚投行是中国倡议并主导的区域性多边开发金融机构，旨在以金融杠杆为中国“一带一路”倡议的落实提供支撑。

基于 GDP 份额公式，中国在亚投行享有主导权。2015 年 6 月，57 个亚投行的意向创始成员方在北京签订了《亚洲基础设施投资银行协定》。按照协定的规定，亚投行的投票权将考虑各成员的出资额、经济规模，根据复杂的公式进行分配。在基本投票权之外，另加 600 票分配给每个创始成员。亚投行的创始 1000 亿法定股本中将域内和域外成员的投资比例规定为 4∶3，亚太地区成员将拥有至少 75% 的投票权，和其他全球性组织相比，这令较小的亚洲成员拥有更大的话语权。③

根据协定和中国目前的出资额来看，中国占到大约 27% 的投票权，居亚投行各国股权占比与表决权权重之最。中国在亚投行是第一大股东，根据协定与出资规则，同时也就拥有了一票否决权。亚投行中，中国拥有的一票否决权并不意味着中国会随便利用这种一票否决权。相反，中国一方面要担负起最大股东的责任与义务，另一方面还要避免诸如“美国式”一票否决权带来的弊端。

同时，中国在亚投行的一票否决权只是暂时的。在规则制定上，亚投行的投票权由股份投票权、基本投票权以及创始成员享有的创始投票权三部分组成；其

---

① 刘东民、李远芳、熊爱宗、高蓓：“亚投行的战略定位与业务创新模式”，载《国际经济评论》2017 年第 5 期，第 159 页。

② 谢世清、胡东：“亚投行的国际挑战与应对策略”，载《亚太经济》2017 年第 1 期，第 43 ~ 44 页。

③ 李佳佳：“国际组织表决权制度探析——兼论中国在亚投行的地位”，载《经济纵横》2016 年第 2 期，第 20 ~ 21 页。

中，股份投票权等同于每个成员的股份数，持股越多，股份投票权越高；基本投票权占总投票权的12%，由全体成员平分，包括新纳入的成员。由此可见，中国的一票否决权并不是中国刻意追求的。随着新成员的不断加入，中国以及其他创始成员的投票权是会被稀释掉的。①

《2019亚洲基础设施融资报告》发布

2019年1月29日，亚洲基础设施投资银行在北京发布首份融资报告——《2019亚洲基础设施融资报告》。报告认为，以跨境互联互通为重点的基础设施项目提供了重大投资机会，对亚洲经济的长期增长至关重要，包括中国在内的亚洲大部分地区拥有大量的基础设施投资机会。

报告包含基础设施融资规模、基础设施融资成本和道路建设成本等三个领域的基准，据此分析了中国、印度、印度尼西亚等8个国家的市场状况和项目融资趋势。报告指出，中国和印度等国的项目潜力巨大，可以大幅改善中亚和南亚急需的互联互通。②

❖ 问题思考

1. 如何判定亚投行具有国际法人性质？
2. 如何完善亚投行的争端解决机制？

---

① 樊建菲："浅论中国在亚投行中的一票否决权"，载《法制博览》2017年34期，第178页。

② 王慧："亚投行发布《2019亚洲基础设施融资报告》"，http：//world. people. com. cn/n1/2019/0129/c1002－30597176. html，2020－05－04访问。

第十一章　七十七国集团

◎ **核心概念**

七十七国集团；《七十七国联合宣言》；“非互惠的普惠待遇”原则；“共同但有区别的责任”原则；七十七国集团＋中国模式

◎ **重点内容**

——七十七国集团的主要文件是《七十五国集团联合宣言》和《七十七国联合宣言》。

——七十七国集团主要关注发展中国家的经济权益、经济合作、技术合作以及“集体谈判能力”。

——七十七国集团是一个松散的磋商机制，采取协商一致的原则作出决定，不设总部、秘书处等常设机构，也没有章程和预算。

七十七国集团成立于1964年，是一个政府间国际组织。它是发展中国家为加强协调与团结，维护发展中国家合法权益，扭转其在国际贸易中被动地位，推动建立国际经济新秩序而逐渐形成并发展起来的多边组织，它为推动南南合作、南北对话和促进第三世界国家的经济发展作出了积极贡献。

第一节　七十七国集团的成立背景

七十七国集团的前身是七十五国集团。1963年第18届联合国大会讨论召开贸易和发展会议时，73个亚、非、拉国家和南斯拉夫、新西兰共同提出一个联合宣言，形成“七十五国集团”。后来，肯尼亚、韩国、越南加入，新西兰宣布退出。①

① 丁丽莉：“77国集团”，载《国际资料信息》2001年第4期，第29页。

1964 年 6 月 15 日在日内瓦召开的第一届联合国贸易和发展会议上，发达国家和发展中国家在一些重大问题上产生尖锐分歧。七十七个发展中国家和地区联合起来，再次发表了《七十七国联合宣言》，要求建立新的、公正的国际经济秩序，并组成一个集团参加联合国贸易和发展会议的谈判，因而，该集团被称为七十七国集团。目前，七十七国集团共拥有 134 个正式成员。

第二节　七十七国集团的主要文件和特点

在七十七国集团的发展历程中，其主要文件有：《七十五国集团联合宣言》《七十七国联合宣言》。宣言的发布是它成立的标志，也是指引它各项行动的纲领。在它运行的 50 多年中，达成了《阿尔及尔宪章》、《利马行动纲领》、《开罗宣言》、第一个多边全球贸易优惠制文件、《德黑兰宣言》《七十七国集团关于国际合作的实质性纲领》《关于发展中国家之间经济合作的部长声明》等文件，补充了最初宣言的内容，对各成员既有约束，又有权益保障，是正常运行、更好发挥作用的保证。

作为发展中国家集团，七十七国集团主要有以下特点：其一，它主要关注的是发展中国家的经济权益、经济合作、技术合作以及“集体谈判能力”。其二，它反对发达国家的控制、剥削和掠夺。其三，它的主要活动方式是举行成员部长级会议。其四，它是一个松散的磋商机制，采取协商一致的原则作出决定，不设总部、秘书处等常设机构，也没有章程和预算。其五，其成员众多，超过了联合国大会成员的 2/3。

第三节　七十七国集团的主要活动

20 世纪 60 年代中期至 70 年代末期，七十七集团的联合奋斗是卓有成效的。先后达成了《阿尔及尔宪章》《利马行动纲领》，组成了 24 国政府间集团，达成若干行动纲领，成立了一些工作小组，提出了集体自力更生方案和关于发展中国家间经济合作的优先项目的第一个中、短期行动计划。还讨论了追加资金政策、获得供应等问题。① 通过不懈的努力，七十七国集团促使联合国的各种机构通过了比较公平合理和有利于发展中国家的决议，尤其是七十七国集团率先提出在国

---

① 参见［墨］何塞·阿方索·莫雷拉斯：“国际经济谈判年表（1944—1981）”，苏振兴、吴锦荣译，载《国际经济评论》1982 年第 8 期，第 75 ~ 79 页。

际贸易往来中对发展中国家实行“非互惠的普惠待遇”等原则，使得关税贸易总协定的体制实现了局部的改进。而联合国1974年通过的《建立国际经济新秩序宣言》《各国经济权利和义务宪章》，也是首先由七十七国集团在联合国贸易和发展会议上酝酿、发动、磋商、论证，再提交联合国大会并作出决议的。

20世纪70年代之前，七十七国集团的活动基本上集中在联合国贸发会议上，之后才决定在联合国所有专门机构的总部里都设立七十七国集团的非正式协调组，并逐渐在主要的国际经济组织中建立了机构。①

在20世纪80年代和90年代的部长级会议上，还相继达成了《开罗宣言》、第一个多边全球贸易优惠制文件、《德黑兰宣言》、《七十七国集团关于国际合作的实质性纲领》、《关于发展中国家之间经济合作的部长声明》等文件，在国际社会上发挥了重要作用。

第四节　七十七国集团与中国

中国不是七十七国集团的成员。这是多种原因作用的结果。首先，七十七国集团的前身七十五国集团成立于1963年，是在第18届联合国大会讨论召开贸易和发展会议时提出的，七十七国集团是1964年在第一届联合国贸易和发展会议上成立的。而中国在1971年才恢复在联合国的合法席位，所以，当时没有参加。其次，中国恢复联合国合法席位后也没有加入，主要是考虑七十七国集团成员众多，又采取协商一致的原则作决定，国家利益很难平衡。但是，中国一直支持七十七国集团的正义主张和合理要求，与其保持良好合作关系。中国自1994年开始每年向其捐款，是最大的捐助国。

1991年3月，在联合国环境与发展大会筹备会上，中国同该集团首次以七十七国集团+中国的方式共同提出立场文件，开始形成七十七国集团+中国的合作模式。之后，这一模式从最初的环境与发展领域扩展到经济、社会、联合国财政与预算等领域，在国际气候谈判中尤为突出，中国参与程度也不断深化。

但是，随着中国总体实力的不断增强，七十七国集团和中国的关系开始发生变化。例如在2008年金融危机爆发后的哥本哈根会议上，七十七国家集团中的最不发达国家因美国将对其的援助与中国承诺减排绑定在一起，而向中国提出承诺减排要求。最终，七十七国集团+中国合作机制在决策程序上并未达成一致意见，法律上实际上形成了“内部有区别责任”，七十七国集团+中国合作机制内

① 赵穗生：“不结盟运动和七十七国集团的国际经济活动发展初探”，载《世界经济》1984年第6期，第42页。

部出现了较为明显的利益分歧。①

七十七国集团＋中国模式是世界格局多极化浪潮的时代产物，也是提高第三世界国家国际话语权、推动世界格局多极化的核心力量。在这种合作模式下，虽然也会有利益分歧，但是核心利益是基本一致的，立场是基本一致的，这就有利于在国际社会中为发展中国家争取利益，是一种守望相助的良好态势。为了维护这种良好的协作关系，需要妥善处理利益分歧。

在过去五十多年中，七十七国集团为发展中国家争取合法权益，提高谈判能力，促进南南合作和南北对话，在发展中国家的成长过程中扮演了举足轻重的角色。七十七国集团＋中国模式给七十七国集团的成员、给中国、给世界多极化带来了多样的成果，这种模式应该巩固，并争取扩大其影响。

案例事件

七十七国集团在气候谈判领域发挥显著作用

进入21世纪，七十七国集团继续在气候谈判领域发挥显著作用，“七十七国集团加中国”成为发展中国家与发达国家在气候领域谈判的重要武器。在国际气候谈判中，“七十七国集团加中国”坚决反对承担量化的减排义务，这不仅提高了发展中国家集团在谈判中的地位，也提高了中国在发展中国家的地位和影响。② 这在《联合国气候变化框架公约》《京都议定书》以及“巴厘岛路线图”中都得到明显体现。“共同但有区别的责任”原则是“七十七国集团加中国”在国际气候谈判中的重大成果。③

2019年巴勒斯坦接替埃及出任“七十七国集团和中国”主席国

2019年1月15日，“七十七国集团和中国”权力交接仪式在纽约联合国总部举行，埃及外长舒凯里将该机构2019年议事槌交给巴勒斯坦总统阿巴斯。

联合国秘书长古特雷斯在交接仪式上表示，2018年，“七十七国集团和中国”展现了强大的领导力，再次证明该机构本身就是一支核心力量，也佐证了多边主义是应对共同挑战唯一途径的理念。

2018年9月，巴勒斯坦在“七十七国集团和中国”外长会议上被正式选举为该机构2019年年度主席国。同年10月，联大通过决议，确保巴勒斯坦在担任

---

① 孙学峰、李银株：“中国与77国集团气候变化合作机制研究”，载《国际政治研究》2013年第1期，第98～101页。

② 李计广、张军生：“发展中国家集团与中国”，载《现代国际关系》2013年第3期，第60页。

③ 肖兰兰：“气候领域的‘G77＋中国’”，载《世界环境》2009年第6期，第42页。

主席国期间能够顺利履职，包括代表“七十七国集团和中国”发表声明等。[①]

※ 问题思考

1. 七十七国集团促使联合国的各种机构通过哪些比较公平合理和有利于发展中国家的决议？

2. 七十七国集团与不结盟运动组织有什么联系？

---

① 2012 年，联大通过决议，给予巴勒斯坦联合国观察员国地位。王建刚：“巴勒斯坦接替埃及出任‘77 国集团和中国’主席国”，http：//www. xinhuanet. com/world/2019 －01/16/c_ 1123997790. htm，2020 －05 －04 访问。

第三编

其他问题

第一章　二十国集团的国际法律人格和成员标准

◎ **核心概念**

二十国集团；领导人峰会；国际组织的合法性；成员标准

◎ **重点内容**

——对一个国际组织的合法性的判断，既包括实体合法性，也包括程序合法性。

——二十国集团是一个协商对话的机制，不具有国际法律人格。

——二十国集团成员资格的标准相对模糊，带有非正式化和非法律化特征。

二十国集团成立于1999年，由其前身八国集团联合其他12个发达经济体和新兴经济体组成。二十国集团的初期定位是布雷顿森林体系中非正式的经济对话机制，对话形式是每年在成员之间召开部长级别会议，讨论成员和世界经济政策。为解决21世纪初期的亚洲金融危机的冲击，二十国集团于2008年决定建立领导人峰会制度，并进一步扩大议题讨论范围。

一、二十国集团概况

1999年12月，在德国柏林，由八国集团、欧盟以及一些亚洲、非洲、拉丁美洲、大洋洲国家财政部长和中央银行行长参加的二十国集团创始会议正式举行。这是一个国际经济合作论坛，其目的是防止类似亚洲金融风暴的重演，让有关国家就国际经济、货币政策举行非正式对话，以利于国际金融和货币体系的稳定。按照惯例，国际货币基金组织和世界银行代表列席该组织的会议。

二十国集团的成员包括：八国集团成员美国、日本、德国、法国、英国、意大利、加拿大、俄罗斯，作为一个实体的欧盟以及具有广泛代表性的发展中国家中国、阿根廷、巴西、印度、印度尼西亚、墨西哥、沙特阿拉伯、南非、澳大利亚、韩国和土耳其。二十国集团的 GDP 总量约占世界的 85%，贸易额约占全球的 80%，人口 40 多亿。

2008 年，全球金融危机导致以西方国家为中心的国际治理机制遭遇困难，只能向亚洲和非洲的新兴经济体寻求帮助。借此，二十国集团确立了领导人峰会制度，并成为当今世界经济合作的最重要平台之一。一方面，世界需要一个更加包容、更加灵活的治理机制；另一方面，二十国集团不断发展，取得了丰硕的成果。同时，一些法律问题也逐渐显露出来。

二、二十国集团的国际法律人格问题

法律人格是国际组织的重要特征之一。国际组织法律人格的依据主要包括“约章授权说”“客观人格说”“隐含权力说”三种，其中，由于“隐含权力说”的灵活性符合国际组织日新月异的发展趋势，被主流学界认同。

一个国际组织可以在其章程中注明是否拥有法律人格，这是判断其是否具有法律人格的最直观和权威的标准。二十国集团在其成立文件中没有明文规定其是否具有法律人格。宣言中提到，成立的目的是提供“一个新的非正式对话机制”，加强“重要经济体”的讨论和交流，促进全世界的经济增长。由此可见，成立初期，二十国集团无意建立一个正式的国际组织，也未明确规定集团所享有的权利和应履行的义务。而是希望建立一个灵活的软机制，并在其中进行政策协商。

因此，根据“隐含权力说”，判断二十国集团是否具有法律人格只能从其成立宗旨的必备权能着手。一个国际组织要实现其职能，必须具备三个特征：第一，组织成立宗旨具有合法性；第二，拥有能够表达自己独立意志的常设机构；第三，拥有存在于国际层面的可行使的法律权力。[①] 一般而言，此法律能力既包括权利能力，又包括行为能力。国际组织为实现其成立宗旨而行使权利，承担义务，并且获得国际社会的认可，是其拥有国际法律人格的体现。

由此判断，第一，二十国集团的成立宗旨具有合法性。在 2008 年第一届二十国领导人峰会宣言中，其宗旨被表述为：采取一切必要措施，以确保经济复苏，修复金融系统并维持全球资本流动。第二，二十国集团缺乏表达独立意志的常设机构。二十国集团没有常设秘书处，由每年的主办国成立临时秘书处，并由主办国承担当年的费用。临时秘书处的成员则由主办国各部委的高级公务员或国际组织的官员构成。第三，二十国集团在其活动领域内不具有相应的法律权力。作为一个非正式的对话机制，二十国集团依靠历年领导人峰会商讨议题来推动国

---

① ［英］伊恩·布朗利：《国际公法原理》，曾令良、余敏友等译，法律出版社 2003 年版，第 755 页。

际经济秩序的建设。但是，二十国集团历年领导人会议公报无任何法律拘束力，通过的提议的履行方式由参会的成员以各自国家的名义进行。

二十国集团的成立宣言从国际法角度来看，只是一个单纯的政策声明，并未规定集团的具体权利和义务，也没有明确赋予集团国际法律人格。① 传统的政府间国际组织通过在其成立文件中规定该组织的各项权利和责任来明确其国际法律人格。在国际法中，以“宣言”或“联合声明”命名的文件，并不当然具有法律效力，而是需要与具体情况相结合来判断。因此，二十国集团包括领导人峰会在内的集团各项活动并不具备有拘束力的条约规则予以规范，因此，不具备国际法律人格。②

综上，二十国集团只是一个协商对话的机制，不具有国际法律人格。这种机制的优点和缺点同样突出。优点是，这种结构具有灵活性，能较好地避免官僚主义。缺点在于，它的非正式性会引起合法性的争议。

三、二十国集团的合法性问题

国际组织和它们制定的规则具有合法性，是因为组织的运作和规则的制定程序符合公认的权利程序原则。可见，对一个国际组织的合法性的判断，既包括实体合法性，即实质的规范和原则，也包括程序合法性，即决策程序和商讨机制等。从国际法层面来看，由于多数国际组织缺乏集中决策权和具体的执行程序，它们的决策的执行主要依赖于国家的自觉遵守和一些零散的规则，因此，一个国际组织和其决策的合法性决定了决策能否得到相关国家的落实。

由于缺乏国际法律人格，二十国集团的成立和运行很难说具有实体上的合法性。作为一种松散的国际政府间合作形式，二十国集团与根据国际组织法建立的正式国际组织在结构上相去甚远，尤其是其组织的成立没有任何具有拘束力的法律基础，例如章程和条约，也没有公开透明的方式规定组织的基本运作程序。缺乏合法性也使得各国政府无法通过批准任何决议来对二十国集团产生影响。

除了实体方面的合法性，二十国集团的程序合法性也遭到质疑。首当其冲的就是其成员的选拔。在 1999 年第一次会议召开之前，二十国集团的参与者是由美国和德国财政部的官员选拔并邀请的。成员的选择过程既没有遵从任何程序协议，也没有公布选拔标准。这种不透明的选拔程序有违程序合法性，更使二十国集团的民主性和合法性遭到质疑。

由于体制结构的法制程度较低，二十国集团的影响力受到限制。缺乏国际法

---

① 赵亚伟：“20 国集团的法律属性及其面临的国际法问题探析”，载《金融教学与研究》2010 年第 3 期。

② 易立：“集团性国际组织的国际法地位及其当代发展”，载《国际法研究》2014 年第 3 期。

律人格导致的国际治理方面的风险，包括国际责任的承担，对有关团体及个人作出回应的能力和与其他国际组织进行合作的效率。

四、二十国集团的成员资格标准问题

关于二十国集团成员的选拔标准，在集团成立之初没有公之于众，直到2008年第一次领导人峰会中才提出以下几点标准：

——在国际经济领域内具有系统重要性；

——有能力为世界经济和金融稳定性作出贡献；

——在全球经济领域有广泛代表性；

——满足地域平衡的需求；

——希望维持一个小型的、亲密的“平等”群体。①

以上标准存有三个问题。

第一，有些地方标准模糊。二十国集团官方没有对“系统重要性”和“广泛代表性”作出更进一步的解释。从人口、人均GDP和贸易额方面来看，的确存在一些非成员高于部分成员的现象，例如新西兰，上文中提到的几项数据超过了作为成员的阿根廷。这就导致一些非成员，甚至成员内部认为，二十国集团成员选择过于随意，标准不合理不清晰。

第二，没有真正地满足地域平衡的需要。例如，东南亚地区、非洲地区以及加勒比地区的代表性过低，甚至有的被排除在外。

第三，制定的部分标准属于客观性变化范畴。“具有系统重要性的国家”是指那些经济状况和经济政策足以影响全球金融体系和经济健康状况的国家。实际上，经济全球化导致越来越多国家符合以上标准，但是，自1999年柏林会议以后，成员名单没有任何变化。这就引起了部分非成员尤其是新兴经济体的不满，也导致了二十国集团的代表性遭到质疑。

综上，二十国集团的成员选择延续了“非正式性”的特点，更像是一种邀请，而不是选拔的结果。由于二十国集团缺乏传统国际组织的组织结构，也没有任何基础条约作为依托，导致成员没有实质性的法律权利和义务。缺乏权利和义务的约束虽然增加了成员的参与热情（目前没有成员缺席过部长会议和领导人峰会），但相对地，二十国集团的国际治理能力也会被削弱。

根据惯例，历年公报和声明等都会以协商一致的方式进行发布，没有任何公开文件提及成员之间的意见分歧，因此，二十国集团会被形容为“清谈俱乐部”。带有“非正式性”特点的成员资格问题引起的国际社会对二十国集团的代

---

① “The Group of Twenty: A History”, http://www.g20.utoronto.ca/docs/g20history.pdf, 2020-05-17访问。

表合法性和决策有效性的质疑，在未来机制化建设中应受到重点关注。

从国际组织法的视角来看，二十国集团是一个平衡、自主、有价值的论坛，属于国际组织，在平等成员（实体）间具有全面、均衡的软约束机制。① 二十国集团作为一个常设的政府间对话机制，不具备其他正式国际组织所拥有的国际法律人格，其成员资格的标准相对模糊，带有鲜明的非正式化和非法律化特征。这些特征引起了针对二十国集团的合法性和代表性的批评。通过加强组织机制化建设，提升合法性和代表性，二十国集团可在未来的国际舞台上继续发挥重要作用。

案例事件

非成员方参与二十国集团会议

自从首届领导人峰会以来，二十国集团历年都会邀请一些国际组织和非成员作为“外展参与者”。2010 年首尔峰会的文件提到了选择外展参与者的一些原则：“作为国际经济合作的首要论坛，我们铭记二十国集团的代表性和效率的重要性，我们就一系列邀请非成员参加首脑会议的原则达成了广泛共识，其中包括我们将邀请不超过五个非成员者，其中至少两个是非洲国家。”②

历年外展参与者名单都会提前公布，根据当年要讨论的主题确定受邀对象。目前永久受邀对象包括：国际货币基金组织、东南亚国家联盟、金融稳定委员会、非洲联盟、非洲发展新伙伴关系、经济合作与发展组织和西班牙。除上述对象外，国际劳工组织、联合国和世贸组织都曾成为外展参与者。可以预见的是，随着二十国集团的讨论主题和内容的逐年扩大化和多样化，外展参与者名额会有所增加，邀请更多的与讨论主题相关的国际组织参与，以保证决策的专业性。

永久受邀对象中，西班牙作为唯一的国家有着特殊的地位。2011 年的戛纳峰会用“常驻客人”来形容西班牙的地位，到了 2013 年圣彼得堡峰会，西班牙正式成为永久受邀对象。这种特殊又稳定的地位促使西班牙更多参与到二十国集团的工作中。自首尔峰会以来，西班牙是唯一作出与成员相同的政策承诺的外展参与者。因此，可以将西班牙也视为事实上的成员。

---

① John Kirton, From G7 to G20: Capacity, Leadership and Normative Diffusion in Global Financial Governance, Paper prepared for International Studies Association Annual Convention, March 1 - 5, 2005, Hawai, pp. 1 and 20.

② “The Seoul Summit Document” (Report, 12 November 2010), <http://www.g20.utoronto.ca/>, 2020 - 05 - 17 访问。

2020 年二十国集团领导人应对新冠肺炎特别峰会

2020 年 3 月 26 日晚，北京，中国国家主席习近平出席二十国集团领导人应对新冠肺炎特别峰会，并发表题为《携手抗疫　共克时艰》的重要讲话。峰会发表了《二十国集团领导人应对新冠肺炎特别峰会声明》。二十国集团领导人应对新冠肺炎特别峰会由沙特阿拉伯王国主办，以视频方式举行，旨在推动全球合作应对疫情、稳定世界经济。①

◈ 问题思考

1. 二十国集团可以如何提升自身的合法性和代表性？
2. 二十国集团成员资格的标准应该如何设定？

① 杨依军："习近平出席二十国集团领导人应对新冠肺炎特别峰会并发表重要讲话"，载《南京日报》2020 年 3 月 27 日，第 1 版。

第二章　非政府间国际组织的法律地位及作用

◎ **核心概念**

政府间国际组织；非政府间国际组织；非政府间国际组织的法律地位；非政府间国际组织的作用

◎ **重点内容**

——政府间国际组织一般满足五个要件：成员是主权国家、依据国际协定、设立固定机构、依国际法建立、拥有国际法律人格。

——非政府间国际组织具有几个特点：其一，非官方的性质；其二，联合国视野下所承认的"国际组织"；其三，涉及诸多领域；其四，促进国际合作。

——非政府间国际组织是拥有有限能力的国际法主体，拥有部分的国际法主体资格。

近年来，非政府间国际组织在数量和覆盖范围上都有了显著的提高。但是，迄今为止，其是否拥有国际法主体地位还在探讨之中，鉴于其无论是在专业目的方面还是在促进国际法的发展方面都有着不可忽略的作用，相信在未来的发展过程中，其可能逐渐取得国际法主体资格。

非政府间国际组织主要是相对于政府间国际组织而言的，非政府间国际组织的兴起是20世纪后期重要的政治和社会现象之一。① 由于非政府间国际组织更接近普通人的利益，所以能更好地为普通人服务。与政府间国际组织相比，非政府间国际组织更加接近普通民众，往往在市场失灵的领域，在政府组织不能、不愿意、不便于干预的领域工作。非政府间国际组织行使的是相对于国家权力的社会权力。在民主化国家和多元化社会，其能量很大，有巨大的影响力和支配力，能够左右社会经济、政治、文化和社会生活的许多方面。

---

① 那力："非政府国际组织发展现状"，载《国际资料信息》2002年第3期，第24页。

一、非政府间国际组织的发展历程

非政府间国际组织的历史发展通常要追溯到1846年世界传教联盟的建立，与政府间组织几乎同时产生。其他比较著名的有：国际红十字会（1863年）、国际法协会（1873年）、国际议会联盟（1889年）、国际奥林匹克委员会（1894年）①、国际商会（1919年）等。从全球化发展的角度看，初期的非政府间国际组织分为两类：一类是行业性的，例如，1865年成立的国际电报联盟，1875年成立的万国邮政联盟等。这些国际组织现虽已成为联合国的专门机构，但它们最早都曾是非政府间国际组织。另一类是普遍性的，如1863年创建的国际红十字会等。

在联合国成立不久后的1948年，联合国经社理事会给予41个非政府间国际组织顾问地位。1998年，经过联合国确认的有参加其会议资格的非政府间国际组织达1350个。与联合国公共信息部有关系的非政府间国际组织在1968年为200个，到2000年有1550个。至2002年，世界上存在约30 000个左右非政府间国际组织。②

二、非政府间国际组织的特点

政府间国际组织要满足五大要件：成员是主权国家、依据国际协定、设立固定机构、依国际法建立、拥有国际法律人格。所有未满足上述五大要件的国际组织都被归结为非政府间国际组织，这表明，非政府间国际组织一般受私法而非公法的约束。由于私法是国家内部的法律，故有学者甚至认为，非政府间国际组织不是国际组织，不承认非政府间国际组织的法律人格。③

关于非政府间国际组织的定义，根据1952年联合国经社理事会第288号决议：任何国际组织，凡不是经由政府间协议创立的，都被认为是为此种安排而成立的非政府间国际组织。由此可以推断出非政府间国际组织的几个特点：

其一，并非由政府间协议创设，具有非官方的性质；

其二，是联合国视野下所承认的“国际组织”。联合国曾经被认为是只有主权国家才能参加的一个论坛，但是随着国际形势的变幻，非政府间国际组织也被认为是国际舞台上的重要角色。《联合国宪章》第71条规定了联合国处理与非

---

① 简称国际奥委会，是一个非政府、国际性、非营利的组织，是奥林匹克运动的领导机构。它总部位于瑞士洛桑。国际奥委会有100个委员和32个荣誉委员。孔宵：“更快 更高 更强——国际奥林匹克委员会简介”，载《人民日报（海外版）》2017年1月16日，第6版。

② 那力：“非政府国际组织发展现状”，载《国际资料信息》2002年第3期，第24页。

③ 周华荣：“论国际组织的类型——以政府间国际组织和非政府间国际组织类型为视角”，载《重庆科技学院学报（社会科学版）》2008年第11期，第48～49页。

政府间国际组织关系的原则，根据这一原则，经社理事会通过了第1296（XIIV）号决议及其附件一“理事会与非政府组织之咨商办法”，具体规定非政府组织享有的咨商地位的条件与程序。

其三，覆盖范围广泛，涉及诸多领域。例如政治、经济、科学技术、文化、宗教、人道主义等，这些属于全球性问题。①

其四，目的是促进国际合作。在全球化的过程中起到了不可忽视的作用。

三、非政府间国际组织的法律地位

1910年在比利时布鲁塞尔，国际协会联盟召开了世界代表大会，当时已经开始讨论非政府间国际组织的法律地位问题。但是到1994年世界贸易组织建立时，《关于争端解决的规则与程序的谅解》既没有允许一个机构为了公共利益方面的考虑对某些成员方政府提起诉讼，也没有允许任何私人或非政府间国际组织直接参与到争端解决机制中去。② 但从那时起，要求给予非政府间国际组织直接参与争端解决机制的法律人格的呼声愈加强烈，延续至今。

（一）非政府间国际组织国际法主体资格的争论

一种观点认为，国际法主体是能独立参加国际关系并直接在国际法上享受权利和承担义务，并具有独立进行国际求偿能力者。由此，国际法主体具备三个要件：独立参加国际关系的能力；直接承受国际权利和国际义务的能力；独立进行国际求偿的能力。③ 拥有上述要件的主体一般为国家，在一定条件和一定范围内为政府间国际组织和正在争取独立的民族，非政府间国际组织不具有国际法主体资格。④

而持相反观点的学者认为：第一，非政府间国际组织与政府间国际组织之间，非政府间国际组织相互之间共同制订或通过的一些重要文件，以及非政府间国际组织就一些重大国际问题提出的建议往往具有重大国际影响力，有些文件还被一些国家认可和实施，或直接转化为国际法律性文件，或通过国内立法以国家强制力保障其实施。第二，政府间国际组织同非政府间国际组织进行联系，这一事实在一定程度上承认了其在国际关系中的地位。第三，某些非政府间国际组织的成员既可以是国家机关，也可以是一国内部的民间团体或个人成员。第四，越

---

① 刘传春：“全球化进程中的非政府间国际组织”，载《华中科技大学学报（社会科学版）》2002年第5期，第53页。

② 武兰芳：“非政府间国际组织的国际法律人格限制性评析”，载《华北电力大学学报（社会科学版）》2007年第2期，第71页。

③ 王铁崖：《国际法》，法律出版社1995年版，第64页。

④ 王超、张健：“论非政府组织若干国际法问题”，载《内蒙古农业大学学报（社会科学版）》2005年第3期，第260页。

来越多的国际社会成员（国家、政府间国际组织）承认某些非政府间国际组织具有国际法主体资格。①

持反对意见者的几个论点不足以论证非政府间国际组织具备获得国际法主体资格的基本条件。例如其第一点所阐述的内容只能证明非政府间国际组织在很多领域协同政府间国际组织发挥着重要的作用，即便是制订了一些具有国际影响力的文件，也不足以证明其能承担国际法上规定的义务并享有国际法上的权利，从而享有国际法主体资格；其中第二点，则更具有国际舆论上的嫌疑，因为政府间国际组织的承认虽然在很大程度上可以增强非政府间国际组织的综合实力，但对于承认其国际法主体资格还有一定的差距。上述四点理由中最具说服力的是其中的第三点和第四点，非政府间国际组织吸纳国家机关作为成员，在很大程度上可以增强其在国际社会承担国际责任从而享有国际法上的权利的能力，而越来越多的国际社会成员，包括国家都在逐渐承认非政府间国际组织的国际法主体地位，其实是非政府间国际组织在未来获得应有的国际法地位的最为重要的保障。

可见，对非政府间国际组织的国际法主体地位存在截然相反的论点，应当作何选择？未来的发展趋向如何？

（二）非政府间国际组织国际法主体地位的发展趋势

按国际法主体性的范围可将其划分为拥有有限能力的和无限能力的国际法主体，即具有部分的和完全的国际法主体资格。② 希望赋予非政府间国际组织完全的国际法主体资格还有一定的困难，但是，如果认为，非政府间国际组织是拥有有限能力的国际法主体，即拥有部分的国际法主体资格，这种观点有一定道理。

原因在于：其一，参与国际关系的局限性。非政府间国际组织所从事的活动主要关乎普通民众，这一方面凸显了非政府间国际组织的优势，另一方面却也使得其参与的国际关系受到一定的限制。其二，享有有限的国际法上的权利。以得到普遍承认的国际法主体的国家为例，其享有的国际法上的权利包括诸如独立、平等、自卫、外交、缔约、国际求偿等。相比而言，非政府间国际组织所能享有的权利较少。其三，在国际诉讼能力上的局限性。当前非政府间国际组织不能直接向国际法院提起诉讼，只能以“法庭之友”的身份参与诉讼，请求发表咨询意见，尽管有些争端解决机制正在向非政府间国际组织开放，但它们的参与还是非直接的、非正式的。③

---

① 黄世席：“非政府间国际组织的国际法主体资格探讨”，载《当代法学》2000年第5期，第69~70页。

② 葛勇平：“香港国际法主体地位及其缔约权限的理论与实践”，载《比较法研究》2007年第5期，第51页。

③ 刘超、夏清瑕、刘正、张颖：《国际法专论》，知识产权出版社2004年版，第53页。

总体而言，现阶段认定非政府间国际组织具有部分的国际法主体资格，是恰当的。而随着非政府间国际组织在国际社会的作用日益增加，其国际法主体地位也会发生相应的变化。从内部条件看，非政府间国际组织总体上其规模都很小，其掌握的资源较之最弱小的国家还要缺乏。从外部条件看，非政府间国际组织还主要停留在通过国际舆论执行措施的阶段，其行为不具有强制性，在很多场合起到的作用比较微弱。当然，这并不意味着非政府间国际组织的作用并不明显，恰好相反，从非政府间国际组织出现的那天起，其就在诸多方面的发展过程中起到了极其重要的作用。

（三）非政府间国际组织咨商地位的标准

根据《联合国宪章》第71条，经社理事会第1996/31号决议，为非政府组织咨商地位的认证设立了诸多标准，这些标准涉及组织的宗旨、活动范围、行业地位、内部结构、经费来源等多方面。联合国经社理事会专门设立非政府组织委员会，负责审核非政府组织是否满足上述标准，并提出是否授予咨商地位的建议，随后非政府组织委员会将该建议提交经社理事会，再由经社理事会最终决定是否给予非政府组织咨商地位。

非政府组织获得咨商地位需要满足以下标准：第一，该组织的主管事项属于经社理事会职权范围。第二，该组织的目标和宗旨必须符合《联合国宪章》的精神、宗旨和原则，并且支持联合国的工作。第三，该组织在主管的特殊部门和领域内必须具有代表性或公认的地位。第四，该组织必须有一个既定的总部、一个首席执行官、一个民主通过的章程；该组织必须具有代表机构，并有对其成员负责的适当机制，能够对其政策和行动进行有效的控制；该组织的授权代表必须有权为其成员发言。第五，该组织必须从分支机构或个人成员的捐赠中获得其主要经费。第六，该组织需成立至少两年。①

四、非政府间国际组织的作用

非政府间国际组织一般会有一个专业性的目标，这一目标一般会与普通民众的生存与发展密切相关，涉及多个领域。在实现这些目标的过程中，非政府间国际组织发挥了重要作用。

（一）非政府间国际组织的专业作用

以下仅以环境和人权为例。

在环境保护方面，绿色和平组织等国际组织在唤醒人们的环境意识、推动环

① 崔靖梓：“非政府组织国际法律地位研究——以联合国对非政府组织的制度安排为视角”，载《山东大学法律评论》2017年卷，第98～99页。

境保护国际会议的召开和环境立法制止严重损害环境的行为、推动可持续发展战略的实施等方面起到了重要的作用。没有绿色和平组织等国际组织的努力推动就不会有今天国际环境保护的成绩，也不会有今天的国际环境法的发展。①

在人权保护方面，2001年，大赦国际为81个国家的408宗人权案件启动紧急行动网络，其中117宗案例取得良好结果。② 大赦国际还设立了专家网就不同的人权主题开展活动，例如“儿童网络”保护儿童的权益；“医疗网络”开展医疗和紧急救助行动；“公司网络”旨在敦促公司坚持人权。

（二）非政府间国际组织对国际法发展的促进

促进国际立法的发展是非政府间国际组织实现专业作用的重要手段之一，然而，其手段所达成的结果却远远比其目的本身更为重要。例如，在20世纪80年代末到90年代初，在联合国《全面禁止核试验条约》和《禁止化学武器公约》的缔结过程中，随处可见非政府组织的身影。再例如，在联合国制定限制使用常规武器公约过程中应运而生的国际禁雷运动中，非政府组织活动异常活跃，最后促成1997年《禁止使用、储存、生产、转让并销毁杀伤人员地雷公约》的达成。在环境方面，1992年在里约热内卢召开的联合国环境与发展首脑会议通过的《里约环境与发展宣言》和《21世纪议程》等文件，都是在吸收非政府间国际组织参与起草的文件基础上制定的。

非政府间国际组织也努力促进国际法的执行，例如国际刑法高级研究院、美国律师协会等组织成功地推动建立了国际刑事法庭，使实施种族灭绝等罪行的罪犯受到惩罚，使罪行的受害者得到正义和公正的对待。

虽然在实际的活动过程中，非政府间国际组织存在不尽如人意的地方，但是，无论是专业作用还是在促进国际立法、执法方面的作用，非政府间国际组织的目的都是促进国际社会更为稳健的发展和人类的进步，值得肯定。

五、结语

从出现至今，非政府间国际组织无论是从数量还是从涉及的领域都在不断增长，表现出强大的生命力。虽然至今为止，其国际法主体地位受到一定的质疑，但毋庸置疑，其正按着事物的发展规律前进，其国际法主体资格得到确认也只是时间问题。因为在当今的国际社会中，非政府间国际组织所起到的作用不可忽略，无论是从专业组织的专业角度还是从非政府间国际组织促进国际法的发展角

① 那力：“论非政府间国际组织（NGO）在国际环境法中的作用和地位”，载《2001年环境资源法学国际研讨会论文集》，第741页。

② 盛红生、贺兵主编：《当代国际关系中的“第三者”：非政府组织问题研究》，时事出版社2004年版，第330页。

度看，非政府间国际组织都会在未来的发展进程中扮演更为重要的角色。

关于非政府间国际组织的问责问题，目前问责机制的建立和实施是困难的。可以确定，问责对象是非政府间国际组织，问责主体是各利益相关者，问责内容主要为使命问责、组织问责、法律问责。但是，机制的难以确立使得过程困难及复杂。主要因素是问责机制的建立没有强制性，只适用于自愿与该政府组织确立关系的非政府组织。①

案例事件

国际足联惩罚尼日利亚政府干预足球自治事件（2010－2015年）

2010年，尼日利亚队在南非世界杯小组赛中先后负于阿根廷队和希腊队，与韩国队战平，小组排名垫底出局。时任总统的乔纳森下令解散尼日利亚足协（简称NFF），禁止国家队两年内参加任何国际比赛。为此，国际足联（FIFA）宣布对尼日利亚实施全球禁赛，以抗议尼日利亚政府对足协工作的介入和干涉。尽管迫于FIFA压力，总统最终收回成命，但足协执委会下台等事件仍然导致了FIFA对NFF实施禁赛处罚。

2014年，在FIFA的大力支持下，迈加里于8月成功恢复足协主席的职位，但不久后又再度被撤职。由于政府的压力，NFF进行了改组，于2014年8月26日选举了新的足协主席并组建机构，但在此次选举中，当日一些原足协的重要成员（包括主席迈加里）被尼日利亚军警扣押，未能按时主持会议。FIFA认为，尼日利亚政府的干预行为违反FIFA章程，不承认此次选举结果，并对NFF发出正式通牒，称此次选举违反程序，要求当选的足协主席吉瓦在限定时间内辞职，否则尼日利亚将再次遭到全球禁赛的处罚。

迫于FIFA处罚的压力，NFF于2014年9月30日进行了第二次选举，由于此次选举未受第三方干涉且程序公正，因此，新当选的NFF主席和组织机构获得了FIFA的承认。但是，第一次选举中获胜的“主席”吉瓦不服，向FIFA投诉无果后，将此争议提交到了国际体育仲裁法庭②。2015年5月18日，该法庭发布裁决书，驳回上诉。③

---

① 刘海江：“国际法治视野内国际非政府组织问责内涵解读”，载《聊城大学学报（社会科学版）》2014年第6期。

② 国际体育仲裁法庭是一个独立于其他国际体育组织的机构，它通过适应国际体育界的具体需要的仲裁、调解为有关方面提供解决争议的手段。

③ 黄世昌：“论政府干预与足球自治的关系”，载《体育成人教育学刊》2018年第1期，第16页。

世界自然保护联盟参与促进海洋保护区建设

海洋保护区是为长期保护目标而预留的海域，作为一种海洋生态环境保护工具，有利于帮助人类适应全球气候变化，缓解气候变化带来的压力。世界自然保护联盟（IUCN）① 对海洋保护区的工作十分重视，致力于通过帮助各地区完善和建立有关设立海洋保护区的规范性文件，扩大海洋保护区建设的区域。在南极海洋保护区的南极生物资源养护委员会年会上，IUCN 拥有观察员的地位，有权参加会议，并在会议中发言。

2017 年，IUCN 为建立和管理大洋洲的大型海洋保护区提供了法律和技术建议。IUCN 与南美洲 8 个国家合作确定并解决改善其保护区管理的优先事项，并帮助该地区的国家建立了几个新的保护区，以履行它们在《巴黎气候变化协定》下的国家承诺。IUCN 和智利共同组织了第四届国际海洋保护区域大会，主要的决议有扩大智利的海洋保护区网络和建立世界上最大的海洋公园——库克群岛海洋保护区。

❖ 问题思考

1. 非政府组织在国际社会中发挥哪些作用？
2. 非政府间国际组织是否具有独立的国际求偿能力？

---

① 世界自然保护联盟是世界上规模最大、历史最悠久的全球性非营利环保机构，也是自然环境保护与可持续发展领域唯一作为联合国大会永久观察员的国际组织。也称作“国际自然与自然资源保护联盟”。IUCN 是一个由政府和民间组织共同组成的成员联盟。1948 年 10 月 5 日，在联合国教科文组织和法国政府在法国枫丹白露召开的会议上，18 个国家政府、7 个国际组织和 107 个民间组织签署成立宪章、共同发起并成立。截至 2018 年，IUCN 的全球会员超过一千个。

第三章　欧盟成员资格的取得标准与丧失

◎ **核心概念**

哥本哈根标准；阿姆斯特丹条约；欧盟成员资格的取得标准；欧盟成员资格的取得程序；欧盟成员资格的丧失

◎ **重点内容**

——加入欧盟需要满足“哥本哈根标准”，符合数项基本原则，并最终得到欧洲理事会和所有欧盟成员的同意。

——若一成员试图单方面主动退出欧盟，或称单方废约，由于《阿姆斯特丹条约》第51条规定，联盟条约无限期有效，所以，任何成员的单方解约权不适用。

——根据《维也纳条约法公约》第62条，在一些严格前提限制下，缔约时的情势发生重大变更可以成为条约终止或成员退出的合法依据。

——《里斯本条约》第50条允许一成员向欧盟表示其退出的意思，欧盟有义务与该成员协商并达成退出协议。

满足一定的标准和条件，并通过规定的程序之后，申请国方有望加入欧洲联盟。但是，随着欧盟的不断扩大，出现的难以避免和合理解决的问题越来越多。2017年，发生了英国“脱欧”事件，从2020年1月31日开始，英国正式“脱欧”，经过11个月的过渡期，到2020年年底，英国正式脱离欧洲。可见，成员资格的丧失问题不仅仅是学者的预见，而是成为现实。一般而言，存在成员的退出或被开除或被中止权利三种可能性。

一、欧盟成员资格的取得标准

早在1992年6月，欧盟委员会在提交给欧盟首脑会议的一份报告中就明确提到了“东扩”这个问题。1993年6月，欧盟哥本哈根首脑会议考虑到各国发展差距等因素，同时又强调不应因此削弱或牺牲欧盟之“深化”，故明确规定了入盟候选国必须达到的三项标准：第一，以民主及法制国家为保证的制度上的稳定，保护人权，尊重和保护少数民族；第二，有效运行的市场经济，并能够承受欧盟内部的竞争压力；第三，必须在入盟前接受欧盟的法律成果，包括《欧洲联盟条约》关于政治联盟和经济货币联盟的规定。这些标准被称为“哥本哈根标准”。[①] 欧盟明确表示，只有在上述条件得到满足时，入盟才有可能实现。在一国考虑其加入欧盟的可能性之前，该国必须证明它能够满足上述三项基本的成员标准。

根据1997年《阿姆斯特丹条约》（以下简称“阿约”）第49条第1款，每一个尊重该条约第6条第1款所规定的基本原则的欧洲国家均可申请成为欧洲联盟的成员。这些基本原则是自由、民主、尊重人权、基本自由权和以法治国。但是，在申请国满足入盟条件的情况下，欧洲理事会和欧盟成员保留是否同意其加入的决定权。

上述基本原则和哥本哈根标准是不容谈判的，但在入盟的谈判过程中，有31个具体明确的衡量领域供判断候选国是否及在多大程度上符合入盟标准。这些议题是：自由的商品贸易、自由的人员流动、自由的服务贸易、自由的资本流通、公司法、竞争政策、农业、渔业、交通政策、税收、经济与货币联盟、统计、社会政策和就业、能源、工业政策、中小企业、科学和研究、教育和培训、电信和信息技术、文化和视听媒体、结构政策措施的地方政策和协作、环境、消费者政策和健康保护、司法和内政方面的合作/刑事案件方面的警务和司法合作、关税联盟、外交关系、共同的外交和安全政策、金融监督、金融和财政规定、公共机构和其他。

为了达到哥本哈根标准，在苏联模式中发展了四十多年的中东欧国家首先必须进行社会转型。欧盟2005年东扩十国与历史上的四次扩大有根本性的区别，前四次扩大都是在西方的经济和政治体制之内进行的，而在该次考虑加入的中东欧国家中，除塞浦路斯和马耳他之外，皆为前社会主义体制国家。只有在这些国家进行了卓有成效的社会转型之后，才有足够的条件加入欧盟。

二、欧盟成员资格的取得程序

欧洲宪法条约草案第一部分第58条规定，联盟向所有尊重本宪法第一部分

---

① 详见BULLETIN EC 1993。“哥本哈根标准”要求申请国必须拥有稳定的制度保障民主、法制、人权和对少数民族的尊重及保护；必须具备运转有效的市场经济体制来面对竞争压力和市场压力；必须能够履行成员义务并赞同政治联盟以及经济联盟和货币联盟的目标。［德］贝娅特·科勒－科赫等：《欧洲一体化与欧盟治理》，顾俊礼译，中国社会科学出版社2004年版，第329～330页。

第2条所指的联盟价值观①、并承诺发展联盟价值观的欧洲国家开放。② 此外，任何愿意成为联盟成员的欧洲国家均应向理事会提出申请。理事会应将上述申请通知欧洲议会和各成员的国家议会。理事会同委员会磋商后以及在征得欧洲议会多数同意的认可后，以全体一致同意作出决定。然后，各成员应与候选国家缔结加入联盟的协定，该协定应写明加入的条件和方式。最后，各缔约国应根据其各自的宪法规定，对上述加入联盟的协定予以批准。③

三、欧盟成员资格的丧失

随着欧盟的不断扩大，出现的难以避免和合理解决的问题越来越多，姑且不论出于何种原因或考虑，可以预见，将来极有可能发生成员资格的丧失问题。而且，就一组织而言，有加入就有退出或开除或中止权利，这是十分逻辑的。

如果条约中没有关于终止、废止或退出条约的规定，则原则上缔约国不得废止或退出条约。④ 这一论断显然不能排除实际发生废止或退出条约的可能性。按照国际法的一般规定，在一定条件下，成员资格可能丧失。至少分为四种情况：第一，被组织开除。例如，在1939年，苏联因入侵芬兰被国际联盟除名。第二，被组织中止权利。第三，主动退出组织。第四，国际组织解散。

（一）欧盟成员的开除

欧盟各条约中没有关于开除成员的规定。既然没有有关规定，可以考虑修改条约，创设新规则。其实，如果仅一个成员时常反对欧洲一体化的各项政策，即可促使开除一事无从谈起。原因在于，成员的这种拒绝或反对在国际法上常常是合法的行为，若对此予以制裁或惩罚，则意味着否认了国家主权平等原则。

值得争议的开除情况是，一欧盟成员持续地作出严重违反联盟条约的行径，但却不属于联盟条约第7条（阿约）所列事项。在此，则其他联盟成员及主管的共同体机构有义务通过欧洲法院的违约审判程序促进提出对该成员的评判。若

---

① 该条规定，联盟以尊重人的尊严、尊重自由、民主、平等和法制以及尊重包括少数人的权利在内的人的权利等价值观为基础。在一个以多元化、非歧视、宽容、正义、休戚与共和男女平等为特点的社会里，上述价值观是各成员的共同价值观。参见欧共体官方出版局编，《欧洲联盟法典（第三卷）》，苏明忠译，国际文化出版公司2005年版，第6页。

② 参见曹卫东编译：《欧洲为何需要一部宪法——附译〈欧洲宪法条约草案〉》，中国人民大学出版社2004年版，第159页。

③ 欧共体官方出版局编：《欧洲联盟法典（第三卷）》，苏明忠译，国际文化出版公司2005年版，第36～37页。

④ 参见于1980年1月27日生效的《维也纳条约法条约》第56条，其中规定："一、条约如无关于其终止之规定，亦无关废止或退出之规定，不得废止或退出，除非：（a）经确定当事国原意为容许有废止或退出之可能；或（b）由条约之性质可认为含有废止或退出之权利。二、当事国应将其依第一项废止或退出条约之意思至迟于12个月以前通知之。"

仍无济于事，那么，从采用最后手段的意义上说，相对于持续违约的联盟成员，就不能再要求坚持善意履行条约的诸成员继续持守条约条文了。鉴于欧洲法院的相关判决没有得到实际执行的可能，必须依据一般国际法准则对违约国实施开除。对上述严重违反多边条约情形的处理，可考虑适用《维也纳条约法公约》第62条第2款中规定的方式方法，赋予其他缔约方中止违约方权利或终止与违约方和约的效力的权利。当然，由于阿约第7条第1款中的程序在原则上排除适用《维也纳条约法公约》的可能性，所以，考虑适用该条款必须满足两个前提条件，即不适用联盟条约第7条第1款（阿约），并且不涉及重新恢复对条约的忠诚。①

（二）欧盟成员被中止权利

在此必须指出，开除是国际组织针对严重违约情形采取的终极解决措施，适用之前，应当采用中止违约方权利的方式处理问题，只有在证明此法无用或出现无法容忍的情况时，才考虑适用开除的方式。根据阿约第7条第1款，根据1/3以上成员或委员会的建议，在欧洲议会同意的前提下，在理事会要求该违约成员政府发表意见之后，理事会可通过一致意见认定，“一成员严重地、持续地违背本条约第6条第1款所列举的基本原则的情况存在”。② 根据阿约第7条第4款，在此例的表决中，该违约成员的投票无效；其他成员的弃权票不影响决定的效力。一旦理事会作出认定意见，它即可通过多数决机制决定，中止该违约成员原本拥有的源自于联盟条约的一些权利，包括投票权。同时，该违约成员继续受出自于联盟条约的义务的拘束。③

中止一成员的投票权利势必带来一定的后果，理事会必须对此加以密切关注，特别是顾及对一些自然人和法人的权利的影响，以及在共同的外交和安全政策领域及刑事案件方面的警务与司法合作领域的影响。众所周知，欧洲联盟是根据1992年2月7日缔结的、1993年11月1日生效的《马斯特里赫特条约》建立的，其宗旨是深化欧洲一体化进程、加强政府间合作。在欧洲联盟的框架下实行双轨制体系：共同体体系和两个政治领域的政府间合作体系（共同的外交和安全政策和刑事案件方面的警务与司法合作），三者共同构成欧盟的三大支柱。④

---

① Matthias Pechstein/Christian Koenig, Die Europaeische Union. 3. Aufl., Mohr Siebeck Verlag 2000, Rn. 464.

② 在奥地利，由于奥地利自由党成功进入了维也纳联邦议会，当时欧盟的另外14个成员对该国实施了政治制裁，时间从2000年1月底起到9月止。这一制裁并非基于阿约第7条，而是条约中未事先规定的一种报复性措施，而且有违反共同体法的嫌疑。

③ 参见欧洲联盟条约（阿约文本）第7条第2款第1段第1句和第2段。

④ 黄德明：“略论欧洲共同体与欧洲联盟的法律人格”，载《法学评论》1998年第6期，第99页。

由此可见，对这两个领域造成的影响将对整个欧盟具有重大意义。例如在以全体联盟成员名义实施的对外政策方面，当违约成员的投票权被中止时，该国仍然负有支持的义务，由此，其他拥有投票权的成员将有权力独立作出有关决定，而不必征得该违约成员的同意。同理适用于对修改联盟条约和新成员加入的表决。这与联盟条约第 23 条第 1 款所规定的弃权具有完全不同的性质。弃权的成员并无贯彻实施联盟决定的义务，但认可该决定对联盟的拘束力。① 被中止投票权的违约成员必须履行各项义务，否则，可能会招致联盟更严厉的处罚。

除了投票权利可能被中止之外，其他权利也可能被中止，例如诉讼权（欧共体条约第 227、230 和 232 条）。被中止的权利不仅适用于联盟条约范畴，还包括欧洲共同体各条约范畴。可见，鉴于此种处罚将导致违约成员处于极其尴尬和无权的境地，任何一个成员政府在作出决定之前，都应该与其他成员深入协商、权衡利弊、谨慎从事。然而，因被中止某些权利而暂时“无权”的成员并非“无助”的成员。欧洲法院对在上述两个领域被中止权利的情形无权监督，与此相反，被中止权利的成员能够对共同体法律体系中的相关措施向欧洲法院提出异议。若该中止行为被证明是违反共同体法律规定的，因而无效，则中止的效力在共同体体系内必须被取消，而在共同的外交和安全政策和刑事案件方面的警务与司法合作领域却不受影响。无效的法律行为仍然被有效地执行，这是违背法治原则的。当然，人们很难想象，这样的非法中止会在那两个领域持续下去。最可能的结果是，鉴于欧洲法院的介入及其具有权威性和合法性的判决，欧盟领导机构寻找到其他适当的处理方式和方法，例如开除或修改条约或促使该成员退出联盟。

欧洲宪法条约草案第一部分第 59 条规定，当有成员有严重破坏该宪法第一部分第 2 条所指联盟的价值观的明显危险性时，理事会可根据 1/3 成员的，或欧洲议会的，或委员会的附带理由的提案并征得欧洲议会的同意意见后，以其成员的 4/5 多数同意制定欧洲决定，以便对上述危险性进行确认。在作出此项确认前，理事会应倾听有关成员的申辩意见，也可按照同样的程序向有关成员提出建议。另外，理事会应对导致上述确认的理由是否仍然有效进行定期检查。② 上述确认一经通过，理事会可以特定多数同意作出中止有关成员享有因实施本宪法所产生的部分权利的决定，包括该有关成员政府代表在理事会的投票权；同时，有关成员根据本宪法所承担的义务必须继续予以履行。③ 为了本条的目的，有关成员在欧洲理事会

---

① 欧洲联盟条约（阿约文本）第 23 条第 1 款第 2 段第 2 句。

② 第 59 条第 1 款和第 2 款。参见欧共体官方出版局编，《欧洲联盟法典》（第三卷），苏明忠译，国际文化出版公司 2005 年版，第 37 页。

③ 第 59 条第 3 款。

或理事会的代表不得参加投票表决；在统计第1款和第2款的票数时，有关成员不包括在内；弃权票不妨碍第2款所指欧洲决定的通过。[①]

（三）欧盟成员的退出

不论是在欧共体基础条约中还是在欧盟成立条约中，我们都找不到关于欧共体或欧盟成员退出的规定。由此或可推论，欧盟成员的退出或开除是不可能的。但是，1997年《阿姆斯特丹条约》却存有关于解除欧盟成员资格的可能性的规定。如上所述，根据阿约第7条第1款，当欧盟理事会一致认定，当一成员严重地、持续地违背阿约第6条第1款所列举的基本原则的情况存在时，该国的成员资格可能被解除。

德国联邦宪法法院在其马斯特里赫特判决中指出，在愿意接受长期成员资格的基础上签署无限期有效（阿约第51条）的（欧洲）联盟条约的联盟国家，也可以通过与此相悖的行动最终取消这一归属性。[②] 该论断中的"联盟国家"使用的是复数，非指单个成员。换句话说，如果联盟国家通过一致决定来解除联盟条约，或进行条约变更，由此导致一个或几个联盟的成员被开除出联盟，这些可能性无论如何是存在的。如果一联盟国家试图单方面主动退出联盟——或称单方废约，由于阿约第51条规定，联盟条约无限期有效，所以，任何联盟国家的单方解约权不适用。[③] 此外，阿约第49条规定，联盟成员的增加必须基于联盟整体且必须全体联盟成员依国际条约法同意，因此，在相反的退出情形中，单方面的解约权也不被认可。

鉴于欧洲原子能共同体条约、欧洲共同体条约和欧洲联盟条约均属于国际法上的国际条约，当一联盟国家在特定情况下无法继续留在联盟内时，则应考虑适用《维也纳条约法公约》。根据该条约第62条，在一些严格前提限制下，缔约时的情势发生重大变更可以成为条约终止或成员退出的合法依据。[④] 条约的终止指条约由于某种法律事实和原因而使条约自动失去效力，从而解除当事国履行条约的义务。通常分为九种情况，其中，第九种单方废约在两种情况下是被允许的：一方违约和情势变迁。适用情势变迁的逻辑前提是"一切条约都假定情势不变原则"，若情势有变，则"情势不变条款"可为单方废约或修改条约提供理由。

根据现代国际法的通说，此处的情势非指默示的、可通过惯常的解释查实的条约条件，而是指依据某项补充的条约解释可以客观地判断出的、当事方据此可

---

① 第59条第5款。

② 德国联邦宪法法院判例集 BVerfGE 89，155（190）．

③ 可参考比较欧共体条约第312条（阿约文本）。该条规定："欧共体条约无限期有效。"

④ 例如，1926年中国废除1856年与比利时签订的含有领事裁判权的条约，即以"情势变迁"为根据。参见邵津主编：《国际法》，北京大学出版社、高等教育出版社2011年版，第393页。

作出理智期待的现有条约条件。仅当此条件出现了根本性的无法预见的变化时，当事国才能提出终止或者退出条约。[①] 伊恩·布朗利指出，“情势不变”原则是一个客观的法律规则，只有当特定事项发生时才适用；由于当事国一方必须援引它为理由才能终止条约，所以它不能自动导致条约终止。国际法委员会以及《维也纳条约法公约》将确定边界的条约排除在该原则之外，目的就是避免造成显失公平的情况。[②]

但是，在对待联盟条约中的特别修改程序（阿约第48条）时，由于可能发生滥用援引“情势不变条款”的情形，所以，对是否允许援引该条款是有争议的。在允许援引的情况下，那些无法实现修改联盟条约目的的联盟成员可能会考虑单方终止成员资格，或者要求暂时解除自己的条约义务，借此来对其他成员施加压力。这种情况是应该被避免的。此外，共同体条约包含一系列的保护条款和紧急状态条款，当涉及成员的某些重大利益或成员出于经济原因无法履行条约义务时，可以考虑适用这些条款。[③] 共同体条约第227条（马约文本，即原条约第170条）规定，任一成员如果认为另一成员未能履行依照本条约应该履行的各项义务中的某一项义务，该任一成员可向欧洲法院提起诉讼。提起诉讼之前，该任一成员应将此事提交委员会，请求予以解决。委员会在给予有关成员以书面或口头方式提出辩驳意见的机会后，应就此提出附理由的具体意见。若委员会在该任一成员提出请求后3个月内未提出意见，不受此影响，该成员可向欧洲法院提起诉讼。由此可见，若一些成员的权益受到另一些成员违约行为的侵害，此权益最终会得到欧洲法院的保障。所以，《维也纳条约法公约》第62条所述情形不易发生。当然，有关退出情形有可能在货币联盟中的敏感领域产生。对此，欧洲联盟将无力有效地阻止该种事实上的退出情形发生。[④]

欧洲宪法条约草案第一部分第60条第1款规定，任何成员均可根据其本国宪法的规定作出关于退出联盟的决定。[⑤] 第2款规定，决定退出联盟的成员应将其意图通知欧洲理事会，欧洲理事会应为此目的提出指导方针。联盟根据此指导方针同决定退出联盟的成员缔结旨在确定退出方式的协定，此协定还应对双方的未来关系框架作出安排。理事会在征得欧洲议会的同意后，以特定多数同意缔结关于退

---

① ［德］沃尔夫刚·格拉夫·魏智通主编：《国际法》，吴越、毛晓飞译，法律出版社2002年版，第一章，边号130。

② ［英］伊恩·布朗利：《国际公法原理》，曾令良、余敏友等译，法律出版社2003年版，第682页。

③ 例如《共同体条约》第59条和第95条第5款。

④ Matthias Pechstein/Christian Koenig, Die Europaeische Union. 3. Auflage, Mohr Siebeck Verlag 2000, Rn. 462.

⑤ 欧共体官方出版局编：《欧洲联盟法典（第三卷）》，苏明忠译，国际文化出版公司2005年版，第38页。

出联盟的协定。第3条规定，自上述退出协定生效之日起，或自第2款所指通知之后的两年期满之日起，本宪法停止适用于该有关成员；除非欧洲理事会在与有关成员达成一致意见后以全体一致同意作出关于延长上述期限的决定。①

四、结语

若想加入欧洲联盟，需要符合若干具体标准和条件，并通过既定的谈判和核查等过程。作为欧盟的特征之一，欧盟组织结构的复杂性将长期存在。对于尚无先例的成员资格丧失问题，主要有开除、终止权利和主动退出三种可能性，在国际法范围内涉及国际条约法和国际组织法的法律原则、规定和习惯法，在欧洲法范围内还包含了欧盟各成员之间的国际关系问题和共同的对外政策问题，十分庞杂。从欧洲一体化的历史进程和近年来扩大的态势分析，欧盟内部已经产生了诸多难以解决的问题和分化瓦解的潜在因素，一旦欧盟国家赖以联合的基本情势发生根本性的变化，作为具有特性的国际组织的欧盟必将面临如何依据法理和法律法规应对的问题。②

英国“脱欧”程序是本书理论论证的现实演绎。2018年6月26日，英国女王伊丽莎白二世签署了《退出欧盟法案》，使之正式成为法律，确立了英国退出欧盟后的法律框架。《退出欧盟法案》旨在废止欧盟法律在英国法律体系中的优先权，并将现有欧盟法律转换为英国国内法，为英国“脱欧”后的法律承接做准备。这是国内法层面的法律依据。

在欧盟法层面，法律依据是《里斯本条约》第50条。③ 简单来说，《里斯本条约》第50条允许一成员向欧盟表示其退出的意思，欧盟有义务与该成员协商并达成退出协议。退出欧盟协议主要包括五点。可见，英国“脱欧”程序主要

---

① 欧共体官方出版局编：《欧洲联盟法典（第三卷）》，苏明忠译，国际文化出版公司2005年版，第38～39页。

② 本章部分内容发表于葛勇平：“论欧盟成员资格的取得标准与丧失”，载《法学评论》2009年第5期，第65～69页。

③ 《里斯本条约》文本见 www. lisbon-treaty. org/。第50条规定：1. 任何成员均可根据其本国宪法的要求决定退出欧盟。2. 决定退出欧盟的成员应将此意向通知欧洲理事会。根据欧洲理事会提供的指导方针，欧盟在考虑该国与欧盟未来关系框架的基础上与该国谈判并缔结协议，就其退出问题作出安排。该协议的谈判应根据《欧洲联盟运行条约》第218条第3款进行。经欧洲议会同意后，该协议由理事会以特定多数方式缔结。3. 自退出欧盟协议生效之日起，两部条约不再适用于该国；如未达成退出欧盟协议，则两部条约在该成员依据本条第2款通知欧洲理事会之日起两年后，不再适用于该国，除非欧洲理事会与该成员达成协议，一致决定延长该期限。4. 为本条第2款和第3款之目的，代表退出欧盟成员的欧洲理事会代表或部长理事会代表不参加欧洲理事会或部长理事会有关该国讨论或涉及该国的决定。特定多数将根据《欧洲联盟运行条约》第238条第3款第（2）项予以确定。5. 有关国家退出欧盟后，如要求再次加入，应适用第49条规定的程序。

分两步走，第一步，英国向欧盟单方面正式提出退出欧盟的意愿；第二步，英国和欧盟协商签署协议。

案例事件

“集体自己开除自己”?

1992 年 6 月，丹麦举行全民公决，结果是拒绝通过《马斯特里赫特条约》。作为对此事件的反应，有关人员曾考虑，是否可以通过全体成员先集体退出欧洲共同体，然后再彻底重建共同体的方式来解决问题。这仅仅是一个设想而已，但并非完全不可能。1993 年 5 月，经过再次全民公决后，丹麦终于批准了马约，马约于同年 11 月 1 日起生效。此后，无人再提“集体自己开除自己”的想法。

由于根据 1997 年《阿姆斯特丹条约》第 48 条，修改条约的提案以所有成员——包括可能被开除的成员——的同意为前提，所以，创设开除条款的可能性不在考虑之列。

土耳其申请加入欧盟多年无果

地处欧亚之交的土耳其，自 1923 年成立共和国以来，积极向欧洲国家的社会体系靠拢。作为欧洲经济合作组织的创始国之一、欧洲理事会和北大西洋公约组织的成员，加之地广人多，土耳其的地位并非无足轻重。它在 1987 年首次申请成为欧洲经济共同体的正式成员，早于所有的中东欧申请国。2002 年 12 月，欧洲联盟在哥本哈根举行高峰会议，决定于 2004 年中期进行东扩。在欧盟首脑会议于 2004 年 12 月决定于 2005 年 10 月正式启动与土耳其的入盟谈判之后，至今未取得突破性进展。

曾有一些政府的代表和评论家们构想，要把土耳其的入盟问题和它同意欧盟使用它的资源以及北约的军事计划联系起来考虑，因为这同塞浦路斯问题一样，是涉及欧盟的行动能力的重要课题。这种想法虽曾在布鲁塞尔一时得势，但是，由于它的浅薄和短见而不为大众所认可。事实上，这几个问题的答案充其量只能是接受土耳其入盟的先决条件，它们的解决却不意味着土耳其自动具备成员资格，因为在这里起决定作用的是“哥本哈根标准”，任何入盟候选国只要而且必须满足这些条件，即可加入欧盟。这些对中部和东部欧洲入盟候选国家适用的政治、经济等条件同样适用于土耳其，这是 1999 年赫尔辛基欧盟高峰会议所确定的，却似乎已为一些政治家所遗忘。

欧盟曾拒绝土耳其入盟，首要原因是土耳其未满足“哥本哈根标准”。根据《阿姆斯特丹条约》第 49 条第 1 款的规定，每一个尊重该条约第 6 条第 1 款所规定的基本原则的欧洲国家均可申请成为欧洲联盟的成员。这些基本原则是自由、民主、尊重人权、基本自由权和以法治国。欧洲理事会和欧盟成员保留是否同意加入的决定权。

在31个谈判议题中，土耳其的经济状况和人权问题让欧盟担忧。土耳其的预算赤字、公共债务、通货膨胀率、失业率和利率都与欧盟的标准相差悬殊。[①]在民主和人权保障方面，土耳其已进行了一系列改革并取得了成效。

其次是土耳其的人口问题。在2020年，德国的人口数超过8200万，土耳其的人口数超过8500万，成为欧洲第一人口国。由此，在按成员人口比例分配席位的欧盟议会中，该国将获得最多席位，从而决定性地影响欧盟的立法和行政行为。如此的严峻挑战是德国和法国不愿看到的。

另一个几乎是决定性的因素是，土耳其的入盟问题包含了有关欧洲的定义和欧盟的终局大讨论的问题，譬如欧盟的架构，到底是国家间的组织还是联盟式的国家联合，以及欧盟的最终边界等问题。

英国脱离欧洲联盟（2017－2020年）

2017年3月16日，英国女王伊丽莎白二世批准“脱欧”法案，授权英国首相特蕾莎·梅正式启动“脱欧”程序。

2018年11月22日，英国首相特雷莎·梅在英国议会发言时表示，“脱欧”协议已“触手可及”，该协议将让英国和欧盟双方受益。

“脱欧”协议草案由两部分组成，包括英国退出欧盟的协议以及“脱欧”后英欧关系联合声明，即“未来关系蓝图”。前者主要敲定“脱欧”过渡期、公民权利、英国北爱尔兰与爱尔兰边界等问题，后者着重定位英国“脱欧”与欧盟的贸易和安全关系。此前，英欧已就英国退出欧盟协议的核心内容达成一致。

根据“未来关系蓝图”，英国与欧盟将努力营造“尽可能紧密”的贸易关系。英国与欧盟将分属不同市场，英国进入欧盟市场须尊重欧盟关于市场竞争、税收、环境、社保、雇员保护等一系列标准。

关于备受关注的金融业，被誉为全球金融中心的伦敦金融城恐将受到负面影响。英国将失去作为欧盟成员自动享有进入欧盟金融市场的权利，而要与美国和瑞士等第三国一样，通过更加严格的标准进入欧盟金融市场。

根据英欧此前达成的协议草案，英国将在2019年3月29日正式退出欧盟。此后将有21个月的过渡期，在此期间，英国继续留在欧洲共同市场与欧盟关税同盟内，享受贸易零关税待遇，但不再拥有欧盟成员所享有的表决权。英国北爱

---

① 李满田、高哈吉：“土耳其的欧盟之路”，载《欧洲研究》2004年第1期，第103页。

尔兰与爱尔兰共和国之间不设置“硬边境”，英欧将继续商议“脱欧”过渡期结束后通过技术等手段解决这一边界问题的方案，目标是力保边界畅通无阻。

但是，英国“脱欧”进程多次拖延，未能按预期进行。

2019年10月17日，欧盟与英国在欧盟峰会召开前的最后一刻，达成新的“脱欧”协议。据英国广播公司网站消息，在10月22日举行的议会投票中，英国议会下院以329票支持、299票反对的结果原则上通过了“脱欧”协议法案。但是，随后举行的第二场投票以322票反对、308票支持的结果否决了新首相约翰逊提出的““脱欧”执行法案快速通道时间表”。英国已向欧盟申请，将英国“脱欧”推迟到2020年1月底。得到欧盟27国领导人认可的新协议必须经过欧洲议会和英国议会批准才能生效。[①] 2020年1月，英国国会投票通过“脱欧”协议，欧洲议会于1月29日审议通过了“脱欧”协议，1月30日，欧盟正式批准了英国“脱欧”。1月31日，英国正式“脱欧”。

※ 问题思考

1. 土耳其为什么难入欧盟？
2. 英国“脱欧”对欧盟有哪些影响？
3. 英国“脱欧”需要完成哪些法律程序？

---

① 佚名：“英国议会表决通过“脱欧”协议但否决时间表”，https：//finance. chinanews. com/gj/2019/10－23/8987103. shtml，2019－10－30 访问。

第四编

教　　学

第一章　模拟试题

开卷笔试

1. 政府间国际组织在国际法上有哪些特征？（20 分）
2. 国际组织实行加权表决制度有哪些优点和缺点？（20 分）
3. 《联合国宪章》与《国际联盟盟约》有何不同？（20 分）
4. 试述成为联合国会员国的条件和程序。（20 分）
5. 试述欧洲联盟未来发展中几个令人困惑的问题。（20 分）

答题技巧：逻辑体系清晰。

关注基本概念；关键点/词/句；具体分析陈述；自己的见解。

参考答案可在本书中找。

第二章　模拟新闻发布会“联合国安理会改革”

关于模拟“联合国安理会改革新闻发布会”的计划书①

会议时间：

会议地点：

会议主席团（主持人）组成：

出席会议人员：

安理会常任理事国代表（中国、法国、俄罗斯、英国、美国）

申请国家代表（巴西、德国、印度、日本）

记者及其他国家代表

会议内容安排：

1. 主持人发言，宣布会议开始及会议安排。

2. 各申请国代表陈述。

每个国家派一人进行陈述，另派一人将所陈述内容概要书写在黑板上。（书写内容包括优势和不足）。陈述顺序按各国家首字母的排列顺序进行，依次为：巴西、德国、印度、日本。

3. 常任理事国代表提问。（可向任意一个申请国代表提问）

会议前半段结束，总时长控制在50分钟以内。

休息5分钟。

会议后半段开始，总时长控制在50分钟以内。

4. 记者及其他国家代表提问。（可以选择常任理事国和申请国代表中的任意一位进行提问）

---

① 本计划书出自2005年11月笔者在哈尔滨工业大学法学院讲授国际组织法课程时指导2003级本科生草拟。各国发言稿由学生根据任课教师的指导和要求撰写。本章所列内容，仅供参考，观点不一定正确。

5. 自由提问。(在座所有人员可以相互提问、回答)
6. 主席团会议总结。主持人宣布会议结束。
7. 任课教师总结。

各国各机构模拟代表发言稿节选

主持人开幕词

各位先生,各位女士,大家好!今天,我们在这里召开有关联合国安理会改革的新闻发布会。下面,我简单介绍一下联合国安理会改革问题的由来。

众所周知,联合国是第二次世界大战后建立的最主要的、有着最广泛代表性的政府间的国际组织,代表着世界各国的共同利益。《联合国宪章》是各会员国共同意志的体现,是联合国一切活动的法律依据。宪章规定,联合国的宗旨是维护国际和平与安全,发展国家间的友好关系,进行国际合作,以解决国际经济、社会、文化和人道主义问题,并促进各国对人权的尊重。为此,各会员国都有义务遵守《联合国宪章》规定的基本原则。

而联合国宗旨的实现和原则的贯彻,离不开安理会的有效运作。安理会是联合国中唯一负有维护国际和平与安全的主要责任并有权采取行动的机构。安理会由五个常任理事国(中国、法国、俄罗斯、英国和美国)和十个非常任理事国组成。

在60年的发展历程中,联合国对世界的和平与发展作出了不可磨灭的贡献。

在裁军和军控方面,联合国大会每次都把裁军列为重要议程,并设立"裁军委员会"负责相关工作。特别是作为安理会常任理事国的俄罗斯与美国,在削减战略核力量方面的合作对推动世界和平与安全有重要意义。

在缓和地区冲突方面,联合国大会和安理会发挥了重要作用。在亚洲,它推动阿富汗、柬埔寨问题的政治解决;促使两伊战争双方握手言和;使海湾战争、黎巴嫩内战以及塞浦路斯武装冲突和平解决。在非洲,它促使安哥拉停止内战;推动索马里各方停火;支持纳米比亚民族自决;谴责卢旺达大屠杀。在拉丁美洲,它劝说危地马拉交战双方放下武器。

另外,联合国安理会与各专门机构一道,在促进各国的经济合作、科技、文化的交流,救济和安置难民、维护妇女和儿童的合法权益,关心老年人和残疾人的福利等方面做了很多工作。

然而,随着世界形势的发展,虽然和平与发展仍是当今时代的主题,但是,和平与发展面临越来越严重的挑战。在政治领域,非传统安全问题凸现,恐怖主义和跨国犯罪日趋严重。在经济领域，南北贫富差距不断扩大。在这样的国际状况面前，一些国家趁机推行新干涉主义，对中小国家的独立和主权构成严重威胁，并从政治领域扩大到经济领域，以政治要挟为交换条件，向发展中国家施加经济压力，作为干涉内政的手段。① 联合国的权威遇到前所未有的挑战。正如安南秘书长在第58届联大上强调的那样，"伊拉克战争使集体安全原则和联合国的应变能力受到了严峻考验，在联合国58年的历史中，其前景从来没有如此糟糕"，联合国"已处于十字路口"，必须进行"大幅度改革"。

面临新的形势和挑战，联合国安理会必须改革。常言道："千里之行，始于足下。"我们相信，在各国的共同努力下，联合国改革特别是安理会改革一定会取得成就。

巴西代表发言－I

巴西应该成为联合国安理会常任理事国

一、巴西入选联合国安理会常任理事国的基本立场

巴西（还有德国、日本、印度、尼日利亚等国）被认为是最有望入选安理会常任理事国的候选国家，这些国家一直在为获得安理会席位而努力寻求支持。从它们的方案看，目的明确、态度一致，其基本立场是：在时间上尽快实现扩大；在类型上支持常任理事国和非常任理事国数目同时扩大；在否决权问题上，虽然它们大都表示，愿意限制否决权的使用或不单独使用否决权，但同时也提出，新旧常任理事国应该具有同等权力。②

巴西国际问题专家席尔瓦指出，联合国改革方案尽管有多套，但巴西、日本、印度和德国四国为候选国是板上钉钉的事。目前，改革报告中的第一套方案还是符合实际的，即增加6个常任理事国，亚洲2席、非洲2席、欧洲1席和美洲1席，另增加3个任期2年的非常任理事国。按照这一方案，美洲1席将由巴西担任，欧洲是德国，亚洲是日本和印度，非洲现有埃及、尼日利亚和南非竞争，国际社会不应对其干预，应由非洲国家内部通过协商推选产生。③

---

① 李铁城："世纪之交联合国面临的挑战"，载《外交学院学报》1996年第3期，第38页。

② 李东燕："对安理会改革及其方案的比较分析"，载《世界经济与政治》2001年第11期。

③ 佚名："谁能成为联合国新常任理事国?"，http：//www. southcn. com/news/international/gjsp/200412080409. htm，2005－11－01访问。

二、巴西符合安理会常任理事国的原则和条件

第一，贡献原则。《联合国宪章》规定，安理会成员是对联合国维持国际和平与安全或其他方面有重大贡献的国家，至于对联合国的贡献体现在哪些方面，并没有具体的规定和标准。这一点也得到不少会员国的支持，认为这样可以加强安理会的力量和效率，增加联合国的资源。有些方案试图制定出参数，将会员国对联合国的贡献进行量化分析。经常提到的贡献标准包括人口、财富、对联合国维和行动的贡献、交付会费情况等。

但也有许多国家反对以财政贡献和实力作为衡量对联合国贡献大小的标准，认为这样有悖于国家不论大小一律平等的原则。它们指出，联合国不是“富国俱乐部”，不是“董事会”，安理会席位不能买卖。例如卡塔尔代表曾说，如果德国对联合国的贡献是1亿美元，“如果这就是常任理事国席位的价格，我们当然出得起，我可以建议我的政府一年出1.1亿美元竞争这一席位。”

第二，地域分配原则。宪章规定，选举理事国时要考虑地域上的公平分布，但如何划分地域没有规定。在安理会和经社理事会1963年扩大时，逐步发展起来一种地域划分原则，现已基本被接受，形成了5个地区选举组，它们是非洲组、亚洲组、东欧组、拉美和加勒比组及西欧和其他国家组。但一些国家对这种传统的划分方式提出质疑，认为它有许多不合理的地方。例如，一些国家抱怨，现有的地区选举组划分不平衡，有的组大，国家多；有的组小，国家少。例如非洲组有53个国家，西欧和其他国家组有27个国家。澳大利亚、新西兰及一些南太平洋国家被划归了“欧洲与其他国家组”，因此，它们多次提出重新划分选举组的建议。

第三，公正代表原则。除了强调地理分布的均衡性、代表性外，许多国家代表还提出，选举安理会成员应该遵循公正、平等的原则。发展中国家在安理会中缺乏代表，安理会成员过多照顾了大国利益，忽视了广大中小国家的代表权。因此，我们不仅要强调地域概念，也要强调国家集团的代表性。墨西哥代表指出，如果新增五个常任理事国，那么在常任理事国中，欧盟将有三个，北约将有四个，八国集团将有六个，安理会便成为一个欧洲国家和发达国家的特权集团，不符合代表性和平等原则。

三、巴西入选应该得到大国支持

大国在联合国的建立、成长过程中发挥了重大的、甚至是决定性的作用。在国际关系中，“大国”就是指那些综合国力强大的国家，具体到联合国范围内就是指美、俄、中、英、法五个安理会常任理事国和正在谋求安理会常任理事国席位的德、日等国家，关于联合国安理会改革的争论主要围绕安理会常任理事国的

数目和常任理事国的否决权两个问题展开。提出改革要求的国家既有德、日两个具有全球性影响的大国，也有印度、巴西这样的地区性强国，更有广大中小国家。

联合国不应沦为少数几个大国推行本国对外政策的工具。大国对联合国的影响不仅反映在联合国的结构和运行机制上，还反映在诸如联合国秘书长的任命、联合国的财政、对和平构成威胁与侵犯人权标准的选择以及安理会决议的实施等许多问题上。因此，应该增加发展中国家的常任理事国席位，改变五大国运行机制。

联合国的另一项重要职能就是促进经济和社会发展。对不发达国家的援助需要注入资金，环境保护需要大国承担更多的责任，改变不合理的国际经济秩序、解决发展中国家的债务危机需要大国拿出实际行动。联合国是个提出问题、交流看法的场所，解决问题则更需要大国的合作。① 巴西的加入当然需要大国的支持。

既然是改革，就应摒除以前的不合理状态。例如，大国仅仅扶持对己有利的国家，反对对它们不够顺从的国家，这是不合理的。在联合国安理会改革问题上，美国支持少数西方大国成为常任理事国的努力遭到安理会其他常任理事国和发展中国家的抵制。② 改革的重点应放在强调加强联合国在促进发展方面的作用，而不是一味地为了精简机构和节省开支。当年非统组织主席、津巴布韦总统穆加贝指出："把联合国变成一个纯粹的政治机构的任何企图将会排斥联合国在发展中的作用。"因此，发展中国家的代表更应得到大国的支持。

巴西代表发言－Ⅱ

巴西成为常任理事国的主要理由

安理会改革涉及的主要问题包括：否决权的问题；扩大发展中国家参与的问题；地区平衡的问题；历史的问题；联合国存在基础的问题；折中方案的问题。

巴西奉行独立自主、不干涉别国内政的外交政策。提出外交政策的重点是为经济服务。注意加强同第三世界国家的关系。

巴西成为常任理事国的主要理由有三项：

---

① 于铁军："关于大国与联合国关系的几点看法"，载《欧洲》1995年第6期。

② 陈德民："从科索沃危机看美国的国际新秩序"，载《教学与研究》1999年第10期，第26～31页。

第一，巴西是南美洲影响力最大的国家（人口、面积、经济实力等），现在南美洲在安理会中的影响太小。

第二，巴西政治环境好，奉行独立自主的外交政策，为维护世界和平作出了较大的贡献。

第三，其他几个国家都不宜成为常任理事国，日本对历史问题持不负责任的态度，亚洲国家对其入常表示反对，安理会不是董事会，不能以交纳会费的多少决定是否应该成为常任理事国；德国所在的欧洲已有将近三个名额，若德国成为常任理事国，对其他地区的国家不公平，而且德国作为发达国家，若再成为常任理事国就会使安理会在更大程度上成为一个富国俱乐部，这样对广大发展中国家也不公平；印度和巴基斯坦的民族矛盾，使得印度在维护世界和平方面的能力受到怀疑，它若成为常任理事国只会使得印巴地区更加不稳定。相对来说，巴西比以上几个积极谋求成为常任历理事国的国家更具有优势。

德国代表发言－Ⅰ

联合国安理会常任理事国应该扩选

德国一直以来都提倡对联合国安理会进行一次深远的改革。就目前安理会的组成状况来说，几乎所有的联合国成员都认为，它不能起到“代表”的作用，不能反映当今的世界局势，且其运作缺乏透明度。尤其是伊拉克战争引发的联合国内部危机，更凸现了改革的重要性。而我们知道，安理会的合法性取决于它在多大程度上代表了所有的国家和地区，因此，为了保证安理会决议合法、合理和被有效执行，我们必须对它进行改革。

首先，这次的安理会扩选必须充分反映当代世界局势的变化，例如非殖民主义趋势、冷战的结束和全球一体化，其组成必须真实反映当前地缘政治的现状。这意味着南部所有地区必须在常任理事国中有所代表。那些在非洲、亚洲和拉丁美洲扮演主要角色的国家应该在安理会中获得常任席位。如果常任理事国的构成能够更广泛和均衡地代表各大洲的利益，将会增强各成员的归属感和责任感，从而激励他们为联合国的宗旨和使命作出长期的贡献。

其次，安理会的扩大也要考虑那些正在为，和将要为维护世界和平和安全作出突出和持续贡献，并致力于实现联合国宗旨和使命的国家。我们德国加入联合国 30 多年来，在维护世界和平与安全方面的成绩是斐然的，像延长《不扩散核武器条约》的期限、禁止实验核武器、在伊拉克问题上保持自己的立场等；另外，德国现有 7800 多名士兵参与联合国的维和行动，是世界上出兵最多的国家之一。我们还做好了承担更大责任的准备。我们的支持者有法国及其他主要的欧盟国家、俄罗斯和日本。而鉴于我们对世界反恐战争所作出的贡献，我肯定，我们的朋友美国也将会支持我们。

再次，就改革的具体方案而言，我们不赞成那种“夹生的或过渡性方案”。我们主张，常任理事国和非常任理事国同时扩大，增加5个常任理事国、4个非常任理事国，使安理会成员扩大到24个。同时，新增的常任理事国应与现任国家享有同等的权利。这种方案既能提高参与度，又能充分扩大安理会的代表性。相信有了更多国家的参与，改革后的安理会定能在维护世界和平与安全面前有更好的作为。

德国代表发言－Ⅱ

德国的安理会常任理事国候选状况

一、德国候选的主要优势

在联合国安理会常任理事国之争中，德国最有力的一点理由是，我们对联合国最重要的使命——国际维和作出了实质性的贡献。“二战”结束近60年来，德国积极参与国际维和，是联合国的第三大出资国。其次，德国的国际影响力和国际形象不断提升，使其有资格要求常任理事国地位。在组建欧盟和欧盟东扩的过程中，德国作为欧洲传统大国发挥了主导作用。

如果把同是发达国家的德国与日本相比较，德国还具有两个重要的优势。一是“二战”结束之后，德国在战争反思方面一直表现比较主动，与拒绝承认战争罪行的日本相比，德国的举动无疑为自己赢得了更多的支持分。二是德国重视“与邻为善”。“二战”之前，德国四面是敌，如今，德国与邻国已经化敌为友。

二、德国候选的主要劣势

德国的第一个劣势在于，除了法国之外的欧盟其他大国，可能会出于欧洲内部力量制衡的考虑，反对其获得更多的国际权力。此外，在伊拉克问题上得罪了美国，也被认为是对德国不利的一个重要因素。

三、德国候选难逾三大障碍

尽管目前的时机对德国跨入安理会门槛较为有利，然而，德国政府自知前进的道路并不平坦，达到既定目标要克服三大障碍。

一是美国的态度。美国曾是德国争当安理会常任理事国的主要支持者。但德国在伊拉克问题上顶撞美国后，美国是否还会支持德国已经成了一大悬念。二是欧洲一些国家的反对。早在科尔政府时代，意大利、西班牙等国家就明确表示不赞成德国成为安理会常任理事国。这些国家对德国并不服气，认为自己也有担任常任理事国的资格。三是国际社会难以就新常任理事国成员名单达成一致。

尽管有德国官员承认①，在新常任理事国名单没有形成的情况下，联合国大会单独就德国资格进行表决的可能性微乎其微。但权衡利弊，并考虑到国际和国内的各种因素，德国政府可能会在今年联合国大会期间积极游说，再次明确表明自己有资格担任安理会常任理事国，并敦促联合国加快包括安理会组成在内的各项改革。

印度代表发言－I

印度是安理会新增常任理事国的理想候选国

现在，印度就申请加入安理会常任理事国席位发表意见。

印度是安理会扩大后新增常任理事国的理想候选国。印度人口全球第二、国土面积世界第七，也是世界上最大的民主国家，而目前安理会常任理事国已有三个美洲和欧洲国家，印度的加入不仅符合地域平衡原则，也可以提高发展中国家今后在联合国的地位，使安理会更具代表性。

目前，印度的申常计划得到了许多国家的支持。

在安理会常任理事国中的俄罗斯、法国、英国明确支持印度成为联合国常任理事国。普京支持印度成为联合国常任理事国，支持印度取得联合国常任理事国的否决权。普京指出，所有常任理事国必须拥有否决权，否则，这对联合国而言将是十分不完全正当的改革。英国首相布莱尔表示：支持印度争取联合国常任理事国席位，印度可以在国际舞台发挥更大作用。2001 年 11 月 1 日，包括法国、俄罗斯、越南、亚美尼亚在内的一些国家在联合国大会发言时，强烈支持印度成为安理会常任理事国。俄副外长在发言时将印度称为亚洲地区“强大和名副其实”的候选国。②

---

① 钱文荣：“论联合国改革与联合国的未来”，载《世界经济与政治》2000 年第 3 期。

② 佚名：“法俄越等国强烈支持印度成为安理会常任理事国”，http：//news. sina. com. cn/w/2001－11－02/391021. html，2005－10－20 访问。

此外，印、德、日、巴四国声明，相互支持竞争安理会常任理事国席位。2004年9月21日，四国领导人在纽约会晤后发表联合声明，将在今后安理会的改革中，相互支持竞争安理会常任理事国的席位。我们是扩大后的安理会常任理事国的合理候选国。基于这一共识，四国决定相互支持对方的候选资格。声明还说，非洲也必须有国家担任安理会常任理事国。四国将和其他有着相似看法的联合国成员一起，为推动联合国进行有意义的改革而努力。①

印度代表发言 - Ⅱ

印度在第三世界中的地位及影响

现在的印度人口总数位于全球第二、国土面积世界第七、GDP总值5000亿美元，可以说，印度是除中国之外的第三世界的最大代表。

一、印度的国力

在经济方面，经过50多年来的努力，印度经济发展取得了举世瞩目的成就，综合国力有了明显加强，建立了一个庞大的、独立的、完整的国民经济体系。通过绿色革命，粮食不仅自给自足，而且还成为世界第三大粮食出口国；通过白色革命，成为世界上最大的牛奶生产国。印度不仅在南亚地区占有绝对的经济优势，就是在整个印度洋地区的所有国家中，其经济力量也是首屈一指的。

在教育与科技发展方面，印度政府重视科技和教育，积蓄发展后劲。印度重视大学教育、国防技术发展。

在军事力量方面，印度兵力总数位居美俄中之后，位列第四，是亚洲和发展中国家中唯一拥有航空母舰的国家。

二、印度的角色与影响

印度在国际舞台上始终是一个活跃的角色，对第三世界的国际影响力不俗，主要有两个重要的表现，那就是与中国共同倡导了“和平共处五项原则”以及长期以来作为“不结盟”运动的“领头羊”。

“和平共处五项原则”成为各国处理相互间关系的基本原则，成为国际法的一个基本原则。自从尼赫鲁总理提出不结盟的思想与政策以来，印度一直在不结

① 佚名：“巴德印日相互支持竞争安理会常任理事国席位”，http：//news. sohu. com/20040922/n222174759. shtml，2005-10-20 访问。

盟运动中处于领导地位，历届政府都强调“不结盟”是其外交政策的基础，努力发展与各国的关系，力争在地区和国际事务中发挥重要作用。

在海湾危机过程中，为了不致使不结盟运动发生分裂，印度提出了自己的和平方案，奔走斡旋。针对不结盟运动成员面临着发展这一共同的问题，印度提出，冷战后的不结盟运动重点应放在发展与合作上，增强第三世界集体自力更生的能力，以建立起基于和平、安全、经济和社会公正的世界新秩序。现在在不结盟运动的三个创始国中，南斯拉夫已经分崩离析，埃及作用也今非昔比，唯有印度地位还比较突出。凡此种种，为印度在第三世界保持乃至扩大影响力创造了机会。

三、印度观点

（一）联合国安理会改革

反映“二战”结束初期力量对比的安理会常任理事国的构成已经不符合“冷战”后国际关系的现状，不具有普遍的代表性，其改革势在必行。

领土面积、人口、地缘政治优势、文化与精神发展、经济潜力、军事能力等应成为决定一个国家成为安理会常任理事国不容忽视的因素。

扩大发展中国家在常任理事国中的代表。印度的加入不仅符合地域平衡原则，也可提高发展中国家今后在联合国的地位，让安理会更具备代表性。

（二）印度对维护世界和平的贡献

自联合国成立至今，印度一直是联合国“蓝盔”维和部队的主力军。权威统计资料表明，从 1948 年联合国派出第一支维持和平部队到 1998 年 10 月，已有 1500 多名联合国人员在执行任务时丧生。其中，印度是继加拿大之后，牺牲人数最多的国家。此外，在所有 110 个派出维护人员的国家中，印度是第四大出兵国。许多印度舆论就此强调，将长期为国际和平作出重大贡献的印度排除在常任理事国之外，于情于理都说不过去。

（三）印度经济的潜力大

印度某些投资环境甚至比中国还好。

日本代表发言－I

日本的主张和安理会改革的必要性

第一，日本政府认为，联合国需要改革，在不影响安理会职能的前提下，应扩大理事国的数量；日本在政治、经济等各个领域正发挥着不逊于常任理事国的作用；日本若能成为常任理事国，将竭尽所能履行职责。

第二，有必要对安理会进行改革。首先，五个常任理事国的国力正相对下降。联合国要成为真正有实效的国际组织，需要主要国家发挥作用。与1945年联合国成立时相比较，国际形势已经发生极大的变化。联合国会员国大幅增加，安理会由常任理事国和非常任理事国组成，但数量同现有成员数量不相称。因此，要适当扩大安理会席位，以达到不同地区、不同国家代表性的相对平衡。其次，国际社会出现了诸如国际恐怖主义和武器扩散等新的威胁。联合国有必要在制度上进行改革，安理会应该补充新的力量，增加常任理事国成员。最后，在新成员当中，以“联合国中心主义”为座右铭且又有实力的日本理应占有一席。

日本代表发言－Ⅱ

日本对联合国活动的巨大贡献

日本历来追求以联合国为中心的国际协调，按照《联合国宪章》的宗旨忠实地履行会员国的职责，并用实际行动来维护联合国“维护国际和平与安全”的权威性和不可动摇性。

第一，日本参加联合国名义下的国际维持和平行动。日本先后向安哥拉、柬埔寨、莫桑比克、萨尔瓦多等国派出自卫队人员参加维和行动，向柬埔寨、阿富汗、南非、巴勒斯坦、波黑等派出人员执行联合国监督下的选举与和平斡旋。尤其是对一些热点地区的和平与重建。例如，1992年积极参与中东和平进程、参加柬埔寨复兴和阿富汗和平斡旋。通过这些活动，日本在国际上显示了实力。

虽然根据和平宪法，日本没有军事参与权。但是，根据1992年通过的《联合国维持和平活动合作法》，日本可以派出自卫队完成维和行动。

第二，日本积极参加联合国名义下的国际开发援助和人道主义援助，致力于帮助第三世界国家改善生活条件。日本利用经济力量对世界面临的贫困、疾病、难民、环境等问题和有关国家战后复兴提供援助，同时积极支持解决联合国开发计划署1994年提出的“人类安全保障问题”。1999年3月，日本倡议在联合国设立人类安全保障基金，到2000年年末已经提供近100亿日元的资金，实施了8个项目的援助。在联合国千年大会上，森喜朗前首相又倡议成立独立于联合国和各国政府的“人类安全委员会”，将在人力和资金方面提供最大限度的支持。①

第三，日本当选为非常任理事国次数最多，是联合国几乎所有专门机构的成

① 孙承：“论日本争当安理会常任理事国问题”，载《现代国际关系》2001年第8期。

员，并在环境计划署、儿童基金会等机构中任理事国。在联合国及其附属机构中占据要职人员最多。在联合国经社理事会等18个主要机构中，日本是世界上担任理事等要职最多的国家。通过谋取这些机构的领导职位，在机构内发挥实际作用，显示了日本的重要存在。前联合国副秘书长、驻柬临时权力机构干事长明石康，以及难民事务高级官员绪方贞子、世界卫生组织总干事增岛宏、三次当选国际法院大法官的小田滋、联合国负责编制预算的财务主管高须等就是其中的突出代表。

第四，日本积极参加联合国活动，争取主导地位。日本人以往留给世界的印象是，参加国际活动或联合国会议时缺少独立性，总是跟随某一大国之后随声附和。从20世纪80年代开始，日本注意改变自身形象。日本加入联合国以来首次独立提出议案并获得通过是在1985年第40届联大会议上，针对联合国面临的严重财政危机，日本外相安倍晋太郎提出成立高级专家会议研讨解决方案的建议，被大会通过。1986年，“贤人会议”提交了改革报告书，提出改革建议达72项，其中包括联合国职员总数在3年内削减15%（其中副秘书长、助理副秘书长等高级官员削减20%），精减秘书处，合并重复机构，减少经费开支等内容。报告经大会长时间的审议，最后获得通过，使联合国的财政改革向前迈进了一大步。[①] 此后，在联合国许多议案的创制过程中，日本专家都全程加入，发挥重要作用，特别是有关柬埔寨问题的议案，日本专家都作为主要起草人参加，被称为“柬埔寨问题活字典”，在该问题的解决上被认为是事实上的常任理事国。[②] 近年来，由日本主办的联合国有关会议也频频在日本举行。

第五，负担着联合国整个财政收入的19.5%，仅次于美国的22%，超过安理会其他4个成员中、英、法、俄经济负担之总和。日本不能仅仅是提供经费，对经费的使用也应有发言权和决定权。

第六，日本是无核国家。国际社会正面临60年前的联合国创建者们无法想象的新课题，与恐怖的斗争、确保防止大规模杀伤性武器的扩散等。现在的常任理事国全都是有核国家，而日本是无核国家，并且是核武器的受害国。日本可以无核国家的立场在军备管理、裁军等问题上积极地独立地发挥作用。因此，日本能够为世界和平与发展不断作出贡献，尤其是在防止杀伤性武器的扩散等方面。

第七，亚洲拥占全球人口3/5和国民生产总值1/4，有超过半数全球外汇储备，但在安理会5个常任理事国席位中只占一席。从世界范围来看，中日两国对世界的影响具有重大的互补性，中国在政治层面的影响力略大于日本，而日本在经济的影响力方面仍然远远超过中国，二者合作必能对世界造成深远影响。

---

① 鲁义：“安理会常任理事国——日本的目标与动向”，载《外国问题研究》1997年第4期。

② 林晓光：“日本政府的‘联合国外交’”，载《现代日本经济》1994年第2期。

总之，日本若能成为常任理事国，这将有利于联合国将来的活动。

意大利代表发言

意大利总理于2005年8月初致函美、中、俄、英四国领导人，申明意大利反对以简单增加常任理事国成员的方式改革联合国安理会，特别是反对增加德国和日本而将意大利排除在外的改革，强烈要求四国支持意大利的立场。他说，如果联合国安理会一定要增加常任理事国的话，就没有理由将意大利排除在外。因为意大利在国际政治、经济等领域发挥着重要作用，它为联合国提供经费的数额在各成员中占第六位，为联合国和平使命承担的任务占第二位，它还是以联合国为中心的多边主义和联合国目标的真诚支持者。

意大利的外长并不掩饰意大利政府的“利益考虑”，声称这是一场关系国家根本利益的斗争。他甚至说，德国和日本为一己私利争做常任理事国，我们也必须捍卫自己国家的利益。如果他们对不起我们，我们也将对不起他们，这是我们的权利和义务。罗马的观察家认为，外长说这番话自有其苦衷。从历史角度看，意大利曾与德国、日本共同结为第二次世界大战的“轴心国”，只是由于意大利后来退出“轴心”，转而同德国作战，才没有被列入“战败国”；在当今现实中，意大利与德、日、英、法等国同属八国集团。如果德国和日本真的成为安理会常任理事国，那么意大利在欧盟和世界上的地位将大幅下落，彻底沦为二流国家。这是意大利所无法接受的。

意大利也深知，凭自己的实力难于同德日及其他人口大国竞争常任理事国席位，意政府认为，这一改革应当追求民主、透明、多边主义和有效决策的目标，而在现有基础上简单地增补几个常任理事国成员只能是一种“倒退”。意大利政府提出的具体改革方案是，将安理会成员扩大为24国。其中，现在的五个常任理事国的地位和权力不变；同时，在考虑对联合国资金和各项使命所做贡献的基础上，选择各地区有代表性的七至八个国家作为“半常任理事国”，每四至五年轮任一次；其余11至12个非常任理事国，由其他国家每两年一次轮流担任。[①]

可能是考虑到这样的方案还是会使德国和日本占便宜，并且也不利于争取众多中小国家的支持，外长日前向联合国大会提出了新方案：维持现在的“五常”，不设“准常任理事国”，将非常任理事国的席位增加到15至20国，按地区平衡选举，给予发展中国家平等竞争的机会，以反映它们日益增长的国际作

① 穆方顺：“意大利为安理会改革发起外交战”，载《光明日报》2004年8月26日。

用。同时，意大利还主张，应当考虑欧洲一体化业已取得重大进展的现实，让欧盟在安理会占据一席。

意大利外长称，在安理会改革问题上的立场并不是针对德国的，两国之间的分歧应该友好地予以解决。

其他立场和声音

对于意大利的“反德”立场及其提出的这一改革方案，德国人斥之为“损人又不利己”。时任德国外长菲舍尔对意大利《晚邮报》发表谈话说：意大利应当自荐候选，诚实竞争，而不应阻挠联合国改革。意大利外长则回应说，德国争做安理会常任理事国是与欧洲政治统一的理想背道而驰，毁掉了欧盟作为整体进入安理会的目标。意大利虽然也考虑本国利益，但更主要的还是维护联合国民主与平等原则，在如此重大的问题上来不得半点马虎。

第三章　模拟谈判“英国脱欧”及学生总结

模拟谈判“英国脱欧”计划书①

会议时间：2018 年 11 月 27 日

会议地点：河海大学江宁校区致高楼 B204

主要议题

议题 1：英国“脱欧”后，对欧盟的经济援助政策的调整

议题 2：英国“脱欧”后，双方的金融管理（包括税收、汇率）

议题 3：英国“脱欧”后，爱尔兰和北爱尔兰的硬边界问题

会议主持人组成：3 人

出席会议人员：

英国代表：6 人

欧洲联盟盟国代表：11 人

欧洲联盟机关代表：理事会 2 人、委员会 2 人、议会 2 人、欧洲法院 2 人

记者：9 人

会议总体程序安排

1. 主持人发言、背景介绍
2. 英国代表陈述
3. 盟国代表发言与提问
4. 欧盟机关代表进行发问
5. 在场记者举手发言发问【根据学生人数，备选环节】
6. 多方谈判（包括私下谈判）

---

① 2018 年 11 月，葛勇平在河海大学法学院讲授国际组织法课程时，指导 2016 级本科生 1 班筹备组草拟本计划书。各方发言稿由学生根据任课教师的指导和要求撰写。本章所列内容，仅供参考。

7. 投票表决
8. 主持人总结
9. 任课教师总结

人员发言时间顺序等具体安排

1. 主持人发言、背景介绍

2. 模拟英国代表陈述

六位模拟英国代表，每两人负责一个议题的陈述，每个议题至多四分钟。三个议题皆陈述完之后，六位模拟英国代表上台接受提问。（12 分钟）

3. 模拟盟国代表发言与提问

由主持人指明某某国家代表进行提问，原则上每个成员皆需发言一次，要求成员代表站起来提问时需表明身份，指明针对哪个议题进行发问，可做简单陈述，每人发言不得超过一分半钟。英国代表自行决定由谁回答。（18 分钟）

4. 模拟欧盟机关代表进行发问

由主持人指明某某机关进行提问，原则上每个欧盟机关皆需发言一次，要求欧盟机关代表站起来提问时需表明身份，指明针对哪个议题进行发问，可做简单陈述，每人发言不得超过一分半钟。英国代表自行决定由谁回答。（12 分钟）

5. 在场记者举手发问【根据学生人数，备选环节】

由主持人指明某某记者进行提问，原则上每个记者皆需发言一次，要求记者站起来提问时需表明身份，指明针对哪个议题进行发问，可做简单陈述，每人发言不得超过一分钟。英国代表自行决定由谁回答。（10～15 分钟）

6. 多方谈判（包括私下谈判）

多方谈判（公开谈判，结束后进行私下谈判）

在场全部人员皆可参与，例如国家与国家之间、欧盟机关之间、国家和欧盟机关之间，可以对彼此在之前环节中对议题的观点与阐述发表看法，就具体细节进一步讨论、协商，尝试达成一致。此环节主持人可不主持，大家自觉依次发言，距离结束还剩 30 秒时主持人提醒在场人员注意时间。两个环节时长各不超过四分钟。鼓励大家踊跃发言。（8 分钟）

7. 投票表决

由欧盟成员首脑投票表决是否同意英国“脱欧”谈判结果，主持人统计票数，暂定 2/3 多数决。

各欧盟机关在主持人的主持下依次表明立场，可做简单总结，不可赘述，一两句话即可。（根据投票结果随机应变）

8. 主持人总结

根据少数服从多数原则，主持人宣布结果。（根据投票结果随机应变）

9. 任课教师总结

注意事项

为确保本次模拟谈判顺利进行，请各位参与模拟谈判的人员严格遵守以上时间要求以及发言要求，不得超时。听从主持人的安排推进谈判流程，不得随意打断他人发言，扰乱谈判秩序。负责计时的主持人应当及时提醒超时的人员停止发言，以确保谈判时长控制在70～80分钟。

会议简况

1. 主持人发言、背景介绍

各位先生，各位女士，大家好！今天，我们在这里针对英国“脱欧”协议的部分内容，包括英国“脱欧”后，对欧盟的经济援助政策的调整，包含税收、汇率在内双方的金融管理以及爱尔兰和北爱尔兰的硬边界问题，召开欧盟特别峰会。

众所周知，欧洲联盟，是由欧洲共同体发展而来的，现拥有28个会员国，总部设在比利时首都布鲁塞尔。政治上，欧盟所有成员均为民主国家；经济上，为世界上第一大经济实体；军事上，绝大多数欧盟成员为北大西洋公约组织成员。那么，欧盟作为欧洲地区规模较大的区域性经济合作的国际组织，英国为何在加入之后又想要脱离欧盟呢？

下面，请另一位主持人简单介绍一下英国“脱欧”的背景。

英国“脱欧”的背景

自2010年英国保守党与自民党组成联合政府后，调整英国与欧盟的关系逐渐成为英国内政外交议程上的重点。联合政府组成协议上就宣布，任何新权能“上交”欧盟必须经过英国全民公投，同时承诺开展欧盟和英国权能平衡的审查工作。在2010年换届大选之前，英国保守党派就提出要从欧盟获取更多利益，收回原属国家的一些权力，在该党执政后，英国国内的疑欧力量不断壮大，从而给了首相卡梅伦一定的压力。因保守党内部由来已久的疑欧派和英国独立党（UKIP）的不断施压，2011年12月，卡梅伦拒绝签署“财政条约”，这使得英欧冲突愈加明显。2011年“公投之锁”以《欧盟法案2011》的形式固定，而权能平衡审查也于2012年7月正式开始。

2013年1月，卡梅伦发表演讲，正式承诺要将决定英国在欧盟去留的决定权交给英国人民。2015年4月，保守党竞选宣言中正式承诺，赢得选举后将在2017年年底前举行“脱欧”公投。2015年5月，保守党获得大选胜利，关于欧盟公投立法工作开始，英国“脱欧”公投的倒计时开启。

在保守党赢得2015年大选并顺利组阁后，之前沸沸扬扬的欧债危机使得英欧关系陷入僵局，在新财政契约、金融税和欧盟预算等问题上，英国与其他欧盟成员分歧不断，英国便冒出了一股声音，主张干脆退出欧盟。而卡梅伦在演讲中称，英国需要欧盟作出更多让步，以谋求更多利益。其动机十分明显，即以英国“脱欧”相威胁，通过讨价还价，使其在欧盟内部获得更多“特权”，从而在英欧权利分割中占据有利地位。

从英国角度看，近些年来，欧盟几次扩张，成员之间经济实力相差悬殊，以致无法谋求相同的经济目标；相对实力较弱的新盟友在不断瓜分着欧盟有限的资源，但同时却要大牌国家承担高昂的会费。这样不合理的怒气随英国“脱欧”公投积聚爆发。近年来，欧盟对英国的反哺能力在下降，英国对欧盟经济的萧条表示不满。在经济上，英国觉得欧盟限制了其发展；在政治上，欧盟东扩以后，德国在欧盟的中心地位日益显现，使英国彻底断送了成为欧洲核心的想法，英国在欧洲大陆寻求政治经济地位的初衷无法满足。且随着欧盟的成员日益增多，英国看到欧盟的蛋糕不再做大，但瓜分蛋糕的同盟国越来越多，直至分得的分量与需要承担的高昂代价无法平衡。

从欧盟角度看，欧债危机以来，一方面欧洲国家发展不均衡进一步突出，另一方面欧元区国家为应对危机走上了进一步融合的道路。英国认为，在欧元区国家的一体化过程中，英国这样的非欧元区国家的利益没有得到应有的尊重，而欧盟发展受阻的症结在于欧盟统一大市场不够完善。因此，应将增强单一市场而非欧元作为欧盟工作的主要努力领域。在此期间，英国国内民意也出现了不利于欧盟的变化。欧盟东扩使在英国工作的欧盟移民明显增多，而经济不景气加剧了英国人对移民争抢福利和工作的担忧。以反移民为主要议题的英国独立党也正是在这一背景下壮大的。保守党此时也完成了从挺欧政党到疑欧政党的转变。

2. 英国代表陈述

第一位英国代表。英国与欧盟在此之前有自由贸易协定，这些协议意味着英国60%的商品出口与欧盟成员有关。而英国“脱欧”后，英国将面临贸易关税的提升，增加一些额外的成本。但同时，英国“脱欧”将给英国另外一个机会，它可以与非欧盟国家进行贸易交易，事实上，英国甚至可以自己制定单方面的自由贸易政策，使本国贸易政策更加灵活。在某种程度上讲，英国“脱欧”对自身贸易影响可能相对较小，并没有预期那么大。而如果英国能够利用新的自由贸易协议，离开欧盟，长期来看，反而能够摆脱本来日渐势微的欧盟贸易框架。

同时，英国退出欧盟还将使金融服务、创新、外来投资、消费及房地产等多方面受到影响，也许短期内各方面都会有一些影响，但从长远来看，只要英国政府拿出魄力，也许将发现另一片机会的海洋。

第二位英国代表。英国作为欧盟的重要成员之一，“脱欧”对英国影响主要表现在以下几个方面。

第一，英国将省下向欧盟缴纳的高昂会费，减少财政支出，为英国经济发展提供更多的资金支持。“脱欧”之后，英国不必向欧盟缴纳每年数十亿到上百亿英镑不等的会费。以2015年为例，英国向布鲁塞尔支付的欧盟会费高达178亿英镑，相当于每周缴纳3.5亿英镑。

第二，减少相关规定的限制，促进英国贸易的自由发展。当今世界，欧盟已经成为集中、调节和控制的代言词，欧盟法律限制太多，庞大的欧盟管制体系限制了英国和其他国家，如中国、印度、美国签订自由贸易协议以及英国的行业发展。以海关为例，欧盟相当于一个海关，其旨在保护这里的农业和制造业。它通过给农民补贴和设置捕鱼的配额实施保护。与国际市场相比，欧盟导致这里的人需要付更多的钱买这些东西。一旦英国“脱欧”，人们会面临便宜的食品价格，他们只需要支付与世界上其他地方相同的价格。

第三，减轻援助义务。“脱欧”之后，英国就能大幅减轻对欧洲经济的援助义务，不必担心为日益严峻的欧债危机所拖累。更何况，欧债危机爆发后，欧洲大陆经济体要求加强欧洲政治联盟的呼声逐渐增强，而这正是英国最担心和抗拒的事情。

第四，“脱欧”之后，英国可以摆脱欧盟在各个领域所制定的严格的生产标准和监管法规的束缚，从而降低生产成本。英国媒体称，仅仅是欧盟现有的100项生产标准和监管法规，就给英国企业增加了每年330亿英镑的生产成本。

第三位英国代表。关于英国“脱欧”后爱尔兰和北爱尔兰的硬边界问题，第一，我们不希望回到硬边界的状态。“硬边界”即设有海关、边境口岸、检查站、检验检疫等实体边界基础设施，配备边防力量，有实体边界标识的状态。其实就是人们所熟悉的、设有边界警戒线和检查站，出入受到人或设备监控的普通边界。

目前，北爱尔兰与爱尔兰共和国之间的人员与货物可自由流动。一旦英国正式“脱欧”，英国与爱尔兰的边界将变为欧盟与非欧盟国家的边界。我方明确表示，不希望与爱尔兰回到硬边界的时代，而希望保留与北爱尔兰间的软边界。保证人员和贸易的相对流动性对两国的经济贸易发展均将产生有利影响。

第二，确保边境地区的人员和贸易流动，我们不会制造任何新的贸易壁垒或阻碍跨境人员流动。这是我们双方希望的结果，也是北爱尔兰最大的利益所在。我方希望能与欧洲留在同一个关税联盟，这是我方的核心诉求。

第三，英国愿与欧盟在一段时间内依然维持单一海关区，并实行关税及海关深度合作，力求商品零关税，实现“高度流线型”的海关检查程序。

3. 盟国代表发言与提问

德国代表。在过去25年中，超过2500家德国企业在英国设立了分公司，旗下雇佣了近40万员工，占英国总人口的1%以上，在这之中，规模比较大的公司就有西门子公司和宝马公司等。如果英国“脱欧”，这些驻英国的德国企业的前途该何去何从，英德之间的交易条件会不会变得更加苛刻？同时，这些企业雇佣的大量员工该怎么办？英国是否会采取一些紧急措施来保护德籍外派人员的个人利益？

意大利代表。虽然“脱欧”省下巨额会费，但是英国“脱欧”后会有经济困难，所设想的会不会成为空中楼阁？具体的对其他国家的支援措施是什么？

荷兰代表。英国代表，你们好。伦敦目前一直是欧洲的金融中心，欧盟的金融市场也是与英国紧密相连的，近80%的欧盟财政部门的活动都与英国相关，荷兰的许多金融公司也常驻在英国，英国“脱欧”不仅会对自身也会对欧盟的金融市场造成冲击。那么，在金融管理方面，英国是否考虑与欧盟达成合作协议，由欧盟监管机构和英国金融行为监管局一起共同监管欧盟在英国的金融公司？

比利时代表。比利时工业发达，但经济对外高度依赖，80%原料依靠进口，50%以上的工业产品供出口，2016－2017年，比利时出口累计下滑0.3%～0.7%，潜在损失在10亿～30亿欧元之间，影响出口的主因是英国“脱欧”造成的不确定性以及英镑贬值。英国代表谈到，短期经济损失不应成为长期经济发展的阻碍，但比利时的经济损失已经成为现实不可挽回。请问，英国如何来保护、采用什么方式来保护比利时以及其他盟国的经济利益？

希腊代表。众所周知，我们的债务危机已经非常严重了。希腊所贷的款大部分是通过国际货币基金组织得到的，而这个组织用的货币单位是美元，英国如果退出欧元区，势必影响欧元的保值，而美元就会升值，希腊债务就会加重。英国对于货币汇率的变化方面有什么维持稳定的办法吗？

西班牙代表。西班牙是一个有责任心的大国，是在英、法、德、意之后的排名第五的欧盟净出资国，出资占总数的8%多。之前数年英国欠下的600亿欧元欧盟市场准入会费什么时候还呀？英国承诺的2019－2023年的预备金什么时候支付啊？还有，在欧盟工作的英国职工的养老准备金总是要给的吧？总计大约是240亿～760亿欧元，英国有什么还款计划吗？

奥地利代表。英国自从加入欧盟以来，搭上发展的便车受益匪浅，但是在面临欧债危机、难民危机等问题上拒绝和欧盟各国一起解决，而是选择退出，这样的行为有违欧盟的宗旨和原则，应该受到谴责。请问英国，对于奥地利入驻在英国的金融机构日后的正常工作开展及其权利保障，英国有哪些计划？

【英国代表回答】

4. 欧盟机关代表进行发问

第一位欧盟委员会代表。四十多年的合作是非常愉快的，因而，当英国提出“脱欧”决议时，作为欧盟委员会，我们是非常震惊且遗憾的。

第一，我要明确的一点是，在英国正式“脱欧”进程之前，欧盟不会与英国展开任何关于退出模式非正式的谈判。《里斯本条约》第50条明确规定，一旦英国正式向欧盟领导人表达“脱欧”意愿，英国将在两年后自动失去欧盟会员籍。因此，为了避免英国“脱欧”问题的不确定性给市场带来冲击，在这段时间内完成谈判，是我们双方的诉求。

第二，我们要提醒英国，如果英国“脱欧”协议草案遭到英国议会否决，将不会重启谈判。这会导致英国无协议“脱欧”后，我们不再提供所谓的过渡缓冲期。

第三，达成自由贸易协定需要一定的时间，未来的谈判将困难重重。因此，我们有必要了解英国准备如何就“脱欧”后与欧盟的贸易关系作出安排。

第二位欧盟委员会代表。英格兰与北爱尔兰民众在“脱欧”公投中都决定留在欧盟，现在的状况并不符合他们的诉求。为防止分裂主义和苏格兰可能要独立的情况，英国有哪些有针对性的处理方式?

第一位欧洲议会代表。“脱欧”后，在英国的自由贸易政策下，如果与欧盟国家产生贸易冲突该如何解决?英国对欧盟内部是否还会有贸易优惠政策?

第二位欧洲议会代表。英国如果“脱欧”，欧盟会失去其第二大经济体与最富裕的金融中心。请问，在短期内英国如何解决当前经济损失问题?

第一位欧洲法院代表。我们反对北爱尔兰与爱尔兰硬边界。这不仅是由于两国之间复杂的历史宗教问题，也是由于地形问题。属于英国的北爱尔兰与欧盟成员爱尔兰的500公里长的边界线几乎连成一片，双方设定的分界仅仅是公路上的一个点，若在那里划定关税边界，技术上无法操作。

第二位欧洲法院代表。我们不接受英国代表提出的“英国代欧盟收取经由英国运往欧盟的货物税款”方案。欧盟不可能也不会授权一个不在欧盟管理架构中的非成员采用欧盟的海关政策、法规，并代收增值税和消费税。

第一位欧洲理事会代表。基于地区和平考虑，我们希望能优先考虑爱尔兰与北爱尔兰的边界问题。我们认为，在爱尔兰和北爱尔兰地区应该设立“硬边界”。

第二位欧洲理事会代表。如果英国坚持“脱欧”，我们认为，应当将爱尔兰单独纳入欧洲单一市场或关税联盟。想就此点询问英国代表的立场和看法。

【英国代表回答】

5. 在场记者举手发问【根据学生人数，备选环节】

第一位记者。一些已经在英国建立了总部或分公司的中国公司，是否能继续享受欧洲市场免税?如果不能，英国是否会对因此给中国造成的损失进行补偿，或者是否有相应的政策优惠?

第二位记者。英国不会在北爱尔兰和爱尔兰之间设立边界或者说即使划分了边界，实质上英国与爱尔兰的人员流动和货物运输还是处于无障碍状态的。那么，英国为了摆脱难民大量流入的这一个“脱欧”目的要如何实现？

第三位记者。英方在议题中提到了“高度流线型”的海关检查程序，请问这其中具体是如何操作的？公民通行与货物流通之间又如何加以区别？

第四位记者。离开了欧盟，英国不仅不再享有零关税政策，还将失掉欧盟与外界签署的所有双边和多边贸易协定。请问，英国将与欧盟以及与欧盟之外的其他经济体建立一种什么样的关税体系？

第五位记者。希腊、意大利等欧盟国家经济发展动力不足，其主因之一是欧盟财政政策和金融政策扭曲。英国“脱欧”后，会采取怎样的经济援助政策呢？

【英国代表回答】

6. 多方谈判（包括私下谈判）

7. 投票表决

表决结果：同意英国“脱欧”的盟国代表总数为6，不满足2/3多数决的要求，因此，本次英国“脱欧”谈判失败。

8. 主持人总结

本次欧盟特别峰会要表决的“脱欧”协议草案包括两部分，第一部分是对于英欧在“脱欧”过程中涉及的关键性问题，也就是“脱欧”过渡期、公民权利、英国与爱尔兰边界等作出规范；第二部分是确定“脱欧”之后的英欧关系，着重于英国退出欧洲单一市场、关税同盟后与欧盟的贸易和安全关系。

草案为2019年3月英国正式“脱欧”后设置了21个月的过渡期，英国在过渡期内仍继续留在欧洲共同市场与欧盟关税同盟内，享受贸易零关税待遇。

草案强调，英欧将着眼于建立“自由贸易区”，双方承诺在关税方面进行深入合作。与此同时，欧盟也将承认英国的“独立贸易”政策。

双方承诺，在过渡期内保护在英欧盟公民和在欧盟的英国公民生活、工作与学习的权利。

根据草案，北爱尔兰和爱尔兰之间不会设立硬边界，双方将允许英国全境与欧盟维持名为“单一关税区”的“临时性”关税同盟，但英国必须接受北爱尔兰将在某些特定政策领域遵守欧盟规则，之后，英欧将继续商议“脱欧”过渡期结束后解决英爱边界问题的方案。

“脱欧”过渡期结束后，如果一方认为“部分或全部”协议已不适用，可提出审议请求，双方将共同决定是否取消或修改相关规定。如果方案执行期间出现严重的经济、社会或环境难题，英欧双方在极端必要时可自行采取一定规模和期限的应对措施。此外，草案还规定，“脱欧”后，欧盟给予英国“对等”的金融市场准入待遇。但这一待遇适用范围有限，商业银行借贷之类重要金融业务将受到限制，而且英国今后数年仍需遵守欧盟金融规则。

同时，英国将支付欧盟一笔“分手费”，大约为390亿英镑，而在过渡期间英国也将支付欧盟年度费用，但没有投票权。

目前，英欧之间分歧主要有三：一是西班牙近日提出的直布罗陀问题；二是英国“脱欧”之后是否全盘接受欧盟在人员、货物、资本、服务等四大领域的自由流通；三是英国与欧盟成员在共同捕鱼权等海洋权益方面如何分配。

捕鱼权方面，英欧双方目前在共同渔业政策（CFP）方面仍有争议，CFP 为欧盟各国设立渔区，并施行全欧配额制度以控制滥捕对于环境的影响等措施。但这被英国渔民视为欧洲压迫英国的象征，此前双方表示可能在 2020 年 7 月前就此问题达成新的协议。

直布罗陀方面，直布罗陀 1713 年被西班牙割让给英国，此地目前受英国管辖，但西班牙一直希望恢复行使对直布罗陀的主权。西班牙此前警告称，如果不能保证西班牙对涉及直布罗陀的事务有“特别否决权”（未经西班牙认可，直布罗陀不得适用英国与欧盟“脱欧”协议条款），该国将反对“脱欧”协议。

本次英国“脱欧”谈判失败表明，由于各方分歧较大，该协议草案尚无法通过。欧盟应做好英国“无协议脱欧”的准备。

9. 任课教师总结

内容（谈判、国际组织法律、机构、运转等）。

角色扮演、个人表现、每个同学的优点和不足、最后表示感谢。

学生个人总结和自我评分

DJJ 同学。个人角色：主持人之一，主要负责控制时间和记录。

首先，由于没有参与到筹备小组当中，在我发觉会议流程设置存在问题的时候已经晚了——在盟国、欧盟机关以及记者发言中，设置的时间照理来说应该是每人的发言、发问时间，但是总的时长设置中并没有加上英国代表的回答时间，尤其是在通常情况下，英国代表们的回答总是会很长，这就使会议的时间被无限拉长了，不论怎样去提醒代表们都无济于事。这一点我需要进行反思，作为一个“演员”，我在这一点上并没有很好地诠释我的角色。

其次，由于事先安排不是特别到位，没有跟各位代表沟通好座位的问题，导致大家都是随意坐的（代表内部没有按顺序），于是在发言的时候顺序就和一开始准备的表格上的顺序不一致。

最后，主持人果然是全场最操心的人，我应该在这之前做更加充分的准备来面对这次谈判的，但是由于各种主客观因素导致了遗憾的发生。如果有下次，我希望自己可以做一名合格的主持人，做一个高冷的场控。

我给自己打 8.5 分。

ZGW 同学。个人角色：英国代表。

我此次是谈判筹备组的成员之一，负责组织谈判的前期流程、人员等方面的准备；此外我也是英国代表之一，负责议题一“英国脱离欧盟后对欧经济援助政策的调整”。在为谈判做准备的过程中，我既学到了如何去理顺谈判的流程，如何学着去与他人合作，也学到了很多有关国际组织的课外知识，增长了见识，对时事的进一步了解也让我获益匪浅。

自己认为，个人表现尚可，可打8分。

CK同学。个人角色：英国代表。

在本次模拟谈判中，我全程参与，感触颇深。虽然之前参与过多次实践教学，但是每一次都是老师设计好形式以后，由学生参与。这次模拟谈判，我和其他筹备小组的成员一起，多次讨论和修改，在老师的指导下确定了最终形式，同时经过筛选，确定了三个议题。

在模拟谈判的当天，大家有条不紊地按照谈判流程进行着，虽然中间有一些环节时间把控不是太准确，但是丝毫没有影响谈判的效果。在谈判的最后，大家留下了珍贵的合影，为这一次模拟谈判画上了完美的句号。在这一次谈判中，大家结合专业特色，同时也发散思维，在收获知识的同时也收获了友谊，并且语言组织能力和表达能力得到了一定程度的提升。

对我来说，真的是很难忘的一次回忆。自我评分：9.5分。

YZX同学。个人角色：奥地利代表。

作为河海大学法学院的本科生，我曾经参加过模拟仲裁和模拟法庭的比赛，但是从未参加过模拟谈判，这样的形式让我感到十分新奇，同时有一点小紧张。模拟谈判不同于模拟法庭，它的特点是同学参与度高、趣味性也较强。

尽管每个人分配到的角色不同，但是在准备的过程中大家要了解和学习的点是一样多的，只有全局掌握相关知识和信息，才能提取出其中能为自己所用的东西。因此，这样的学习内容充实，且是同学们主动要求学的，区别于日常授课的被动形式。综上，我认为，这种教学方式具有更强的人文情怀，希望模拟谈判在日后的课程中越办越好！

在本次模拟谈判中，从素材准备、课堂表现等综合来看，我通过实时新闻报道、专家分析意见、相关文章对英国“脱欧”有了较为全面的了解，课堂上提取与角色有关的一个问题进行了提问。综合课堂表现，我给自己的分数是9分。

LHT同学。个人角色：新华社记者。

通过这次模拟谈判，我认识到谈判专业知识的重要性。国际组织谈判虽然是灵活性很强的学问，但是依然有自己的章法和套路。尽管在这次模拟谈判中，我以记者的身份仅提出了一些不太成熟的问题和观点，但在准备的过程中，我仍能较为客观、清晰地了解事件的发生及经过，为我在今后对于问题的思考上提供一些方法。所以，此次模拟谈判，我为自己的记者身份打上8分的分数。

MXW同学。个人角色：欧洲理事会代表。

本次谈判过程部分人员的发言时间没有控制好，现场氛围良好，大家的发言都贴合自身角色，整体上本次模拟谈判很成功。

从一开始加入模拟谈判筹备组时，大家全都是一头雾水，到不断地开会讨论，向葛老师咨询建议，到很晚老师还在微信群里为我们答疑解惑，并提出完善建议。筹备小组成员不断修改要讨论的议题、完善谈判流程，仔细斟酌每个人的发言时间以及预估谈判当天可能会出现的情况，并想好解决措施，每个人都尽职尽责地完成了自己的任务。

作为筹备小组的成员，由于之前没有过模拟谈判的实践经验，我在网上搜索了很多有关模拟谈判、模拟联合国的资料，观看了大量其他院校相关比赛视频，在初步了解模拟谈判的流程和所要达到的目的后，我把自己的想法和建议与筹备小组其他成员分享，希望能够让在场每个人都有至少一次的发言机会。此外，还要在谈判过程中出现碰撞、协商、交流等积极互动，让大家能够充分感受到英国“脱欧”谈判时现场的紧张气氛，也在交流中增强自己的表达和应变能力。这一点在谈判那天得到了很好的体现。

模拟谈判环节为我们营造了一个轻松、主动的学习氛围，让我们每个人都能自主地、积极地畅所欲言，充分表达自己的观点。在课前的准备与讨论中可以加深对正确理论的理解，还可以不断发现新问题，解答新问题，使我们的学习过程缩短，印象更加深刻。我们学生也能够更多地从自身出发，完成角色转换，从被动的学习者转变为学习的主人。

在这次的准备过程中，葛老师给了我们很多帮助。尽管最终的呈现方式还有一些不足，但是这次模拟谈判的课程实践模式所带给我们的收获是巨大的，不仅是学习，模拟谈判也教会了我在任何方面都要变被动为主动。

国际组织法课程开设的模拟谈判实践环节是我自接触法学专业以来第一次亲身参与的谈判，之前有了解过模拟联合国，一直很遗憾没有机会亲身参与进去。能够作为一名代表在世界舞台上发表看法、声明立场，我一直觉得这是一件非常有意义的事情，这能够让我们学生感受到自己和世界在接轨，需要用更开放的眼光和视野去看待世界的发展潮流，关心世界上各处正在发生的事情，而不能以一种“两耳不闻窗外事，一心只读圣贤书”的消极状态去对待，只将自己局限于小小的一角。

在筹备和准备发言的过程中，我全身心投入，尽管个人发言因时间限制未能进一步阐述，但是，我对自己的整体表现较为满意。自我评分：9分。

WXU 同学。个人角色：欧洲议会代表。

在此次谈判中，我代表的是欧洲议会，它是欧盟三大机构之一，为欧盟的立法、监督和咨询机构。通过之前的筹备进展我得知，我们在此次谈判中主要要做的是在欧盟机关提问的环节，向台上的英国代表提出问题。同时，我们也要在自由谈判以及欧盟机关表态的环节发言。我们在准备阶段时得知2018年11月25日英国“脱欧”协议达成，将付出390亿英镑的“分手费”，因为通过现实可以决定一些发言方向，所以，这一消息也对我们模拟谈判的准备有一定影响。

我认为，这次英国“脱欧”谈判很精彩，同学们在模拟谈判中的表现也非常亮眼。大家提出了非常犀利的问题，同时也能够对自己的议题进行准确的定位，在做了充分准备之后将这些成果展示出来。

我是一个不善言辞的人，但是这次谈判给了我一个表达自己的机会，也锻炼了我的能力。同学们出色的表现以及在我查阅资料时看到的“舌战群儒”的“名士”，都让我感觉到原来演说也是一种艺术。我也应该加强自己在这一方面的能力。这次英国“脱欧”的谈判与国际接轨，通过这种实践的方式，我对国际形势以及国际组织都有了更好的理解，很感谢有这种能让我们自己通过实践获取知识的学习方式。自我评分8分。

WJX同学。个人角色：欧盟委员会。

模拟谈判是我个人在国际组织法课程中最喜欢的部分，虽然这份喜欢来的后知后觉。在着手进行准备的时候，我和大部分同学一样，为亲属法考试准备而忙得焦头烂额，因此在最初，模拟谈判对我而言是浪费复习时间的一个存在。尽管考前准备很忙，我还是抽出来一下午的时间，写了发言稿。

在准备的过程中，我最头痛的事情是如何写，以及写什么。因为这个发言稿是要我站在欧盟机关的立场上，对英国“脱欧”问题进行分析和提问。我查了很多资料，忐忑地把发言稿写完了。

模拟谈判的现场，我们严格按照流程进行，在这个过程中我才逐渐感受到了亲身参与的乐趣。每个人都为模拟谈判进行了充足的准备，改了又改的发言稿、应对提问的提纲、模拟身份的发言，都使得谈判本身趣味十足，在无形之中又拉近了班里同学的关系，加深了合作与交流，相关问题的解决也变得深入人心。

希望模拟谈判的环节能在国际组织法的课程上继续流转，让更多的人参与进来。自我评价：8分。如果能够再来一次的话，我想在课堂上更加积极地参与进来，不管是课上发言还是模拟谈判，都更加主动些，因为有参与才有收获。

LYF同学。个人角色：欧洲法院代表。

模拟“脱欧”谈判对我来说是个十分新奇的课堂形式，我也报名参加了模拟谈判筹备组。在模拟谈判的先期筹备中，通过和其他同学们的讨论，了解了许多以前不了解的知识，例如英国与欧盟的分分合合、欧盟投票表决方式等。但是在作为欧洲法院代表发言时，还是有些紧张，语速不自觉加快。在这里感谢老师给了我一次机会，可以在众人面前发言，挑战自己。

我给自己打8分。谈判前的准备做得还不错，但是在正式谈判时过于紧张，临场表现得不是太好，语速太快。我会吸取这次的经验，争取以后做得更好。

第四章　模拟会谈“伊朗核协议”及学生总结

伊朗核协议谈判计划书[①]

时间：2018 年 11 月 29 日

地点：河海大学江宁校区致用楼 517

议题主要内容

1. 美国退出伊朗核问题协议（以下简称《协议》）的利与弊。

2. 美国退出《协议》是否成立？

3. 美国能否正视《协议》的存在，继续履行该项《协议》？

涉及谈判方

国家代表：伊朗、美国、俄罗斯、英国、法国、中国、德国、以色列、土耳其。

国际组织：国际原子能机构、欧佩克、国际货币基金组织、欧盟。

媒体代表：美联社（美国）、路透社（英国）、法新社（法国）、合众社（美国）、新华社（中国）、塔斯社（俄罗斯）。

人员安排（共 36 人）

各国家、国际组织代表两至三名（共：3 人（伊朗）+3 人（美国）+2×11（其他国家及国际组织）=28 人），各媒体代表一名（6 人），秘书长 1 名、书记员 1 名。

流程安排（共 90 分钟）

第一部分，由秘书长主持会议，简述《伊朗核问题协议》目前执行情况，阐明此次谈判主要议题内容，组织各方进行谈判（3 分钟）

---

① 2018 年 11 月，本书作者在河海大学法学院讲授国际组织法课程时，指导 2016 级本科生 2 班筹备组草拟本计划书。各方发言稿由学生根据任课教师的指导和要求撰写。本章所列内容仅供参考；观点不一定正确。

第二部分，各国家代表明确己方立场，各自陈述自己的观点立场（每方 3 分钟，伊朗、美国 4 分钟，共 29 分钟）

第三部分，各国际组织代表发言（每方 4 分钟，共 16 分钟）

第四部分，自由谈判（共 10 分钟）

第五部分，投票（3 分钟）

第六部分，发布谈判结果（3 分钟）

第七部分，媒体代表可任选参会代表进行提问，媒体代表可发言两轮（每位代表提问及参会代表回答时间 4 分钟，共 24 分钟）

第八部分，总结（5 分钟）

伊朗核问题背景

自 1980 年美国和伊朗断交，美伊关系一直处于敌对状态。1984 年 1 月，美国国务院将伊朗认定为“支持恐怖主义的国家”，随即对伊朗展开制裁。长期以来，伊朗核问题一直是美国制裁和打压伊朗的一把利器，并形成了一整套制裁伊朗和遏制伊朗发展的法律体系。奥巴马上台后，美国中东政策发生重大战略调整，美国与伊朗的关系开始缓和。

2013 年 10 月，伊朗迫于美国历史上最严厉的《制裁伊朗法案》的实施，开始了与伊朗核问题六国（美国、英国、法国、俄罗斯、中国和德国）的谈判，提出了包括时间表在内的解决核问题的新方案，希望美国和欧洲国家取消对其经济制裁。经过两年多共 14 轮谈判，2015 年 7 月，伊朗核问题六国与伊朗签署了伊朗核问题《联合全面行动计划》（以下简称伊朗核协议，或《协议》）。2015 年 7 月 20 日，联合国安理会一致通过伊朗核协议。长达 10 年的对伊朗制裁将被取消。若伊朗在未来 10 年内违反协议，联合国将重新对其进行制裁。

该协议不仅是七国间的多边协议，而且获得联合国安理会 2231 号决议的批准和通过，具有历史性意义。

2018 年 5 月 8 日，美国总统特朗普指责伊朗没有履行承诺、认定伊朗核协议有缺陷，宣布退出伊朗核协议，并在过渡期后，重新实施美国取消的与伊朗核问题有关的制裁措施。然而，《协议》生效以来，国际原子能机构定期发布季度报告，迄今为止，一直证实伊朗履行《协议》承诺。

尽管美国的退出未必意味着国际法意义上的伊朗核协议自然终结，但特朗普总统随即发布了一份《国家安全总统备忘录（NSPM）》，指示财政部和其他部门采取必要行动落实其决定。根据特朗普总统的指导意见，美国财政部将能源和能源出口相关的船运、港口和银行业过渡期设为 180 天，其他行业则为 90 天，全面制裁将在过渡期结束后立即恢复。

特朗普政府退出伊朗核问题协议的原因分析

第一，美国企图通过照顾传统盟友以色列的利益关切来达到制衡伊朗的目的。作为美国在中东地区的传统盟友，以色列是美国退出伊朗核协议的最大受益者。

第二，特朗普总统试图构建中东“小北约”以遏制伊朗的崛起。特朗普总统积极与以色列、沙特、埃及和约旦等盟友磋商，希望能在中东建立起对抗伊朗的“小北约”。特朗普政府还撮合沙特与伊拉克缓和关系，同时沙特和海湾国家也向以色列释放出改善关系的迹象，无非也是出于遏制伊朗的目的。

谈判过程

在课堂模拟谈判过程中，同学们从代表国家的利益、与美国的关系、中东局势、对国际社会的影响、国际组织的作用等方面展开了激烈讨论。最终，以九票反对、四票赞成美国退出伊朗核协议。

GY 同学。个人角色：秘书长（主持人）。

加入筹划组之后，我们没有盲目地对大家进行分组。在最开始，在老师的指导下，我们进行了时间规划，只有做好相应的时间规划，才能更加高效率地完成模拟谈判的各项任务。

在分组之前，我们筹划组先认真了解了伊朗核问题的相关内容，查找了许多资料，争取全面了解这个事件。因此，我先将时间线罗列出来，并填充了相对应的事件。然后再与筹划组的其他同学一同补充完整所有内容。并且将有关资料分享至我们的同学群，让大家尽早地了解这一事件，能够提前准备相关的资料。

在初步做好了时间规划以后，我们开始确定参与的代表国家以及国际组织。在最初的时候，我们设定了15个国家，没有设立相关的国际组织，在与葛老师的讨论下，我们减少了相关国家，增添了4个国际组织参与谈判。因此，最后确定为以美国、伊朗等为代表的9个国家，以及国际原子能机构、欧佩克、国际货币基金组织、欧盟等4个国际组织，以及6大媒体参与讨论。

对于人员的分工安排，我们结合各个实体的角色分工，为每个实体设立代表一至三人，这样，就使得比较主要的国家人员较多，不会太辛苦，媒体便只有一名代表，使得这位同学不会因为事情少而太清闲，整体上让每一位同学都能够参与进来，并且有充足的讨论空间。

在谈判前，筹划组向各位同学确定好发言顺序以及发言内容，确保大家可以在模拟谈判的过程中，气氛活跃，流程顺利，让模拟谈判变得更加“真实”。在模拟谈判的当天，我以及书记员两位作为主持人，分工协作，我主要负责串联流程，书记员负责计时提示等，以确保整个谈判过程严格控制在既定的时间范围内。

在谈判中，最令人激动的是自由谈判阶段，在这一阶段，充分展现了同学们课前准备的成果，以及敏捷的反应能力，因此，在整个过程中，同学们根据事实以及自己对问题的思考，站在自己所代表的立场，感情投入地完成了每一轮发言。在这个过程中，大家在不断的讨论中展现着自己的思考，也达到了本次模拟谈判的预期效果。最后，谈判以 9 票支持美国继续履行该项协议画下句号。

在这次模拟谈判中，我不仅学习到了国际组织法的知识，更是对这样的谈判产生了浓厚的兴趣。在此也十分感谢葛老师的指导，从前期准备到后期谈判，葛老师一直在跟进我们，并且对我们提出的方案进行指导，并提出了很多改进意见，让我们筹划小组得以顺利完成此次活动。

在此次模拟谈判中，作为筹划组的一名成员，我积极协调了大家的工作，这一方面自己较为满意；在最后的谈判中，作为主持人，也较好控制了谈判的进度。但是，我发现仍有部分同学的发言较少，应当更加合理安排大家的角色分配。因此，如果满分是十分的话，我可以给自己 8.5 分，剩下的 1.5 分作为进步空间！

CJS 同学。个人角色：主持人之一。

我是本次伊朗核协议模拟谈判的筹备小组成员之一，共同策划组织谈判，负责 PPT 制作、席卡制作等，并配合秘书长控制各代表发言时间和把控全局。

从前期准备过程中，在葛老师的指导和筹备小组其他成员的共同帮助下，我对伊朗核问题模拟谈判流程及性质有了更深刻的认识。

我明白了活动目的在于培养同学们的开放性思维，让大家从一个提前给定的角色的角度出发，多角度、全面地分析问题，并找到足够权威的论据支撑己方的观点。

自我评分：9 分。

DJZ 同学。个人角色：美国代表。

通过自主学习能够更好地学习知识，锻炼自己的自主学习能力，从自学中发现自己的兴趣点，通过辩论来进行思想的交流和碰撞。收获很大。

自我评分：9.9 分。因为我代表美国进行谈判，是自由谈判环节的主力军，并在提问环节接受各种媒体的提问。个人准备充分，并且在谈判过程中尽心尽力准备和发言，为谈判过程的顺利进行贡献出自己的力量。但是，在发言环节有些急切，导致语言表达不太清晰。

SXY 同学。个人角色：国际原子能机构代表。

国际原子能机构（IAEA）是一个同联合国建立关系、并由世界各国政府在原子能领域进行科学技术合作的机构。总部设在维也纳。现任总干事天野之弥。组织机构包括大会、理事会和秘书处。

作为国际原子能机构代表，我指出，美国退出《协议》不成立，美国应正视《协议》的存在，继续履行该项《协议》。

模拟谈判课堂教学模式新颖有创意，角色扮演很有趣，让每个人都能迅速融入自己的身份。尤其是两方争辩的部分十分精彩，设计别出心裁，提高了同学们的课堂积极性与参与程度，互动性高。

自我评分：7 分。发言较少，不活跃，不是中流砥柱的谈判方。

ZYW 同学。个人角色：欧佩克组织代表。

在此次模拟谈判中，作为国际组织的代表，虽然发表了自己的观点，但是个人认为，作为一个国际组织，应该遵循辅助性原则。伊朗是本组织的成员，本组织也只能先从自身专门利益和宗旨进行考虑，不能干预伊朗的综合性事务。因此，我们代表也就仅从石油市场的角度去考量美国退出《协议》对伊朗的影响，没有像其他国家一样去多角度谈论国际事务。

个人认为，此次谈判是一种全新的体验，让我可以以一个更高或者说更具体的身份去考虑国际事务，而我所代表的利益方也会切身实地地去影响另一利益方，并且会得到回应，这是我在从单纯浏览国际新闻中没有体会过的。而且在谈判中，虽说是模拟谈判，各方代表的神态动作也能透露出各个国家或组织的外在面貌和差异，会让我暂时忘掉这位作为某方代表的同学之前的气质形象，这也很让人惊喜。

我在准备模拟谈判的时候收集了充足的资料，在谈判时只讲了自己认为重要的部分，在发表观点的时候也会有看稿子的行为，但是觉得自己在说的时候做到了声音洪亮，并和在座的同学眼神交流，有缺憾也有满足，给自己 7 分。

HYY 同学。个人角色：国际原子能机构代表。

谈判过程持续了大概 80 分钟，前半部分节奏较为平缓，各国及各个国际组织代表相继发表意见，极为精彩的是自由谈判的 15 分钟，美伊持续互掐，针锋相对。

我代表国际原子能机构发表了相关内容，我方坚持，伊朗一直遵从《协议》的规定，美方提出的证据无从立足。除了负责筹备的同学之外，我们每一个人的任务就是认真完成自己的部分。当然，我们也需要主动了解他方的谈判内容，以便在相互交锋的时候作出反应，或者在必要的时候提出质疑。

个人感受：好嗨哦。能够充分调动学生的兴趣、参与的积极性，我也期待有更多这样类似的活动，能够让我扮演一个被“怼”或者“怼”别人的角色。

自我评分：9 分。理由：积极参与到老师及筹备组的同学为大家准备的谈判中去，查阅了不少资料，在谈判过程中内化了相关知识点；不足的地方是，由于个人角色的局限，搜集到的资料有限，没能参与激烈的讨论。再者，对活动的理解有误区，我以为 15 分钟的自由谈判时间属于国家代表之间互怼的部分，所以就置身事外，把自己归于旁观者而不是参与者，对此我表示很遗憾。

HJY 同学。个人角色：美国代表。

按照老师的建议，我们就从美国为什么要退出伊朗核协议以及对伊朗的制裁，和美国的诉求方面进行了准备。在最后讨论时，觉得之前的发言稿有点不够符合美国强硬的态度，于是在最后又对发言稿进行了修改。

修改过后的发言稿没有从美国为什么会作出退出伊朗核协议以及制裁伊朗问题出发，而是从伊朗核问题的危害性出发，以及美国作为一个大国所要作出的表率及其立场和诉求，美国在这次的会谈中更为迫切的是对伊朗核协议进行修改的诉求，而不是辩解。对于美国来说，这才是美国的风格。所以，在整个会谈的准备过程中，我所做的贡献就是分配任务、发言稿的整理、资料的收集整理、会谈进行时表明美国的立场和诉求。

之前准备的时候觉得还是很累的，主要是资料多，而且对于各种对美国的抨击，真的觉得一点头绪都没有，但在进行模拟会谈的过程中还是很兴奋的，觉得进行得很顺利。回想起来，准备还是很充实的，大家一起做一件事情的时候，表现出得那种凝聚力，还是让人有触动的。

很多时候，我们总是会对有的东西有一种抵触的心理，然而真正去做的时候，特别是结果还令人有点满意时，觉得其实事情也没有那么糟。觉得在这次的会谈中，学到了很多东西，无论是准备过程中，还是会谈进行过程中，同学们和老师一起齐心协力，把一件事情做好的氛围真的很好。

觉得这种大型的会谈还是很有必要的，对于班级团结和个人学习都有比较积极的作用。要对自己的表现评分的话，给自己打个 9 分吧，虽然做得不是很好，但基于态度还比较端正，准备得还是比较充分的。

WYL 同学。个人角色：美国代表。

谈判过程中，先是我和 HJY 作为美国代表发表观点，接下来的自由谈判和提问时间都以 DJZ 为主力，她以灵敏的思维和雄辩的口才，唇枪舌剑，鏖战群雄，最后虽然以 4∶9 的比分惜败，但是我觉得，我们组表现得很好。

谈判前，积极地查找资料，参与小组讨论，积极发表自己的观点。谈判过程中，也尽可能参与到谈判过程中去，认真听取各国、各机构、各媒体代表发言，认真记录，认真回答记者的提问。虽然发言次数较少，但全过程参与其中，收获颇丰。

谈判过程中明显暴露了自己的缺点：语言表达能力不强，害怕在大众面前表达观点，思维不敏捷。我觉得在后期的学习过程中，要注意这方面的锻炼，多向别人学习，多锻炼，毕竟以后的社会生活还是需要多表达自己。自我评分：7 分。

CY 同学。个人角色：国际货币基金组织代表。

本次模拟谈判中我和另外一位同学共同扮演国际货币基金组织的代表，我们就美国退出伊朗核协议的行为发表了反对观点。我们建议美国，停止对伊朗的第二轮制裁，继续履行《联合全面行动计划》。

一开始任务分配下来的时候，我是完全摸不着头绪的。国际货币基金组织对伊朗核问题能有什么看法呢？美国退出伊朗核协议对国际货币基金组织会有什么影响呢？国际货币基金组织不是负责监察货币汇率和全球金融制度这些经济方面的事情的吗？后来查了一些资料，看了一些相关的时事新闻，才想明白国际货币基金组织在这个问题中的位置。

美国近年来频繁退出各种国际组织，各个国际组织及其成员也并不能真地针对这个当今世界上唯一的超级大国采取什么强制措施，各种各国自发签订的国际条约和自行遵守的国际习惯的国际法在大国面前似乎总是有些软弱无力。毕竟当今世界上各种国际组织的权力归根结底还是来自于作为成员的主权国家对其权力的让渡，国际组织本身并没有能够支持其在国际事务中占据重要地位的经济、军事等方面的实力，即便是联合国要采取行动也需要成员的参与。

在我们的模拟谈判中，以 2/3 大多数与会代表反对美国退出伊朗核协议的结果结束。而在现实中，这一事件尚无定论。如果美国不愿意接受其他势力调停，又有谁能阻止这个当今国际社会中唯一的超级大国呢？自我评分：5 分。

附　　录

附录一　联合国经社理事会

概　况

《联合国宪章》规定，作为政府间机构，经济及社会理事会接受联合国大会的领导，并就许多领域的事务进行研究、作出建议，其中不仅包括“增进全体人类之人权及基本自由之尊重及维护尊重和履行人权”，还包括“经济、社会、文化、教育、卫生和其他相关问题”。

它还负责协调并在一定程度上组织联合国、常设机构以及各领域独立机构的活动，使其活动合理化。经济及社会理事会在1946年至1948年间通过了关于人权的许多主要决议。

根据宪章第68条，它于1946年建立了人权委员会（现已结束使命）。人权委员会的首要职责是阐释国际人权法案。同年，本来授权小组委员会负责的妇女地位及权利问题被交由政府间委员会负责，该委员会直接对理事会负责。经济及社会理事会还处理一系列其他的问题，包括种族灭绝、防止无国籍状态、歧视、保护少数族裔、组织1948年新闻自由会议、编写人权年鉴，并与国际劳工组织合作，保护缔结工会自由、防止强迫劳动。

改革历史

联合国经济及社会理事会长时期只是一个讨论机构，它几乎没有任何采取行动的权利，许多成员认为其作用无几。从1992年开始，一些国家开始加强经济及社会理事会在经济、社会以及相关事务，尤其发展事务方面的责任和权利。这些改革的结果是经济及社会理事会现在对联合国发展项目以及对联合国开发计划署、联合国人口基金会和联合国儿童基金会等机关有监督和设定政策的责任。

除此之外，它在一些交叉领域内，例如麻醉剂控制、人权、克服饥饿和克服艾滋病等方面有协调各个机关行动的作用。这个改革的一个成果是使联合国发展机构在克服天灾人祸时行动更加一致。

一个例子是，1994年经济及社会理事会决定开展一个联合国克服艾滋病的项目。这个项目将联合国现有的有关资源和经验，例如世界卫生组织，联合国儿童基金会，联合国开发计划署，联合国人口基金会，联合国教育、科学及文化组织和世界银行，联合起来，加强和统一各机关和各成员对艾滋病的斗争。这个项目从 1996 年 1 月开始运行。

附属机构

经社理事会职司委员会、联合国森林论坛秘书处、人口与发展委员会、社会发展委员会、科学和技术促进发展委员会、麻醉药品委员会、可持续发展委员会、妇女地位委员会、预防犯罪和刑事司法委员会、统计委员会、经社理事会常设委员会、方案和协调委员会、非政府组织委员会、政府间机构协商委员会、经社理事会区域委员会、非洲经济委员会、欧洲经济委员会、西亚经济社会委员会、拉丁美洲和加勒比经济委员会、亚洲及太平洋经济社会委员会。

另外，还有经社理事会特设机构：信息学不限成员名额特设工作组，由政府专家组成的专家机构，国际会计和报告标准政府间专家工作组，联合国地名专家小组，危险货物运输和全球化学品统一分类标签制度专家委员会，成员以个人身份组成的专家机构，公共行政专家委员会，发展政策委员会，土著问题常设论坛，国际税务合作特设专家组，经济、社会和文化权利委员会。

其他有关机构

联合国人口奖委员会、国际麻醉品管制局、提高妇女地位国际研究训练所董事会、联合国艾滋病毒/艾滋病联合规划署方案协调委员会。

主要职能

协调联合国及各专门机构的经济和社会工作；研究有关国际经济、社会、发展、文化、教育、卫生及有关问题；就其职权范围内的事务召开国际会议，并起草公约草案提交联合国大会审议；其他联合国大会建议执行的职能。

其 54 个理事国由联合国大会选举产生，任期三年，席位按地区分配，每年由联大改选其中的 1/3。安理会常任理事国通常能当选为经社理事会理事国。理事会实质性会议每年 7 月举行一次，会期四周，在纽约和日内瓦之间交替举行。经社理事会设有九个职司委员会、五个区域性机构以及五个常设委员会，处理有关工作。此外，经社理事会还同 14 个有关经济、社会、文化方面的联合国专门机构建立工作关系，以及与四五百个非政府组织，与各国议会联盟、国际红十字会等，建立咨询关系。

职能架构

联合国经社理事会年度部长级审查是各国元首和政府首脑在2005年世界首脑会议上赋予经济及社会理事会的新职能。它的目的是：评估在实现千年发展目标和落实过去15年里各主要会议和首脑会议商定的目标和具体目标方面所取得的进展，这些目标和具体目标已列入《联合国发展议程》。

充当拥有广泛参与者的全球高级别论坛，通过论坛交流经验，确认值得发扬的成功做法和举措，从而为扩大和加快实现发展议程行动作出贡献。

年度部长级审查会议包含三项主要内容：对联合国发展议程的全球审查，主题审查，以及若干国家对其国家发展战略的一系列国家自愿发言。

年度部长级审查会议的参与方有机会通过圆桌讨论、介绍和一般性辩论，向处于领先地位的政策制定者、实践者和学术界学习。年度部长级审查会议帮助政策制定者确定并交流有效的战略和措施。参与方包括各理事国，联合国系统各组织和其他主要利益有关机构，以及非政府组织，私营部门代表和学术界。

经社理事会在2007年7月成功地举办了第一次年度部长级审查，审查的重点是消除贫穷和饥饿。2008年的特别活动为"实现千年发展目标，应对气候变化挑战"。2009年审查的主题是"落实公共卫生方面国际商定的目标和承诺"。

发展合作论坛

2008年6月30日至7月1日，首次两年一度的发展合作论坛在纽约联合国总部举行。论坛的目标是为联合国经济及社会理事会定位，使之成为就国际发展合作的效力和一致性开展全球对话和政策审查的一个主要论坛。

特色机制

冲突后非洲国家问题特设咨询小组。经济及社会理事会在其第2002/1号决议中，为冲突后非洲国家问题特设咨询小组创立了一个框架，用以评估这些国家的人道主义和经济需要，并制订救济与发展相结合的长期资助方案。

在这一框架内，经济及社会理事会应有关国家要求，成立了两个特设咨询小组——几内亚比绍问题特设咨询小组、布隆迪问题特设咨询小组。

咨询小组工作的一个重要方面是它们起着为有关国家代言的作用。以国家当局和国际社会建立伙伴关系的方式为重点，它们重视在动员捐助性援助的同时，鼓励国家当局为获得更多援助创造有利环境。

咨询小组还促成了有关国家发展伙伴之间在三个主要级别上的有力协调：在联合国系统内；在经社理事会与布雷顿森林机构之间；在经社理事会与安全理事会之间。

2006年7月26日，鉴于新成立的建设和平委员会为解决布隆迪的需要作出了决定，理事会决定，终止对布隆迪问题特设咨询小组的授权。2007年12月19日，几内亚比绍被列入建设和平委员会议程。

海地问题特设咨询小组。经济及社会理事会根据1999年5月7日第1999/4号决议，成立了海地问题特设咨询小组，1999年，咨询小组向海地派遣了一个评估代表团，并在3个月内采取了积极行动。

咨询小组的职责是就如何确保国际社会对海地的援助充分、连贯、协调和有效提出建议。从2000年至2004年，秘书长每年向经济及社会理事会提交一份关于“对海地的长期资助方案”的报告。

咨询小组的任务是“密切关注海地促进社会经济复兴和稳定长期发展战略，并对此提供咨询意见，特别是需要确保国际社会根据海地长期发展的优先次序，在临时合作框架和即将制定的减贫战略基础上，向海地提供持续不断的支助，并特别注意避免现有机制的重叠与重复”（第2006/10号决议）。

2007年4月18日，特设咨询小组对海地进行了为期4天的访问，评估海地的经济和社会发展战略。由加拿大常驻联合国代表约翰·麦克尼率领的这个代表团评估海地目前的局势，以及该国冲突后重建工作所面临的挑战。

讨论全球粮食安全问题

2008年5月20日，联合国经社理事会就全球粮食安全问题召开会议，与会代表呼吁国际社会尽快采取行动，应对当前粮食短缺和粮价上涨过快等问题。

时任英国首相布朗在向会议发表的录像讲话中，呼吁各国更加重视全球贫困问题，并针对其根源出台长远的方案。他呼吁发达国家停止农业补贴。他说，发达国家仍在发放巨额农业补贴，造成发展中国家那些最贫穷的农民收入大大减少，这是“不可接受的”。

时任马拉维总统宾古·瓦·穆塔里卡也向会议发表了录像讲话。他说，要解决粮食安全问题，国际社会必须增加对农业的投入。他呼吁世界银行等国际组织在作出农业领域的决策时，应考虑到发展中国家的实际需要和不同的国情。他还呼吁发达国家把提供紧急粮食援助改为大幅增加农业投资，帮助发展中国家提高农业生产能力。

时任联合国经社理事会主席莱奥·梅罗雷在会上说，国际社会拥有解决当前粮食危机的知识和技术，但缺乏政治意愿和必要的资源。他呼吁国际社会立即采取行动，在满足短期人道主义需求的同时，确定旨在促进农业生产的长期策略。

中国在其中扮演重要角色

联合国经社理事会共有54个成员。中国自1972年以来一直是该理事会的成员。1993 年 4 月，中国代表团作为观察员第一次出席了非政府组织委员会会议。1998 年 1 月 29 日，经社理事会决定，给予中国残疾人联合会在该机构的特别咨商地位。2007 年 11 月，中国再次当选为联合国经社理事会成员，任期从 2008 年 1 月 1 日至 2010 年 12 月 31 日。

从 2011 年到 2020 年，中国持续高票当选。①

① https：//www. un. org/ecosoc/content/members，2020 - 07 - 06 访问。

附录二　联合国专门机构

联合国专门机构，是指根据特别协定而同联合国建立关系的或根据联合国决定而创设的那种对某一特定业务领域负有国际责任的政府间专门性国际组织。

这些国际组织无论在组织上或者是在活动上都是独立的，它们不是联合国的附属机构，只不过是根据协定与联合国建立了特殊的法律关系。

同联合国建立关系的政府间机构有18个，包括16个《联合国宪章》所称的"专门机构"、国际原子能机构、关税及贸易总协定。联合国专门机构同联合国不是隶属关系。它们是根据各国政府间的协定而设立，并以特别协定与联合国发生关系的专门性国际组织。它们是自治的组织，各有自己的成员、立法和执行机构、秘书处和预算，其会员国和联合国的会员国不完全相同。它们通过经社理事会的协调机构，同联合国以及它们彼此之间在工作上互相配合和联系。它们与联合国之间得互派代表（无表决权）列席对方会议，经常交换情报和文件。它们每年向经社理事会提交工作报告。①

具体包括以下机构：

（1）国际劳工组织；（2）联合国粮食及农业组织；（3）联合国教育、科学及文化组织；（4）世界卫生组织；（5）国际货币基金组织；（6）国际开发协会；（7）国际复兴开发银行（世界银行）；（8）国际金融公司；（9）国际民用航空组织；（10）万国邮政联盟；（11）国际电信联盟；（12）世界气象组织；（13）国际海事组织；（14）世界知识产权组织；（15）国际农业发展基金会；（16）联合国工业发展组织；（17）国际原子能机构；（18）世界贸易组织。

① "Funds, Programmes, Specialized Agencies and Others", https://www.un.org/en/sections/about-un/funds-programmes-specialized-agencies-and-others/index.html, 2020－05－27访问。

附录三　联合国秘书长有关事项及历任秘书长

产生方式

根据《联合国宪章》，安理会在提名联合国秘书长新任人选后，将通过联合国大会的认证程序选举出新任联合国秘书长。

联合国秘书长的产生遵循这样的过程：首先，在现任秘书长卸任前，各参选国向世界各国通报推荐人选。其次，根据通报名单，在经过由五个常任理事国在内的联合国安理会讨论，并获同意的情况下，提交到联合国大会，由联合国所有成员共同投票，获票最多的人，当选下一届联合国秘书长。

这里，还有一条约定俗成的规定，即秘书长人选每 10 年各大洲轮换一次，可以连选连任。以往的秘书长人选，基本遵循这样的流程。但 2007 年的秘书长换届，此举受到挑战：按常规，下届秘书长应由亚洲人担任，然而以美国为首的一些国家却提出了新的主张。但最终经过有关国家协商和妥协，决定遵守传统，选举亚洲的韩国人潘基文为新任联合国秘书长。

联合国秘书长还有一条不成文的规定，五大常任理事国（中国、美国、俄罗斯、法国、英国）不得参加联合国秘书长的竞争。

公开竞争

2015 年 12 月 15 日，联合国正式启动遴选下任秘书长的程序，邀请全部 193 个会员国提名候选人。这是联合国 70 年历史上首次以公开竞争方式遴选秘书长，并鼓励各国提名女性候选人。

首次以公开竞争方式遴选

联合国大会主席莫恩斯·吕克托夫特和安理会本月轮值主席、美国常驻联合国代表萨曼莎·鲍尔向各会员国散发一封公开信，启动征求、遴选和任命下任联合国秘书长的程序。

作为改革，联大 2015 年 9 月通过了一份涉及遴选秘书长事宜的决议，取消了遴选过程中的某些不公开做法，采取类似散发公开信、邀请所有会员国加入相关讨论、允许候选人“自荐”等。

强烈鼓励各国提名女性候选人

联合国成立 70 多年来，历任 10 位秘书长，均为男性。许多会员国呼吁，联合国应有一位女性秘书长。

面试

2016 年 4 月 12 日，新任联合国秘书长的八位候选人开始接受安理会面试。候选人将与联大会员国对话，陈述其竞选主张。

联合国秘书长 8 名候选人于 2016 年 4 月 12 日至 14 日首次接受联合国会员国“公开面试”，进行自我陈述并回答提问。这是联合国成立 70 年来，候选人首次有机会在公开、透明的平台上做自我展示。

“面试”开始一周，候选人先要提交一份 2000 字以内的愿景说明。每个候选人都有 2 个小时的会议时间，首先是候选人进行 10 分钟的开场白，然后会员国代表提问、候选人回答。

8 名候选人男女各半

细数 8 名候选人的履历不难看出，女性候选人已然顶起“半边天”。她们经各自国家推荐，均具备相当资历。

这 4 名女性候选人中，联合国教科文组织总干事、保加利亚外交官伊琳娜·博科娃和联合国开发计划署署长、新西兰前总理海伦·克拉克都拥有在联合国系统工作的丰富经验；克罗地亚第一副总理兼外长韦斯娜·普希奇在社会学研究、运营非政府组织等多方面都表现不俗；摩尔多瓦第一副总理兼外长纳塔利娅·盖尔曼则出身政治世家，是摩尔多瓦独立后首位总统米尔恰·斯涅古尔的女儿。

其余 4 名男性候选人分别是首名宣布参选候选人、马其顿前外长斯尔詹·克里姆；最年轻候选人、39 岁的黑山副总理兼外长伊尔戈·卢克希奇；政治履历最丰富的候选人、斯洛文尼亚前总统达尼洛·蒂尔克以及联合国前难民事务高级专员安东尼奥·古特雷斯。

选举原则

1. 地区轮任

联合国成立以来，经历了九任秘书长，其中欧洲五人，非洲二人，亚洲二人，拉丁美洲一人。

2. 唯才是举

秘书长候选人必须有能力，有威望，处理问题能力强，必须懂六种官方语言中的一种。①

3. 大国一致

五大常任理事国在秘书长选举中至关重要。如果五国有任何一国反对，候选人就不能当选，就要重新投票。

4. 小国优先

为了避免矛盾，平衡各国利益，选举联合国秘书长一般以中小国家的候选人为主要参考对象。五大国不能提名候选人。

主要职责

要参加联合国各机构的会议，同世界领袖、政府官员和其他人员举行会谈，奔赴世界各地，使成员的人们能清楚地了解联合国日程上值得国际关注的众多事情。每年，秘书长都要作联合国工作报告，评价联合国的工作，指出以后的工作重点。联合国秘书长同时又是行政协调委员会的主席。该委员会每两年举行一次会议，在联合国体系面临的全部重要事宜和管理事务上谋求进一步的协调与合作。

职责权限

联合国秘书长既是外交官又是代言人，既是公务员又是首席执行官，作为联合国理想的象征，秘书长为全世界人们，尤其是穷人和弱势人群仗义执言。

根据《联合国宪章》规定，秘书长是联合国的“首席行政长官”，他履行行政长官的职务，以及安理会、联合国大会、经济社会理事会和其他联合国组织“所托付之其他职务”。宪章还规定，秘书长有权力“将其所认为可能威胁国际和平及安全之任何事件，提请安全理事会注意”。这些纲领性的原则既明确规定了本职位的权力，又给予其极大的采取行动的自由。如果秘书长不关心成员的利益，他就不称职。但是，他必须要维护联合国的价值观念和道德权威，一言一行都要从和平的角度出发，为此甚至不惜经常得罪上述成员。

联合国秘书长的最重要作用之一就是发挥他的“积极职能”，本着独立、公正、诚信的原则，公开或私下里采取措施，防止国际争端的产生、激化和传播。

每任秘书长在其任期中间都会根据当时的时代形势确定自己的工作重点。

---

① 联合国的工作语言起初为英语和法语，1948 年西班牙语、1968 年俄语、1973 年汉语和阿拉伯语也成为其工作语言。

任命条件

联合国秘书长应该具备什么条件，这是个很复杂的问题。

一般来说，秘书长必须有着非凡的外交才华和卓越的外交经历，而且，这个人不仅会英语，法语也必须非常熟练。

根据《联合国宪章》，联合国秘书长经安理会推荐由联合国大会任命。《联合国宪章》第 97 条规定："秘书处置秘书长一人及本组织所需之办事人员若干人。秘书长应由大会经安全理事会之推荐委派之。秘书长为本组织之行政首长。"联合国大会 1946 年 1 月 24 日通过的第 11（I）号决议就秘书长的任命和待遇有了较详细论述，主要内容如下。

首先，秘书长一职应该由德高望重的人担任。

其次，秘书长应得到足够的待遇，联合国提供官邸、家具等维持和修葺费用。

再次，秘书长的任期为五年，期满后可以连任。

最后，有关秘书长人选的具体要求：关于以后各届秘书长的任期，由大会和安理会根据未来秘书长之经历决定；秘书长在退休后，任何会员国政府不得聘用其担任政府职位，以免因为持有相关情报让其他会员国不安。秘书长也应该拒绝接受这种性质的任命。

确定首任秘书长任期为 5 年，期满时可连任 5 年。根据《联合国宪章》第 18 条和第 27 条的规定，秘书长应由安理会 7 个理事国之可决票（自 1965 年安理会理事国增加到 15 个后，可决票数也相应改为 9 票），包括全体常任理事国之同意票提名，经大会以到会及投票的会员国多数表决任命之，除非大会自行决定需要 2/3 多数。

大会应以秘密会议方式讨论（秘书长）提名与任命问题，安理会应尽可能向大会推荐一名候选人，以避免在会上就提名问题进行辩论；无论安理会或大会投票均应采用秘密投票。

大会决议

甄选秘书长的过程应更加透明。

大会应在任命秘书长过程中以及大会议程中题为"任命联合国秘书长"的议程项目下充分运用《联合国宪章》所载的任用权。

秘书长的任期，包括是否一任的问题，均应在任命下一任秘书长前审议。

在甄选和任命秘书长职位的最佳人选时，应继续适当顾及按区域轮换和性别平等。

在无损安全理事会特权的情况下，大会主席得与会员国协商，以查明获会员国赞同的可能人选，并在通知所有会员国协商结果后，得向安全理事会提交这项结果。

为了确保平稳、有效的过渡，秘书长应尽早得到任命，最好不迟于现任秘书长任期结束之日前一个月。

联合国历任秘书长

格拉德温·杰布（英国）（代理）

1945 年至 1946 年在联合国初创阶段担任过代理秘书长。

1. 特里格夫·赖伊（挪威，欧洲）

任期：1946 年 2 月 1 日 – 1952 年 11 月 10 日

1946 年 2 月 1 日当选为联合国首任秘书长。1951 年连任，后因支持联合国对朝鲜战争进行军事干涉，被迫于 1952 年 11 月 10 日辞去联合国秘书长职务。

2. 达格·哈马舍尔德（瑞典，欧洲）

任期：1953 年 4 月 10 日 – 1961 年 9 月 18 日

1953 年 4 月 10 日，年仅 47 岁的哈马舍尔德成为联合国第二任秘书长。1961 年 9 月在非洲北罗得西亚（赞比亚）的飞机失事中殉职。

3. 吴丹（缅甸，亚洲）

任期：1961 年 11 月 3 日 – 1971 年 12 月 31 日

1961 年 11 月 3 日，吴丹出任联合国代理秘书长。1962 年 11 月 30 日，他当选为联合国第三任秘书长，1966 年连任。

4. 库尔特·瓦尔德海姆（奥地利，欧洲）

任期：1972 年 1 月 1 日 – 1981 年 12 月 31 日

1971 年 9 月至 1981 年，连任两届秘书长。瓦尔德海姆担任联合国秘书长期间，同中国建立了深厚的友情。瓦尔德海姆于 1972 年、1977 年、1979 年五次访问中国。

5. 哈维尔·佩雷斯·德奎利亚尔（秘鲁，南美洲）

任期：1982 年 1 月 1 日 – 1991 年 12 月 31 日

1981 – 1991 年两任秘书长。在德奎利亚尔领导下，联合国在处理结束两伊战争、结束苏联军队对阿富汗占领、纳米比亚独立、柬埔寨和平协定、黎巴嫩人质事件等大事时表现出色。

6. 布特罗斯·布特罗斯 – 加利（埃及，非洲）

任期：1992 年 1 月 1 日 – 1996 年 12 月 31 日

布特罗斯·布特罗斯 – 加利（简称加利）于 1922 年 11 月 14 日出生在埃及开罗的一个基督教科普特教派家庭，他的家族中有一位前埃及首相布特罗斯·加利。加利于 1946 年毕业于开罗大学，并获得了巴黎大学国际法博士的学位，另外还有巴黎政治研究学院的国际关系学的毕业证书。此后直到 1977 年，他是开罗大学的国际法以及国际关系的教授。1975 年，他成为政治战略研究中心主任。1980 年，担任非洲政治研究所主任。1954 年到 1955 年，他成为美国哥伦比亚大学富布赖特研究学者，1963 年至 1964 年，担任海牙国际法学院研究中心主任，1967 年到 1968 年，担任巴黎大学法学院访问教授。

他于 1973 年步入政界。在 1977 – 1991 年，他担任埃及外交国务部长。自 1980 年开始，为埃及执政的国家民主党书记处成员，他于 1987 年成为埃及议会议员。1991 年 5 月至同年 12 月，担任埃及主管外交事务的副总理。在其担任外交国务部长期间，在埃及总统安瓦尔·萨达特与以色列总理梅纳赫姆·贝京之间的和平协议签署过程中扮演了重要角色。

1991 年 12 月 3 日，联合国大会任命加利为联合国第六任秘书长，任期五年。成为联合国历史上第一位担任此职务的非洲人。被选为联合国秘书长之后，加利的工作引起了众多争议。人们批评他在 1994 年卢旺达大屠杀中未能发挥联合国的作用，另外在安哥拉内战期间，加利在调停上未能统一联合国的意见。在联合国的作用以及美国在联合国的地位等问题上，加利遭到了更猛烈的质疑。尽管他的支持者们将之归咎于美国对联合国行动的抵制，但加利已渐渐成为空洞的联合国的象征。

以三个非洲国家为首（埃及、几内亚比绍、博茨瓦纳）的 10 个联合国安理会成员提议布特罗斯·布特罗斯 – 加利留任第二个五年任期直至 2001 年。但是，美国表示反对。尽管英国，波兰，韩国以及意大利起初也支持其留任，但在美国明确表示将行使否决权后，这四个国家就不再支持加利。尽管加利不是第一次被否决的秘书长，但他仍然是联合国历史上首位没能连任两届的秘书长。1996 年 12 月 31 日卸任。

加利的继任者是科菲·安南，这是由于加利没能连任，所以，他的继任者须从其代表的非洲选出。

7. 科菲·安南（加纳，非洲）

任期：1997 年 1 月 1 日 – 2006 年 12 月 31 日

科菲·安南 1938 年 4 月 8 日出生于加纳库马西市，早年就读于加纳库马西理工大学，曾到美国和瑞士留学，先后获美国明尼苏达州麦卡莱斯特学院经济学学士学位和麻省理工学院管理学硕士学位。安南于 1962 年进入联合国工作，先后在联合国非洲经济委员会、联合国总部、联合国日内瓦办事处、联合国难民署和世界卫生组织等部门工作。1974 年中东“十月战争”后，他担任驻开罗的联合国紧急部队民事长官。20 世纪 80 年代初，安南调回联合国总部，先后担任人事和财政部门的领导工作。1986 年升任联合国助理秘书长，负责人事厅的工作。

1990 年海湾战争爆发后，安南负责同伊拉克谈判释放联合国及其他国际组织工作人员的人质问题。此后，他率联合国小组同伊拉克进行了“石油换食品”的谈判。安南1993年3月出任联合国负责维持和平事务的副秘书长，主管联合国在世界各地的维和行动。曾作为负责前南斯拉夫地区的联合国秘书长特使和赴北约特使，协调有关国家的关系。

1996年12月17日，第51届联大任命安南为联合国第七任秘书长。1997年1月1日，他正式就职，任期5年。2001年6月，联大通过安理会提名安南连任秘书长，任期至2006年12月31日。安南担任秘书长期间，曾于1998年赴巴格达进行斡旋，化解了伊拉克武器核查危机。2001年10月，安南与联合国同获当年诺贝尔和平奖。2005年3月，由美联储前主席沃尔克领导的独立调查委员会发表报告指出，安南在伊拉克“石油换食品”计划实施过程中没有任何腐败行为。

安南是位经验丰富的外交家，懂英语、法语和几种非洲语言。他讲话温和，性格直率，待人坦诚，头脑冷静，富有幽默感。

安南曾于1997年、1998年、1999年、2001年和2004年五次访华。

8. 潘基文（韩国，亚洲）

任期：2007年1月1日–2016年12月31日

潘基文，大韩民国前外交通商部长官、政治家。潘基文1970年获国立首尔大学国际关系学士学位。1985年，获哈佛大学肯尼迪政府学院公共行政硕士学位。

潘基文多次在国家和国际上获奖，被授予各种奖章和荣誉。鉴于他对祖国所做贡献，1975年、1986年和2006年获颁大韩民国最高勤政勋章。

潘基文生于1944年6月13日。除韩国语外，潘基文还讲英语和法语。

潘基文在当选为秘书长时，其职务是大韩民国外交部长官。他在该部任职期内，先后在新德里、华盛顿和维也纳担任过职务，资深历广，包括总统外交政策顾问、总统首席国家安全顾问、政策企划次官和美洲局局长。在他整个职业生涯中，他的理想是建立一个和平的朝鲜半岛，在促成本地区乃至全世界的和平与繁荣中发挥越来越大的作用。

潘基文同联合国的关系源远流长，一直可以追溯到1975年他在外交部联合国处任职之时。此后，他的有关工作经验逐年扩展，从派任纽约大韩民国常驻联合国代表团一秘、外交部首尔总部联合国处处长、到驻维也纳大使。在大使任内，他曾于1999年担任全面禁止核试验条约组织筹委会主席。2001年至2002年，大韩民国担任大会主席，他作为办公室主任促成大会通过此届会议第一项决议，对“9·11”恐怖袭击予以谴责，还采取了一系列旨在加强大会工作的主动行动，从而帮助这一届会议通过了若干重要改革。

潘基文积极参与处理朝韩关系问题。继通过具有历史意义的《关于朝鲜半岛无核化的共同宣言》之后，他于1992年担任南北联合核管制委员会副主席。2005年9月，作为外长，他发挥主导作用，促成了朝鲜半岛和平与稳定问题上具有里程碑意义的协定，即六方会谈通过的关于解决朝鲜核问题的《共同声明》。

9. 安东尼奥·古特雷斯（葡萄牙，欧洲）

任期：2017年1月1日－2021年12月31日

安东尼奥·古特雷斯于1995－2002年任葡萄牙总理、2005－2015年任联合国难民事务高级专员。

在经过联大组织的“公开面试”、联合国安理会多轮意向性投票后，当地时间2016年10月13日，在位于纽约的联合国总部，第71届联合国大会以鼓掌方式通过决议，正式任命安东尼奥·古特雷斯为下一任联合国秘书长。2017年1月1日正式履新。①

① 《联合国秘书长》，https：//baike. baidu. com/item/，2017－09－11访问。

附录四　《联合国宪章》

联合国宪章

【题注】本宪章于1945年6月26日签订于旧金山，1945年10月24日生效。

序　　言

我联合国人民同兹决心，欲免后世再遭今代人类两度身历惨不堪言之战祸，重申基本人权，人格尊严与价值，以及男女与大小各国平等权利之信念，创造适当环境，俾克维持正义，尊重由条约与国际法其他渊源而起之义务，久而弗懈，促成大自由中之社会进步及较善之民生，并为达此目的，力行容恕，彼此以善邻之道，和睦相处，集中力量，以维持国际和平及安全，接受原则，确立方法，以保证非为公共利益，不得使用武力，运用国际机构，以促成全球人民经济及社会之进展，用是发愤立志，务当同心协力，以竟厥功。

爰由我各本国政府，经齐集金山市之代表各将所奉全权证书，互相校阅，均属妥善，议定本联合国宪章，并设立国际组织，定名联合国。

第一章　宗旨及原则

第一条

联合国之宗旨为：

一、维持国际和平及安全；并为此目的：采取有效集体办法、以防止且消除对于和平之威胁，制止侵略行为或其他和平之破坏；并以和平方法且依正义及国际法之原则，调整或解决足以破坏和平之国际争端或情势。

二、发展国际以尊重人民平等权利及自决原则为根据之友好关系，并采取其他适当办法，以增强普遍和平。

三、促成国际合作，以解决国际属于经济、社会、文化及人类福利性质之国际问题，且不分种族、性别、语言，或宗教、增进并激励对于全体人类之人权及基本自由之尊重。

四、构成一协调各国行动之中心，以达成上述共同目的。

第二条

为求实现第一条所述各宗旨起见，本组织及其会员国应遵行下列原则：

一、本组织系基于各会员国主权平等之原则。

二、各会员国应一秉善意，履行其依本宪章所担负之义务，以保证全体会员国由加入本组织而发生之权益。

三、各会员国应以和平方法解决其国际争端，避免危及国际和平、安全及正义。

四、各会员国在其国际关系上不得使用威胁或武力，或以与联合国宗旨不符之任何其他方法，侵害任何会员国或国家之领土完整或政治独立。

五、各会员国对于联合国依本宪章规定而采取之行动，应尽力予以协助，联合国对于任何国家正在采取防止或执行行动时，各会员国对该国不得给予协助。

六、本组织在维持国际和平及安全之必要范围内，应保证非联合国会员国遵行上述原则。

七、本宪章不得认为授权联合国干涉在本质上属于任何国家国内管辖之事件，且并不要求会员国将该项事件依本宪章提请解决；但此项原则不妨碍第七章内执行办法之适用。

第二章　会　　员

第三条

凡曾经参加金山联合国国际组织会议或前此曾签字于1942年1月1日联合国宣言之国家，签订本宪章，且依宪章第一百一十条规定而予以批准者，均为联合国之创始会员国。

第四条

一、凡其他爱好和平之国家，接受本宪章所载之义务，经本组织认为确能并愿意履行该项义务者，得为联合国会员国。

二、准许上述国家为联合国会员国，将由大会经安全理事会之推荐以决议行之。

第五条

联合国会员国，业经安全理事会对其采取防止或执行行动者，大会经安全理事会之建议，得停止其会员权利及特权之行使。此项权利及特权之行使，得由安全理事会恢复之。

第六条

联合国之会员国中，有屡次违犯本宪章所载之原则者，大会经安全理事会之建议，得将其由本组织除名。

第三章 机 关

第七条

一、兹设联合国之主要机关如下：大会、安全理事会、经济及社会理事会、托管理事会、国际法院及秘书处。

二、联合国得依本宪章设立认为必需之辅助机关。

第八条

联合国对于男女均得在其主要及辅助机关在平等条件之下，充任任何职务，不得加以限制。

第四章 大 会

组 织

第九条

一、大会由联合国所有会员国组织之。

二、每一会员国在大会之代表，不得超过五人。

职 权

第十条

大会得讨论本宪章范围内之任何问题或事项，或关于本宪章所规定任何机关之职权；并除第十二条所规定外，得向联合国会员国或安全理事会或兼向两者，提出对各该问题或事项之建议。

第十一条

一、大会得考虑关于维持国际和平及安全之合作之普通原则，包括军缩及军备管制之原则；并得向会员国或安全理事会或兼向两者提出对于该项原则之建议。

二、大会得讨论联合国任何会员国或安全理事会或非联合国会员国依第三十五条第二项之规定向大会所提关于维持国际和平及安全之任何问题；除第十二条所规定外，并得向会员国或安全理事会或兼向两者提出对于各该项问题之建议。凡对于需要行动之各该项问题，应由大会于讨论前或讨论后提交安全理事会。

三、大会对于足以危及国际和平与安全之情势，得提请安全理事会注意。

四、本条所载之大会权力并不限制第十条之概括范围。

第十二条

一、当安全理事会对于任何争端或情势，正在执行本宪章所授予该会之职务时，大会非经安全理事会请求，对于该项争端或情势，不得提出任何建议。

二、秘书长经安全理事会之同意，应于大会每次会议时，将安全理事会正在处理中关于维持国际和平及安全之任何事件，通知大会；于安全理事会停止处理该项事件时，亦应立即通知大会，或在大会闭会期内通知联合国会员国。

第十三条

一、大会应发动研究，并做成建议：

（子）以促进政治上之国际合作，并提倡国际法之逐渐发展与编纂。

（丑）以促进经济、社会、文化、教育及卫生各部门之国际合作，且不分种族、性别、语言，或宗教，助成全体人类之人权及基本自由之实现。

二、大会关于本条第一项（丑）款所列事项之其他责任及职权，于第九章及第十章中规定之。

第十四条

大会对于其所认为足以妨害国际公共福利或友好关系之任何情势，不论其起源如何，包括由违反本宪章所载联合国之宗旨及原则而起之情势，得建议和平调整办法，但以不违背第十二条之规定为限。

第十五条

一、大会应收受并审查安全理事会所送之常年及特别报告；该项报告应载有安全理事会对于维持国际和平及安全所已决定或施行之办法之陈述。

二、大会应收受并审查联合国其他机关所送之报告。

第十六条

大会应执行第十二章及第十三章所授予关于国际托管制度之职务，包括关于非战略防区托管协定之核准。

第十七条

一、大会应审核本组织之预算。

二、本组织之经费应由各会员国依照大会分配限额担负之。

三、大会应审核经与第五十七条所指各种专门机关订定之任何财政及预算办法，并应审查该项专门机关之行政预算，以便向关系机关提出建议。

投　　票

第十八条

一、大会之每一会员国，应有一个投票权。

二、大会对于重要问题之决议应以到会及投票之会员国三分之二多数决定之。此项问题应包括：关于维持国际和平及安全之建议，安全理事会非常任理事国之选举，经济及社会理事会理事国之选举，依第八十六条第一项（寅）款所规定托管理事会理事国之选举，对于新会员国加入联合国之准许，会员国权利及特权之停止，会员国之除名，关于施行托管制度之问题，以及预算问题。

三、关于其他问题之决议，包括另有何种事项应以三分之二多数决定之问题，应以到会及投票之会员国过半数决定之。

第十九条

凡拖欠本组织财政款项之会员国，其拖欠数目如等于或超过前两年所应缴纳之数目时，即丧失其在大会投票权。大会如认拖欠原因，确由于该会员国无法控制之情形者，得准许该会员国投票。

程　　序

第二十条

大会每年应举行常会，并于必要时，举行特别会议。特别会议应由秘书长经安全理事会或联合国会员国过半数之请求召集之。

第二十一条

大会应自行制定其议事规则。大会应选举每次会议之主席。

第二十二条

大会得设立其认为于行使职务所必需之辅助机关。

第五章　安全理事会

组　　织

第二十三条

一、安全理事会以联合国十五会员国组织之。“中华民国”、法兰西、苏维埃社会主义共和国联邦、大不列颠及北爱尔兰联合王国及美利坚合众国应为安全理事会常任理事国。大会应选举联合国其他十会员国为安全理事会非常任理事国，选举时首宜充分斟酌联合国各会员国于维持国际和平与安全及本组织其余各宗旨上之贡献，并宜充分斟酌地域上之公匀分配。

二、安全理事会非常任理事国任期定为二年。安全理事会理事国自十一国增至十五国后第一次选举非常任理事国时，所增四国中两国之任期应为一年。任满之理事国不得即行连选。

三、安全理事会每一理事国应有代表一人。

职　　权

第二十四条

一、为保证联合国行动迅速有效起见，各会员国将维持国际和平及安全之主要责任，授予安全理事会，并同意安全理事会于履行此项责任下之职务时，即系代表各会员国。

二、安全理事会于履行此项职务时，应遵照联合国之宗旨及原则。为履行此项职务而授予安全理事会之特定权力，于本宪章第六章、第七章、第八章及第十二章内规定之。

三、安全理事会应将常年报告、并于必要时将特别报告、提送大会审查。

第二十五条

联合国会员国同意依宪章之规定接受并履行安全理事会之决议。

第二十六条

为促进国际和平及安全之建立及维持，以尽量减少世界人力及经济资源之消耗于军备起见，安全理事会借第四十七条所指之军事参谋团之协助，应负责拟具方案，提交联合国会员国，以建立军备管制制度。

投　　票

第二十七条

一、安全理事会每一理事国应有一个投票权。

二、安全理事会关于程序事项之决议，应以九理事国之可决票表决之。

三、安全理事会对于其他一切事项之决议，应以九理事国之可决票包括全体常任理事国之同意票表决之；但对于第六章及第五十二条第三项内各事项之决议，争端当事国不得投票。

程　　序

第二十八条

一、安全理事会之组织，应以使其能继续不断行使职务为要件。为此目的，安全理事会之各理事国应有常驻本组织会所之代表。

二、安全理事会应举行定期会议，每一理事国认为合宜时得派政府大员或其他特别指定之代表出席。

三、在本组织会所以外，安全理事会得在认为最能便利其工作之其他地点举行会议。

第二十九条

安全理事会得设立其认为于行使职务所必需之辅助机关。

第三十条

安全理事会应自行制定其议事规则，包括其推选主席之方法。

第三十一条

在安全理事会提出之任何问题，经其认为对于非安全理事会理事国之联合国任何会员国之利益有特别关系时，该会员国得参加讨论，但无投票权。

第三十二条

联合国会员国而非为安全理事会之理事国，或非联合国会员国之国家，如于安全理事会考虑中之争端为当事国者，应被邀参加关于该项争端之讨论，但无投票权。安全理事会应规定其所认为公平之条件，以便非联合国会员国之国家参加。

第六章 争端之和平解决

第三十三条

一、任何争端之当事国，于争端之继续存在足以危及国际和平与安全之维持时，应尽先以谈判、调查、调停、和解、公断、司法解决、区域机关或区域办法之利用，或各该国自行选择之其他和平方法，求得解决。

二、安全理事会认为必要时，应促请各当事国以此项方法，解决其争端。

第三十四条

安全理事会得调查任何争端或可能引起国际摩擦或惹起争端之任何情势，以断定该项争端或情势之继续存在是否足以危及国际和平与安全之维持。

第三十五条

一、联合国任何会员国得将属于第三十四条所指之性质之任何争端或情势，提请安全理事会或大会注意。

二、非联合国会员国之国家如为任何争端之当事国时，经预先声明就该争端而言接受本宪章所规定和平解决之义务后，得将该项争端，提请大会或安全理事会注意。

三、大会关于按照本条所提请注意事项之进行步骤，应遵守第十一条及第十二条之规定。

第三十六条

一、属于第三十三条所指之性质之争端或相似之情势，安全理事会在任何阶段，得建议适当程序或调整方法。

二、安全理事会对于当事国为解决争端业经采取之任何程序，理应予以考虑。

三、安全理事会按照本条做成建议时，同时理应注意凡具有法律性质之争端，在原则上，理应由当事国依国际法院规约之规定提交国际法院。

第三十七条

一、属于第三十三条所指之性质之争端，当事国如未能依该条所示方法解决时，应将该项争端提交安全理事会。

二、安全理事会如认为该项争端之继续存在，在事实上足以危及国际和平与安全之维持时，应决定是否当依第三十六条采取行动或建议其所认为适当之解决条件。

第三十八条

安全理事会如经所有争端当事国之请求，得向各当事国做成建议，以求争端之和平解决，但以不妨碍第三十三条至第三十七条之规定为限。

第七章　对于和平之威胁、和平之破坏及侵略行为之应付办法

第三十九条

安全理事会应断定任何和平之威胁、和平之破坏，或侵略行为之是否存在，并应做成建议或抉择依第四十一条及第四十二条规定之办法，以维持或恢复国际和平及安全。

第四十条

为防止情势之恶化，安全理事会在依第三十九条规定做成建议或决定办法以前，得促请关系当事国遵行安全理事会所认为必要或合宜之临时办法，此项临时办法并不妨碍关系当事国之权利、要求，或立场。安全理事会对于不遵行此项临时办法之情形，应予适当注意。

第四十一条

安全理事会得决定所应采武力以外之办法，以实施其决议，并得促请联合国会员国执行此项办法。此项办法得包括经济关系、铁路、海运、航空、邮、电、无线电及其他交通工具、之局部或全部停止，以及外交关系之断绝。

第四十二条

安全理事会如认第四十一条所规定之办法为不足或已经证明为不足时，得采取必要之空海陆军行动，以维持或恢复国际和平及安全。此项行动得包括联合国会员国之空海陆军示威、封锁及其他军事举动。

第四十三条

一、联合国各会员国为求对于维持国际和平及安全有所贡献起见，担任于安全理事会发令时，并依特别协定，供给为维持国际和平及安全所必需之军队、协助及便利，包括过境权。

二、此项特别协定应规定军队之数目及种类，其准备程度及一般驻扎地点，以及所供便利及协助之性质。

三、此项特别协定应以安全理事会之主动，尽速议订。此项协定应由安全理事会与会员国或由安全理事会与若干会员国之集团缔结之，并由签字国各依其宪法程序批准之。

第四十四条

安全理事会决定使用武力时，于要求非安全理事会会员国依第四十三条供给军队以履行其义务之前，如经该会员国请求，应请其派遣代表，参加安全理事会关于使用其军事部队之决议。

第四十五条

为使联合国能采取紧急军事办法起见，会员国应将其本国空军部队为国际共

同执行行动随时供给调遣。此项部队之实力与准备之程度，及其共同行动之计划，应由安全理事会以军事参谋团之协助，在第四十三条所指之特别协定范围内决定之。

第四十六条

武力使用之计划应由安全理事会以军事参谋团之协助决定之。

第四十七条

一、兹设立军事参谋团，以便对于安全理事会维持国际和平及安全之军事需要问题，对于受该会所支配军队之使用及统率问题，对于军备之管制及可能之军缩问题，向该会贡献意见并予以协助。

二、军事参谋团应由安全理事会各常任理事国之参谋总长或其代表组织之。联合国任何会员国在该团未有常任代表者，如于该团责任之履行在效率上必需该国参加其工作时，应由该团邀请参加。

三、军事参谋团在安全理事会权力之下，对于受该会所支配之任何军队，负战略上之指挥责任；关于该项军队之统率问题，应待以后处理。

四、军事参谋团，经安全理事会之授权，并与区域内有关机关商议后，得设立区域分团。

第四十八条

一、执行安全理事会为维持国际和平及安全之决议所必要之行动，应由联合国全体会员国或由若干会员国担任之，一依安全理事会之决定。

二、此项决议应由联合国会员国以其直接行动及经其加入为会员之有关国际机关之行动履行之。

第四十九条

联合国会员国应通力合作，彼此协助，以执行安全理事会所决定之办法。

第五十条

安全理事会对于任何国家采取防止或执行办法时，其他国家，不论其是否为联合国会员国，遇有因此项办法之执行而引起之特殊经济问题者，应有权与安全理事会会商解决此项问题。

第五十一条

联合国任何会员国受武力攻击时，在安全理事会采取必要办法，以维持国际和平及安全以前，本宪章不得认为禁止行使单独或集体自卫之自然权利。会员国因行使此项自卫权而采取之办法，应立即向安全理事会报告，此项办法于任何方面不得影响该会按照本宪章随时采取其所认为必要行动之权责，以维持或恢复国际和平及安全。

第八章　区域办法

第五十二条

一、本宪章不得认为排除区域办法或区域机关、用以应付关于维持国际和平及安全而宜于区域行动之事件者；但以此项办法或机关及其工作与联合国之宗旨及原则符合者为限。

二、缔结此项办法或设立此项机关之联合国会员国，将地方争端提交安全理事会以前，应依该项区域办法，或由该项区域机关，力求和平解决。

三、安全理事会对于依区域办法或由区域机关而求地方争端之和平解决，不论其系由关系国主动，或由安全理事会提交者，应鼓励其发展。

四、本条绝不妨碍第三十四条及第三十五条之适用。

第五十三条

一、安全理事会对于职权内之执行行动，在适当情形下，应利用此项区域办法或区域机关。如无安全理事会之授权，不得依区域办法或由区域机关采取任何执行行动；但关于依第一百零七条之规定对付本条第二项所指之任何敌国之步骤，或在区域办法内所取防备此等国家再施其侵略政策之步骤，截至本组织经各关系政府之请求，对于此等国家之再次侵略，能担负防止责任时为止，不在此限。

二、本条第一项所称敌国系指第二次世界大战中为本宪章任何签字国之敌国而言。

第五十四条

关于为维持国际和平及安全起见，依区域办法或由区域机关所已采取或正在考虑之行动，不论何时应向安全理事会充分报告之。

第九章　国际经济及社会合作

第五十五条

为造成国际以尊重人民平等权利及自决原则为根据之和平友好关系所必要之安定及福利条件起见，联合国应促进：

（子）较高之生活程度、全民就业及经济与社会进展。

（丑）国际经济、社会、卫生及有关问题之解决；国际文化及教育合作。

（寅）全体人类之人权及基本自由之普遍尊重与遵守，不分种族、性别、语言或宗教。

第五十六条

各会员国担允采取共同及个别行动与本组织合作，以达成第五十五条所载之宗旨。

第五十七条

一、由各国政府间协定所成立之各种专门机关，依其组织约章之规定，于经济、社会、文化、教育、卫生及其他有关部门负有广大国际责任者，应依第六十三条之规定使与联合国发生关系。

二、上述与联合国发生关系之各专门机关，以下简称专门机关。

第五十八条

本组织应做成建议，以调整各专门机关之政策及工作。

第五十九条

本组织应于适当情形下，发动各关系国间之谈判，以创设为达成第五十五条规定宗旨所必要之新专门机关。

第六十条

履行本章所载本组织职务之责任，属于大会及大会权力下之经济及社会理事会。为此目的，该理事会应有第十章所载之权力。

第十章　经济及社会理事会

组　　织

第六十一条

一、经济及社会理事会由大会选举联合国二十七会员国组织之。

二、除第三款所规定外，经济及社会理事会每年选举理事九国，任期三年。任满之理事国得即行连选。

三、经济及社会理事会理事国自十八国增至二十七国后第一次选举时，除选举理事六国接替任期在该年年终届满之理事国外，应另增选理事九国。增选之理事九国中，三国任期一年，另三国任期二年，依大会所定办法。

四、经济及社会理事会之每一理事国应有代表一人。

职　　权

第六十二条

一、经济及社会理事会得做成或发动关于国际经济、社会、文化、教育、卫生及其他有关事项之研究及报告；并得向大会、联合国会员国及关系专门机关提出关于此种事项之建议案。

二、本理事会为增进全体人类之人权及基本自由之尊重及维护起见，得做成建议案。

三、本理事会得拟具关于其职权范围内事项之协约草案，提交大会。

四、本理事会得依联合国所定之规则召集本理事会职务范围以内事项之国际会议。

第六十三条

一、经济及社会理事会得与第五十七条所指之任何专门机关订立协定，订明关系专门机关与联合国发生关系之条件。该项协定须经大会之核准。

二、本理事会，为调整各种专门机关之工作，得与此种机关会商并得向其提出建议，并得向大会及联合国会员国建议。

第六十四条

一、经济及社会理事会得取适当步骤，以取得专门机关之经常报告。本理事会得与联合国会员国及专门机关，商定办法俾就实施本理事会之建议及大会对于本理事会职权范围内事项之建议所采之步骤，取得报告。

二、本理事会得将对于此项报告之意见提送大会。

第六十五条

经济及社会理事会得向安全理事会供给情报，并因安全理事会之邀请，予以协助。

第六十六条

一、经济及社会理事会应履行其职权范围内关于执行大会建议之职务。

二、经大会之许可，本理事会得应联合国会员国或专门机关之请求，供其服务。

三、本理事会应履行本宪章他章所特定之其他职务，以及大会所授予之职务。

投　　票

第六十七条

一、经济及社会理事会每一理事国应有一个投票权。

二、本理事会之决议，应以到会及投票之理事国过半数表决之。

程　　序

第六十八条

经济及社会理事会应设立经济与社会部门及以提倡人权为目的之各种委员会，并得设立于行使职务所必需之其他委员会。

第六十九条

经济及社会理事会应请联合国会员国参加讨论本理事会对于该国有特别关系之任何事件，但无投票权。

第七十条

经济及社会理事会得商定办法使专门机关之代表无投票权而参加本理事会及本理事会所设各委员会之讨论，或使本理事会之代表参加此项专门机关之讨论。

第七十一条

经济及社会理事会得采取适当办法，俾与各种非政府组织会商有关于本理事会职权范围内之事件。此项办法得与国际组织商定之，并于适当情形下，经与关系联合国会员国会商后，得与该国国内组织商定之。

第七十二条

一、经济及社会理事会应自行制定其议事规则，包括其推选主席之方法。

二、经济及社会理事会应依其规则举行必要之会议。此项规则应包括因理事国过半数之请求而召集会议之条款。

第十一章 关于非自治领土之宣言

第七十三条

联合国各会员国，于其所负有或承担管理责任之领土，其人民尚未臻自治之充分程度者，承认以领土居民之福利为至上之原则，并接受在本宪章所建立之国际和平及安全制度下，以充分增进领土居民福利之义务为神圣之信托，且为此目的：

（子）于充分尊重关系人民之文化下，保证其政治、经济、社会及教育之进展，予以公平待遇，且保障其不受虐待。

（丑）按各领土及其人民特殊之环境及其进化之阶段，发展自治；对各该人民之政治愿望，予以适当之注意；并助其自由政治制度之逐渐发展。

（寅）促进国际和平及安全。

（卯）提倡建设计划，以求进步；奖励研究；各国彼此合作，并于适当之时间及场合与专门国际团体合作，以求本条所载社会、经济及科学目的之实现。

（辰）在不违背安全及宪法之限制下，按时将关于各会员国分别负责管理领土内之经济、社会及教育情形之统计及具有专门性质之情报，递送秘书长，以供参考。本宪章第十二章及第十三章所规定之领土，不在此限。

第七十四条

联合国各会员国公同承诺对于本章规定之领土，一如对于本国区域，其政策必须以善邻之道奉为圭臬；并于社会、经济及商业上，对世界各国之利益及幸福，予以充分之注意。

第十二章 国际托管制度

第七十五条

联合国在其权力下，应设立国际托管制度，以管理并监督凭此后个别协定而置于该制度下之领土。此项领土以下简称托管领土。

第七十六条

按据本宪章第一条所载联合国之宗旨，托管制度之基本目的应为：

（子）促进国际和平及安全。

（丑）增进托管领土居民之政治、经济、社会及教育之进展；并以适合各领土及其人民之特殊情形及关系人民自由表示之愿望为原则，且按照各托管协定之条款，增进其趋向自治或独立之逐渐发展。

（寅）不分种族、性别、语言，或宗教，提倡全体人类之人权及基本自由之尊重，并激发世界人民互相维系之意识。

（卯）于社会、经济及商业事件上，保证联合国全体会员国及其国民之平等待遇，及各该国民于司法裁判上之平等待遇，但以不妨碍上述目的之达成，且不违背第八十条之规定为限。

第七十七条

一、托管制度适用于依托管协定所置于该制度下之下列各种类之领土：

（子）现在委任统治下之领土。

（丑）因第二次世界大战结果或将自敌国割离之领土。

（寅）负管理责任之国家自愿置于该制度下之领土。

二、关于上列种类中之何种领土将置于托管制度之下，及其条件，为此后协定所当规定之事项。

第七十八条

凡领土已成为联合国之会员国者，不适用托管制度；联合国会员国间之关系，应基于尊重主权平等之原则。

第七十九条

置于托管制度下之每一领土之托管条款，及其更改或修正，应由直接关系各国、包括联合国之会员国而为委任统治地之受托国者，予以议定，其核准应依第八十三条及第八十五条之规定。

第八十条

一、除依第七十七条、第七十九条，及第八十一条所订置各领土于托管制度下之个别托管协定另有议定外，并在该项协定未经缔结以前，本章任何规定绝对不得解释为以任何方式变更任何国家或人民之权利，或联合国会员国个别签订之现有国际约章之条款。

二、本条第一项不得解释为对于依第七十七条之规定而订置委任统治地或其他领土于托管制度下之协定，授以延展商订之理由。

第八十一条

凡托管协定均应载有管理领土之条款，并指定管理托管领土之当局。该项当局，以下简称管理当局，得为一个或数个国家，或为联合国本身。

第八十二条

于任何托管协定内，得指定一个或数个战略防区，包括该项协定下之托管领土之一部或全部，但该项协定并不妨碍依第四十三条而订立之任何特别协定。

第八十三条

一、联合国关于战略防区之各项职务，包括此项托管协定条款之核准及其更改或修正，应由安全理事会行使之。

二、第七十六条所规定之基本目的，适用于每一战略防区之人民。

三、安全理事会以不违背托管协定之规定且不妨碍安全之考虑为限，应利用托管理事会之协助，以履行联合国托管制度下关于战略防区内之政治、经济、社会及教育事件之职务。

第八十四条

管理当局有保证托管领土对于维持国际和平及安全尽其本分之义务。该当局为此目的得利用托管领土之志愿军、便利及协助，以履行该当局对于安全理事会所负关于此点之义务，并以实行地方自卫，且在托管领土内维持法律与秩序。

第八十五条

一、联合国关于一切非战略防区托管协定之职务，包括此项托管协定条款之核准及其更改或修正，应由大会行使之。

二、托管理事会于大会权力下，应协助大会履行上述之职务。

第十三章　托管理事会

组　　织

第八十六条

一、托管理事会应由下列联合国会员国组织之：

（子）管理托管领土之会员国。

（丑）第二十三条所列名之国家而现非管理托管领土者。

（寅）大会选举必要数额之其他会员国，任期三年，俾使托管理事会理事国之总数，于联合国会员国中之管理托管领土者及不管理者之间，得以平均分配。

二、托管理事会之每一理事国应指定一特别合格之人员，以代表之。

职　　权

第八十七条

大会及在其权力下之托管理事会于履行职务时得：

（子）审查管理当局所送之报告。

（丑）会同管理当局接受并审查请愿书。

（寅）与管理当局商定时间，按期视察各托管领土。

（卯）依托管协定之条款，采取上述其他行动。

第八十八条

托管理事会应拟定关于各托管领土居民之政治、经济、社会及教育进展之问题单；就大会职权范围内，各托管领土之管理当局应根据该项问题单向大会提出常年报告。

投　　票

第八十九条

一、托管理事会之每一理事国应有一个投票权。

二、托管理事会之决议应以到会及投票之理事国过半数表决之。

程　　序

第九十条

一、托管理事会应自行制定其议事规则，包括其推选主席之方法。

二、托管理事会应依其所定规则，举行必要之会议。此项规则应包括关于经该会理事国过半数之请求而召集会议之规定。

第九十一条

托管理事会于适当时，应利用经济及社会理事会之协助，并对于各关系事项，利用专门机关之协助。

第十四章　国际法院

第九十二条

国际法院为联合国之主要司法机关，应依所附规约执行其职务。该项规约系以国际常设法院之规约为根据，并为本宪章之构成部分。

第九十三条

一、联合国各会员国为国际法院规约之当然当事国。

二、非联合国会员国之国家得为国际法院规约当事国之条件，应由大会经安全理事会之建议就个别情形决定之。

第九十四条

一、联合国每一会员国为任何案件之当事国者，承诺遵行国际法院之判决。

二、遇有一造不履行依法院判决应负之义务时，他造得向于安全理事会申诉。安全理事会如认为必要时，得作成建议或决定应采办法，以执行判决。

第九十五条

本宪章不得认为禁止联合国会员国依据现有或以后缔结之协定，将其争端托付其他法院解决。

第九十六条

一、大会或安全理事会对于任何法律问题得请国际法院发表咨询意见。

二、联合国其他机关及各种专门机关，对于其工作范围内之任何法律问题，得随时以大会之授权，请求国际法院发表咨询意见。

第十五章 秘书处

第九十七条

秘书处置秘书长一人及本组织所需之办事人员若干人。秘书长应由大会经安全理事会之推荐委派之。秘书长为本组织之行政首长。

第九十八条

秘书长在大会、安全理事会、经济及社会理事会及托管理事会之一切会议，应以秘书长资格行使职务，并应执行各该机关所托付之其他职务。秘书长应向大会提送关于本组织工作之常年报告。

第九十九条

秘书长得将其所认为可能威胁国际和平及安全之任何事件，提请安全理事会注意。

第一百条

一、秘书长及办事人员于执行职务时，不得请求或接受本组织以外任何政府或其他当局之训示，并应避免足以妨碍其国际官员地位之行动。秘书长及办事人员专对本组织负责。

二、联合国各会员国承诺尊重秘书长及办事人员责任之专属国际性，决不设法影响其责任之履行。

第一百零一条

一、办事人员由秘书长依大会所定章程委派之。

二、适当之办事人员应长期分配于经济及社会理事会、托管理事会、并于必要时，分配于联合国其他之机关。此项办事人员构成秘书处之一部。

三、办事人员之雇用及其服务条件之决定，应以求达效率、才干及忠诚之最高标准为首要考虑。征聘办事人员时，于可能范围内，应充分注意地域上之普及。

第十六章 杂项条款

第一百零二条

一、本宪章发生效力后，联合国任何会员国所缔结之一切条约及国际协定应尽速在秘书处登记，并由秘书处公布之。

二、当事国对于未经依本条第一项规定登记之条约或国际协定，不得向联合国任何机关援引之。

第一百零三条

联合国会员国在本宪章下之义务与其依任何其他国际协定所负之义务有冲突时，其在本宪章下之义务应居优先。

第一百零四条

本组织于每一会员国之领土内，应享受于执行其职务及达成其宗旨所必需之法律行为能力。

第一百零五条

一、本组织于每一会员国之领土内，应享受于达成其宗旨所必需之特权及豁免。

二、联合国会员国之代表及本组织之职员，亦应同样享受于其独立行使关于本组织之职务所必需之特权及豁免。

三、为明定本条第一项及第二项之施行细则起见，大会得做成建议，或为此目的向联合国会员国提议协约。

第十七章　过渡安全办法

第一百零六条

在第四十三条所称之特别协定尚未生效，因而安全理事会认为尚不得开始履行第四十二条所规定之责任前，1943 年 10 月 30 日在莫斯科签订四国宣言之当事国及法兰西应依该宣言第五项之规定，互相洽商，并于必要时，与联合国其他会员国洽商，以代表本组织采取为维持国际和平及安全宗旨所必要之联合行动。

第一百零七条

本宪章并不取消或禁止负行动责任之政府对于在第二次世界大战中本宪章任何签字国之敌国因该次战争而采取或受权执行之行动。

第十八章　修　　正

第一百零八条

本宪章之修正案经大会会员国三分二之表决并由联合国会员国之三分二、包括安全理事会全体常任理事国，各依其宪法程序批准后，对于联合国所有会员国发生效力。

第一百零九条

一、联合国会员国，为检讨本宪章，得以大会会员国三分二之表决，经安全理事会任何九理事国之表决，确定日期及地点举行全体会议。联合国每一会员国在全体会议中应有一个投票权。

二、全体会议以三分二表决所建议对于宪章之任何更改，应经联合国会员国三分二、包括安全理事会全体常任理事国，各依其宪法程序批准后，发生效力。

三、如于本宪章生效后大会第十届年会前，此项全体会议尚未举行时，应将召集全体会议之提议列入大会该届年会之议事日程；如得大会会员国过半数及安全理事会任何七理事国之表决，此项会议应即举行。

第十九章　批准及签字

第一百一十条

一、本宪章应由签字国各依其宪法程序批准之。

二、批准书应交存美利坚合众国政府。该国政府应于每一批准书交存时通知各签字国，如本组织秘书长业经委派时，并应通知秘书长。

三、一俟美利坚合众国政府通知已有“中华民国”、法兰西、苏维埃社会主义共和国联邦、大不列颠及北爱尔兰联合王国、与美利坚合众国以及其他签字国之过半数将批准书交存时，本宪章即发生效力。美利坚合众国政府应拟就此项交存批准之议定书并将副本分送所有签字国。

四、本宪章签字国于宪章发生效力后批准者，应自其各将批准书交存之日起为联合国之创始会员国。

第一百一十一条

本宪章应留存美利坚合众国政府之档库，其中、法、俄、英及西文各本同一作准。该国政府应将正式副本分送其他签字国政府。

为此联合国各会员国政府之代表谨签字于本宪章，以昭信守。

公历 1945 年 6 月 26 日签订于旧金山市。

附录五 《安全理事会暂行议事规则》

《安全理事会暂行议事规则》

《联合国宪章》第30条规定，安全理事会应自行制定其议事规则。1946年，安理会通过了其《暂行议事规则》。后来，《暂行议事规则》几经修改，最后一次修订是在1982年，以便根据大会1980年12月17日第35/219号决议，将阿拉伯语增列为第六种正式语文。①

第一章 会 议

第一条

除第四条所提及的定期会议外，安全理事会的会议应由主席在他认为必要时，随时召开，但两次会议的相隔时间不得超过十四日。

第二条

主席经安全理事会任何理事国的请求，应召开安全理事会会议。

第三条

如根据宪章第三十五条或第十一条第三项将某一争端或局势提请安全理事会注意，或大会根据第十一条第二项向安全理事会提出建议或将某一问题提交安全理事会，或秘书长根据第九十九条提请安全理事会注意某一事项时，主席应召开安全理事会会议。

第四条

宪章第二十八条第二项所规定的安理会定期会议，每年应举行两次，时间由安全理事会自行决定。

第五条

安全理事会会议通常应在联合国总部举行。

安全理事会任何理事国或秘书长可提议安全理事会在另一地点开会。安全理

① https://www.un.org/securitycouncil/content/provisional-rules-procedure，2020－06－13访问。

事会如接受这类提议，即应决定会议的地点以及安全理事会在该地开会的期限。

第二章 议 程

第六条

各国、联合国各机构或秘书长本人发出的关于按宪章规定应由安全理事会审议的事项的一切来文，秘书长应立即提请安全理事会全体理事国代表注意。

第七条

安全理事会每次会议的临时议程应由秘书长拟成，并由安全理事会主席核定。

列入临时议程的项目限于根据第六条已提请安全理事会各理事国代表注意的项目，第十条规定的项目，或安全理事会以前曾决定推迟审议的事项。

第八条

秘书长至迟应在开会前三日，将每次会议的临时议程通知安全理事会各理事国代表，但在紧急情况下，可同开会的通知同时发出。

第九条

安全理事会每次会议的临时议程的第一个项目应为通过议程。

第十条

除非安全理事会另有决定，安全理事会每次会议议程中的项目，如未在该次会议审议完毕，应自动列入下次会议的议程。

第十一条

秘书长每星期应就安全理事会处理中的事项，以及审议这些事项达到的阶段，写成简要说明，送交安全理事会各理事国代表。

第十二条

每次定期会议的临时议程至迟应在会议开始前二十一日分送安全理事会各理事国代表。以后临时议程如有任何更改增补，至迟应在开会前五日通知各理事国。但如情况紧急，安全理事会可在定期会议开会期间，随时在议程上增列项目。

第七条第一段和第九条的规定亦适用于定期会议。

第三章 代表和全权证书

第十三条

安全理事会每一理事国应委派代表一人出席安全理事会会议。安全理事会理事国代表的全权证书至迟应于该代表出席安全理事会会议前二十四小时送交秘书长。全权证书应由有关国家或政府的首脑或外交部长颁发。安全理事会各理事国的政府首脑或外交部长有权出席安全理事会，无须提交全权证书。

第十四条

任何非安全理事会理事国的联合国会员国，或任何非联合国会员国的国家，如被邀参加安全理事会会议，应提交特派代表的全权证书。这类代表的全权证书至迟应在该代表被邀参加的第一次会议开会前二十四小时送交秘书长。

第十五条

安全理事会理事国代表，以及任何按照第十四条所派代表的全权证书应由秘书长审查，并向安全理事会提出报告，由其认可。

第十六条

安全理事会理事国的代表，在其全权证书未按照第十五条认可前，可暂行出席，并享有与其他代表同等的权利。

第十七条

如安全理事会某一理事国代表的全权证书在安全理事会内遭到反对，在安全理事会未作出决定前，该代表仍可继续出席，并享有与其他代表同等的权利。

第四章　主　　席

第十八条

安全理事会的主席一职应由安全理事会理事国按照理事国国名英文字母次序轮流担任。每一主席任期一个月。

第十九条

主席主持安全理事会的会议；并在安全理事会的权力下，代表作为联合国一个机构的安全理事会。

第二十条

当安全理事会主席所代表的理事国与理事会审议的某项特定问题直接有关，主席认为在审议该项问题期间，为使主席职务得以妥善履行、他不宜主持理事会会议时，应向理事会表明他的决定。然后由按英文字母顺序排列的下一位理事国代表主持会议审议该项问题。本条规定应理解为适用于依次被请主持会议的安全理事会理事国代表。本条规定并不影响第十九条所提到的主席的代表权和第七条所规定的主席职务。

第五章　秘书处

第二十一条

安全理事会每次开会时，秘书长应担任会议秘书长职务。秘书长可授权一位代理人，在安全理事会会议中，代行这项职务。

第二十二条

秘书长或其代理人可就安全理事会所审议的任何问题，向理事会提出口头或书面说明。

第二十三条

安全理事会可按照第二十八条的规定，指派秘书长为特定问题的报告员。

第二十四条

秘书长应提供安全理事会所需要的工作人员。这些工作人员应为秘书处的一部分。

第二十五条

秘书长应将安全理事会及其各种委员会的开会通知分送安全理事会各理事国代表。

第二十六条

秘书长负责准备安全理事会所需要的文件，除非情况紧急，至迟应于讨论这些文件的会议开始前四十八小时予以分发。

第六章　事务的处理

第二十七条

主席应按照代表请求发言的先后次序请其发言。

第二十八条

安全理事会可为某一特定问题指派一个委员会，或一名报告员。

第二十九条

主席可给予安全理事会所指派的报告员以优先发言权。

各委员会主席或委员会所指派提出报告的报告员可优先发言以解释其报告。

第三十条

如有代表提出程序问题，主席应立即宣布他的裁决。对其裁决如有异议，主席应将其裁决提交安全理事会立即作出决定。裁决非经推翻，仍为有效。

第三十一条

决议提案、修正案和实质性的动议，通常应书面提交各代表。

第三十二条

主要动议和决议草案应按照提出的先后次序享有优先权。

经任何代表请求，动议或决议草案的各部分可分别表决，但以原提案人不反对为条件。

第三十三条

下列动议按照排列次序的先后，对于与会议所讨论事项有关的一切主要动议和决议草案享有优先权：

一、暂停会议；

二、休会；

三、休会到预定的日期或钟点；

四、将任何事项提交委员会、秘书长，或报告员；

五、将问题的讨论推迟到预定的日期或无限期推迟；

六、提出修正案。

对于任何请求暂停会议或单纯休会的动议，应不经辩论，就加以决定。

第三十四条

安全理事会理事国代表所提任何动议或决议草案，无须附议就可表决。

第三十五条

动议或决议草案，在未经表决前，可以随时撤回。

动议或决议草案如已获得附议，附议的安全理事会理事国代表可将它作为自己的动议或决议草案，要求付诸表决，其优先权与原提案人未撤回时相同。

第三十六条

对于动议或决议草案如有两个或两个以上的修正案，主席应决定这些修正案付诸表决的次序。一般而言，安全理事会应先就内容距离原提案实质最远的修正案进行表决，然后就次远的修正案进行表决，直至所有修正案都经表决为止。但当修正案对于动议或决议草案原文有增删时，这个修正案应先付表决。

第三十七条

在讨论提交安全理事会的任何问题时，任何非安全理事会理事国的联合国会员国，在安全理事会认为其利益特别受到影响时，或某一会员国按照宪章第三十五条第一项将某事项提请安全理事会注意时，可经安全理事会决定，应邀参加讨论，但无表决权。

第三十八条

按照上一条规定或因执行宪章第三十二条的规定被邀参加安全理事会讨论的任何联合国会员国可提出提议和决议草案。这些提议和决议草案须经安全理事会理事国代表请求，才可付诸表决。

第三十九条

为审议理事会职权范围内的事项，安全理事会可邀请其认为合适的秘书处人员或其他人员向理事会提供情况或其他协助。

第七章　表　　决

第四十条

安全理事会的表决应根据宪章和国际法院规约的有关条款进行。

第八章 语 文

第四十一条

阿拉伯文、中文、英文、法文、俄文和西班牙文同为安全理事会的正式语文和工作语文。

第四十二条

以安全理事会六种语文中的任何一种语文所做的发言，应译成其他五种语文。

第四十三条

（删去）

第四十四条

任何代表可用安全理事会语文以外的一种语文发言。在此情况下，他应自行安排，译成安全理事会语文之一。秘书处口译人员可根据最先译出的安全理事会语文，将发言译成其他的安全理事会语文。

第四十五条

安全理事会会议的逐字记录，应以安全理事会的各种语文写成。

第四十六条

所有决议和其他文件，都应以安全理事会的各种语文印发。

第四十七条

安全理事会的文件，如经安全理事会决定，可以安全理事会语文以外的任何语文印发。

第九章 关于会议的公开和记录问题

第四十八条

除非安全理事会另有决定，理事会会议应公开举行。关于向大会推荐秘书长人选的问题，应在非公开会议中讨论并决定。

第四十九条

除第五十一条另有规定外，安全理事会每次会议的逐字记录，应不迟于开会后第一个工作日上午十时，向安全理事会各理事国代表和参加会议的任何其他国家代表提供。

第五十条

参加会议的各国代表对于逐字记录如有任何更正，应于第四十九条所规定的时间之后两个工作日内通知秘书长。

第五十一条

对非公开会议，安全理事会可决定只作一份记录。此项记录应由秘书长保管。参加会议的各国代表对于此项记录如有任何更正，应于十日内通知秘书长。

第五十二条

更正的请求提出之后，应作为已经认可；除非主席认为关系重大，应提交安全理事会理事国代表。在后一种情况下，安全理事会各理事国代表应于两个工作日内提出意见。在此期间如无反对意见，应依照原请求更正记录。

第五十三条

第四十九条所指的逐字记录或第五十一条所指的记录，如在第五十条及第五十一条分别规定的期限内未经请求更正，或已按第五十二条的规定予以更正，都应作为已经认可。此项记录应由主席签字，成为安全理事会的正式记录。

第五十四条

安全理事会公开会议的正式记录以及所附文件应尽速以正式语文印发。

第五十五条

每次非公开会议结束时，安全理事会应通过秘书长发表公报。

第五十六条

凡曾参加某次非公开会议的联合国会员国代表有权随时到秘书长办公室查阅该次会议的记录。安全理事会可随时准许联合国其他会员国授权的代表查阅此项记录。

第五十七条

秘书长应每年向安全理事会提交一份当时仍认为机密的记录和文件清单。安全理事会应决定其中哪些可向联合国其他会员国提供，哪些可以公布，哪些仍应保持机密。

第十章　接纳新会员国

第五十八条

凡欲成为联合国会员国的国家应向秘书长提出申请书。申请书应包括一项正式文书形式的声明，宣布接受宪章所规定的义务。

第五十九条

秘书长应立即将入会申请书提交安全理事会各理事国代表。除非安全理事会另有决定，这项申请书应由主席提交一个由安全理事会各理事国所派代表组成的委员会。这个委员会应审查提交给它的任何申请书，并至迟应在大会常会开始前三十五日，或遇召开大会特别会议时，在特别会议开始前十四日，将审查结果报告安全理事会。

第六十条

安全理事会应按照它的判断，决定申请国是否为爱好和平的国家，而且能够并愿意履行宪章的义务，并据此决定是否推荐该申请国为会员国。

安全理事会如推荐该申请国为会员国，应向大会作出推荐，并附讨论的全部记录。

安全理事会如不推荐该申请国为会员国，或暂不审议它的申请，应向大会提出特别报告，并附讨论的全部记录。

安全理事会为使其推荐可于接到申请书后的下一届大会中获得审议，至迟应在大会常会开始前二十五日，或者大会特别会议开始前四日，向大会提出推荐。

在特殊情况下，安全理事会在上一段规定的期限以后，仍可就入会申请书向大会提出推荐。

第十一章　与联合国其他机构的关系

第六十一条

安全理事会按照国际法院规约为选举该法院法官而举行的会议，应持续进行，直至有足够的候选人经一次或一次以上的投票获得绝对多数票以补足全部空缺时为止。

附　　录

处理私人及非政府团体来文暂行程序

甲、凡与安全理事会正在处理中的事项有关的一切私人及非政府团体的来文，均应列出清单，向安全理事会各理事国代表散发。

乙、如经安全理事会任何理事国代表请求，秘书长应将清单上所列的任何来文的复制本一份送交该代表。

附录六　部分国际组织名称（汉英对照）

按中文名称首字字母顺序排列：

字母 A

阿拉伯共同市场 Arab Common Market（ACM）

阿拉伯国家联盟（阿盟）League of Arab States（Arab League；LAS）

阿拉伯货币基金组织 Arab Monetary Fund（AMF）

阿拉伯经济统一委员会 Council of Arab Economic Unity（CAEU）

阿拉伯联盟教科文组织 Arab League Educational，Cultural and Scientific Organization（ALECSO）

阿拉伯马格里布联盟 Union of the Arab Maghreb（UMA）

阿拉伯石油输出国组织 Organization of Arab Petroleum Exporting Countries（OAPEC）

安第斯共同市场 Andean Common Market（ANCOM）

安第斯共同体 Andean Community

安第斯条约组织 Andean Pact Organization（APO）

字母 B

八国集团 Group of Eight（G8）

巴黎俱乐部 Paris Club（Group of Ten）

巴黎联盟（国际保护工业产权联盟）Paris Convention（International Union for the Protection of Industrial Property）

巴黎统筹委员会（巴统）Coordinating Committee on Export Control（COCOM）；Coordinating Committee for Export to Communist Countries

北大西洋公约组织（北约）North Atlantic Treaty Organization（NATO）

北大西洋合作理事会 North Atlantic Cooperation Council

北美自由贸易区 North American Free Trade Area（NAFTA）

北南核控制联合委员会 North-South Nuclear Joint Committee

北欧理事会 Nordic Council

北欧邮政联盟 Nordic Postal Union (NPU)

北太平洋海洋科学组织 North Pacific Marine Science Organization (PICES)

伯尔尼（国际保护文学艺术作品）联盟 Berne Union (for he Protection of Literary and Artistic Works)

不结盟运动 Non-Aligned Movement (NPU)

字母 C

朝鲜半岛能源开发组织 Korea Peninsula Energy Development Organization (KEDO)

船长协会国际联合会 International Federation of Shipmasters' Association (IFSMA)

促进种族平等公民协会 Citizens' Association for Racial Equality

字母 D

大陆架界限委员会 Commission on the Limits of the Continental Shelf

大气科学委员会 Commission of Atmospheric Sciences (CAS)

大气污染管制委员会 Air Pollution Control Commission (APCC)

大气污染控制管理局 Air Pollution Control Administration (APCA)

大赦国际 Amnesty International

大西洋自由贸易区 Atlantic Free Trade Area (AFTA)

第三世界科学院 Academy of Sciences for the Third World

东非共同体 East African Community (EAC)

东加勒比共同市场 East Caribbean Common Market (ECCM)

东加勒比组织 Organization of the Eastern Caribbean States

东盟各国议会组织 ASEAN Inter-Parliamentary Organization

东盟自由贸易区 ASEAN Free Trade Area (AFTA)

东南非共同市场 Common Market for Eastern and Southern Africa (COMESA)

东南亚国家联盟（东盟） Association of Southeast Asian Nations (ASEAN)

字母 F

发展工业产权和有关权利合作常设委员会 Permanent Committee for Development Cooperation Related to Industrial Rights

发展中国家间经济合作委员会 Committee on Economic Cooperation Among Developing Countries

发展著作权和邻接权利合作常设委员会 Permanent Committee for Development Related to Copyright and Neighbouring Rights

法语国家首脑会议 Summit of Francophone Countries

反对原子弹氢弹会议 Conference Against Atomic and Hydrogen Bombs

泛非电信联盟 Pan African Telecommunication Union (PATU)

泛非妇女组织 Pan-African Women's Organization (PAWO)

防止空气污染协会国际联合会 International Union of Air Pollution Prevention Association (IUAPPA)

防止歧视和保护少数小组委员会 Sub-committee on Prevention of Discrimination and Protection of Minorities

防止外层空间军备竞赛特设委员会 Ad Hoc Committee on the Prevention of Arms Race in Outer Space

非殖民化委员会（24 国委员会） Commission on Decolonisation (Committee of 24)

非洲，加勒比和太平洋地区国家集团（非加太集团） Group of African, Caribbean and Pacific Region Countries (ACP Group)

非洲经济共同体 African Economic Community

非洲联盟 African Union (AU)

非洲人权和民族权委员会 African Committee on Human and People's Right

非洲统一组织 Organization of African Unity (OAU)

非洲邮政联盟 African Postal Union (APU)

扶轮社国际 Rotary International

字母 G

各国议会联盟 Inter-Parliamentary Union (IPU)

国际奥林匹克委员会 International Olympic Committee (IOC)

国际版权协会 International Copyright Society

国际保护工业产权联盟（巴黎联盟） International Union for the Protection of Industrial Property (Paris Union)

国际保护工业产权协会 International Association for the Protection of Industrial Property (IAPIP)

国际保护知识产权联合局 United International Bureau for the Protection of Intellectual Property (BIRPI)

国际保护自然资源联盟 International Union for Conservation of Nature and Natural Resources (IUCN)

国际笔会（国际诗人，剧作家，编辑，散文家和小说家协会）International PEN（International Association of Poets, Playwrights, Editors, Essayists and Novelists）

国际标准化组织 International Standardization Organization（ISO）

国际标准协会 International Standard Association（ISA）

国际捕鲸委员会 International Whaling Commission（IWC）

国际材料物理中心 International Center for Materials Physics（ICMP）

国际船东协会 International Shipping Federation（ISP）

国际船级社协会 International Association of Classification Societies（IACS）

国际纯粹和应用化学联盟 International Union of Pure and Applied Chemistry（IUPAC）

国际纯粹和应用生物物理学联盟 International Union of Pure and Applied Biophysics（IUPAB）

国际大坝委员会 International Commission on Large Dam（ICOLD）

国际大学生体育联合会 Federation Internationale du Sport Universitaire（FISU）

国际地球科学信息网络集团 Consortium for International Earth Science Information Network（CIESIN）

国际地球学联盟 International Geographical Union（IGU）

国际地震中心 International Seismological Centre（ISC）

国际地质大会 International Geological Congress（IGC）

国际地质科学联盟 International Union of Geological Sciences（IUGS）

国际冻土协会 International Permafrost Association（IPA）

国际独立油船东协会 International Association of Independent Tanker Owners（INTERTANKO）

国际度量衡局 International Bureau of Weight and Measurements（IBWM）

国际儿童福利联合会 International Union for Child Welfare（IUCW）

国际法官联合会 International Union of Judges

国际法协会 International Law Association

国际法学家委员会 International Commission of Jurists（ICJ）

国际法学协会 International Association of Legal Science（IALS）

国际纺织学会 International Textile Institute（ITI）

国际辐射防护协会 International Radiation Protection Association（IRPA）

国际妇女同盟 International Alliance of Women（IAW）

国际妇女协会 International Women Society

国际港口协会 International Association of Ports and Harbours（IAPH）

国际公务员协会联合会 Federation of International Civil Servants Associations

（FICSA）

国际公务员制度委员会 International Civil Service Commission（ICSC）

国际古生物协会 International Palaeontological Association（IPA）

国际雇主组织 International Organization of Employers（IOE）

国际广播协会 International Association of Broadcasting（IAB）

国际海道测量组织 International Hydrographic Organization（IHO）

国际海底管理局 International Sea-Bed Authority

国际海事卫星组织 International Maritime Satellite Organization（INMARSAT）

国际海运联盟 International Shipping Federation

国际航标协会 International Association of Lighthouse Authorities（IALA）

国际航空科学理事会 International Council of Aeronautical Sciences（ICAS）

国际航空联合会 Aeronautic International Federation（FAI）

国际航空运输协会 International Air Transport Association（IATA）

国际航运会议常设协会 Permanent International Association of Navigation Congresses（PIANC）

国际航运协会 International Chamber of Shipping

国际和平利用原子能会议 International Conference on the Peaceful Use of Atomic Energy

国际和平学会 International Peace Academy（IPA）

国际核数据委员会 International Nuclear Data Committee（INDC）

国际红十字 International Red Cross（IRC）

国际环境法理事会 International Council of Environmental Law

国际环境事务研究所 International Institute for Environmental Affairs

国际计划生育联合会 International Planned Parenthood Federation（IPPF）

国际建筑师协会 International Union of Architects（IUA）

国际救济联合会 International Relief Union（IRU）

国际军事体育理事会 International Military Sports Council（IMSC）

国际开发委员会 Commission on International Development（CID）

国际科学基金会 International Foundation of Sciences（IFS）

国际科学联盟理事会 International Council of Scientific Unions（ICSU）

国际空间研究委员会 International Committee on Space Research（ICSR）

国际空运协会 International Air Transport Association（IATA）

国际理论和应用力学联盟 International Union of Theoretical and Applied Mechanics

国际理论物理中心 International Centre for Theoretical Physics（ICTP）

国际律师协会 International Bar Association (IBA)

国际毛纺组织 International Wool Textile Organization (IWTO)

国际民主妇女联合会 Women's International Democratic Federation (WIDF)

国际难民组织 International Refugee Organization (IRO)

国际能源机构 International Energy Agency (IEA)

国际欧亚科学院 International Academy for Europe and Asia (IAEA)

国际清算银行 Bank for International Settlements (BIS)

国际人口问题科学研究联合会 International Union for the Scientific Study of Population (IUSSP)

国际人权法院 International Court of Human Rights

国际人权联合会 International Federation of Human Rights

国际人与生物圈保护区网络 International Man and Biosphere Reserve Network

国际商会 International Chamber of Commerce (ICC)

国际商事仲裁协会 International Commercial Arbitration Association

国际商业仲裁会 International Council for Commercial Arbitration

国际生态学协会 International Association for Ecology

国际生物化学与分子生物学联盟 International Union of Biochemistry and Molecular Biology (IUBMB)

国际生物科学联合会 International Union of Biological Sciences (IUBS)

国际圣经协会 International Bible Society (IBS)

国际世界语协会 Universal Esperanto Association (UEA)

国际数学联盟 International Mathematical Union (IMU)

国际水资源协会 International Water Resources Association (IWRA)

国际丝绸协会 International Silk Association (ISA)

国际体操联合会 International Federation of Gymnastics (FIG)

国际天文学联合会 International Astronomical Union (IAU)

国际通讯卫星组织 International Telecommunications Satellite Organization (INTELSAT)

国际投资银行 International Investment Bank (IIB)

国际土壤协会 International Society of Soil Science (ISSS)

国际细胞生物学联合会 International Federation for Cell Biology (IFCB)

国际心理科学联盟 International Union of Psychological Science

国际新闻工作者协会 International Federation of Journalists

国际信息和文献联合会 International Federation for Information and Documentation

国际刑法协会 International Association of Penal Law (IAPL)

国际刑警组织 International Criminal Police Organization（INERPOL；ICPO）

国际刑事学会 International Association of Criminal Science

国际宣教协会 International Missionary Council（IMC）

国际学生联合会 International Union of Student（IUS）

国际移民组织 International Organization for Migration（IOM）

国际遗传学联合会 International Genetics Federation（IGF）

国际译联 International Federation of Translators

国际音乐理事会 International Music Council（IMC）

国际应用心理学协会 International Association of Applied Psychology（IAAP）

国际有线发行联盟 International Alliance for Distribution by Cable

国际宇航科学院 International Academy of Astronautics（IAA）

国际植物生理学家协会 International Association for Plant Physiologists（IAPP）

国际竹藤组织（International Network for Bamboo and Rattan，INBAR）

国际自动控制联合会 International Federation of Automatic Control（IFAC）

国际自由工会联合会（自由工联）International confederation of Free Trade Union（ICFTU）

国际足球联合会 International Football Federation（FIFA）

字母 H

海湾（阿拉伯国家）合作委员会 Cooperation Council for the Arab States of the Gulf；Gulf Cooperation Council（GCC）

海洋研究科学委员会 Scientific Committee on Oceanic Research（SCOR）

海洋研究气象委员会 Commission on Maritime Meteorology（CMM）

海洋资源研究咨询委员会 Advisory committee on Marine Resources Research

和平利用外层空间委员会 Committee of Peaceful Uses of Outer Space

和平利用原子能国际会议咨询委员会 Advisory Committee of the International Conference on the Peaceful Uses of Atomic Energy

和平利用原子能委员会 Committee on the Use of Atomic Energy for Peaceful Purposes（CUAEPP）

红十字与红月会国际联合会 International Federation of Red Cross and Red Crescent Societies（IFRCS）

环境问题科学委员会 Scientific Committee on Problems of the Environment（SCOPE）

环境与发展国际研究中心（环发中心）Centre for International Research of Environment and Development（CIRED）

环太平洋论坛 Pacific Rim Forum (PRF)

字母 J

基督教女青年会 Young Women's Christian Association (YWCA)

基督教青年会 YoungMen's Christian Association (YMCA)

计划生育—世界人口组织 Planned Parenthood-World Population

加勒比共同体和共同市场 Caribbean community and Common Market (CARICOM)

经济合作与发展组织（经合组织） Organization for Economic Cooperation and Development (OECD)

字母 K

孔塔多拉集团 Contadora Group

字母 L

拉丁美洲共同市场 Latin America Common Market (LACM)

拉丁美洲和加勒比禁止核武器组织 Organization for the Prohibition of Nuclear Weapons in Latin America and the Caribbean

拉丁美洲货币同盟 Latin American Monetary Union

拉丁美洲经济体系 Latin American Economic System (LAES)

拉丁美洲经济委员会 Economic Commission of Latin America (ECLA)

拉丁美洲发展金融机构协会 Latin American Association of Development of Financing Institutions

拉丁美洲能源组织 Latin American Energy Organization (OLAE)

拉丁美洲社会学会 Association of Latin American Sociology (ALAS)

拉丁美洲协调特别委员会 Special Committee on Latin American Coordination

拉丁美洲一体化协会 Latin American Integration Association (LAIA)

拉丁美洲自由贸易区 Latin American Free Trade Area (LAFTA)

拉丁美洲自由贸易市场 Latin American Free Trade Market

拉丁美洲自由贸易协会 Latin American Free Trade Association

联合国协会世界联合会 World Federation of United Nations Associations (WFUNA)

伦敦核供应国俱乐部 London Suppliers' Club

字母 M

马格里布联盟 Union du Maghreb（UMA）
美洲出口贸易促进中心 Inter-American Export Promotion Centre
美洲储蓄和贷款银行 Inter-American Saving and Loans Banks
美洲国家间人权委员会 Inter-American Commission on Human Rights
美洲国际组织 Organization of American States（OAS）
美洲经济及社会理事会 Inter-American Economic and Social Council
美洲开发银行 Inter-America Development Bank
美洲人权委员会 Inter-America Commission on Human Rights（IACHR）

字母 N

南北协调委员会 North-South Coordinating committee
南部非洲发展共同体 Southern African Development Community（SADC）
南部非洲关税同盟 Southern African Customs Union（SACU）
南方共同市场 South Common Market
南南会议 South-South Conference
南太平洋论坛 South Pacific Forum（SPF）
南亚区域合作联盟 South Asian Association for Regional Cooperation（SAARC）

字母 O

欧洲安全与合作组织（欧安组织，原欧洲安全与合作会议）Organization for Security and Cooperation in Europe（OSCE, formerly known as Conference on Security and Cooperation in Europe）
欧洲裁军会议 Conference on Disarmament in Europe（CDE）
欧洲复兴开发银行 European Bank of Reconstruction and Development
欧洲经济合作组织 Organization for European Economic Cooperation（OEEC）
欧洲联盟（欧盟）European Union（EU）
欧洲人权法院 European Court of Human Rights
欧洲人权委员会 European Commission of Human Rights
欧洲原子能委员会 European Atomic Commission（EAC）
欧洲原子能学会 European Atomic Energy Society（EAES）
欧洲自由贸易联盟 European Free Trade Association（EFTA）

字母 Q

七国集团 Group of Seven（G7）
七十七国集团 Group of 77
区域合作发展组织 Regional Cooperation Organization for Development（RCOD）

字母 S

三边委员会（日美欧委员会）Trilateral Commission of Japan, North America and Europe（TC）
上海合作组织（Shanghai Cooperation Organization, SCO）
社会党国际 Socialist International
石油输出国组织（欧佩克）Organization of Petroleum Exporting Countries（OPEC）
世界残疾人组织理事会 Council of World Organizations Interested in the Handicapped（CWOIH）
世界动物保护联合会 World Federation for the Protection of Animals
世界佛教徒联谊会 World Fellowship of Buddhists（WFB）
世界工会联合会（世界工联）World Federation of Trade Unions（WFTU）
世界海关组织 World Customs Organization
世界和平理事会 World Peace Council（WPC）
世界基督教联合会 World Council of Churches（WCC）
世界教师工会协进会 World Federation of Teachers' Unions
世界科学工作者联合会 World Federation of Scientific Worker（WFSW）
世界劳工联合会 World Confederation of Labour（WCL）
世界旅游组织 World Tourism Organization（WTO）
世界贸易组织 World Trade Organization（WTO）
世界穆斯林大会 World Muslim Congress
世界穆斯林联盟 Muslim World League（MWL）
世界青年大会 World Assembly of Youth（WAY）
世界人权大会 World Conference on Human Rights
世界野生动物基金会 World Wildlife Fund（WWF）
世界伊斯兰大会 World Islamic Congress
世界医学学会 World Medical Association
世界艺术与科学学会 World Academy of Art and Science
世界犹太人大会 World Jewish Congress

世界幼儿教育组织 World Organization for Early Children's Education
世界针灸学会联合会 World Federation of Acupuncture and Moxibustion Societies
世界自然保护联盟 World Conservation Union
世界宗教和平大会 World Conference on Religion and Peace (WCRP)

字母 T

太平洋经济合作理事会 Pacific Economic Cooperation Council (PECC)

字母 X

西方七国首脑会议 Seven-Nation Economic Summit; Group of Seven Summit (G7 Summit)
西非国际经济共同体 Economic Community of West African States (ECOWAS)
西欧联盟 Western European Union (WEU)

字母 Y

亚非法律协商委员会 Asian-African Legal Consultative Committee (AALCC)
亚非会议 Asian-African Conference
亚非拉人民团结组织 Organization of Solidarity of the Peoples of Africa, Asia and Latin America (OSPAALA)
亚非人民团结组织 Afro-Asian People's Solidarity Organization (AAPSO)
亚非新闻工作者协会 Afro-Asian Journalists' Association (AAJA)
亚欧合作理事会 Council for Asia-Europe Cooperation (CAEC)
亚欧环境技术中心 Asia-Europe Environmental Technology Center
亚太安全合作理事会 Council on Security Cooperation in Asia and Pacific Region (CSCAP)
亚太经合组织 Asia-Pacific Economic Cooperation (APEC)
亚太空间技术应用多边合作会议 Asia-Pacific Conference on Multilateral Cooperation in Space Technology and Applications (APC-MCSTA conference)
亚太大洋洲邮政联盟 Asian-Oceanic Postal Union (AOPU)
亚洲化学学会联合会 Federation of Asian Chemical Societies (FACS)
亚洲环境问题协会 Asian Environmental Society (AES)
亚洲基础设施投资银行（Asian Infrastructure Investment Bank, AIIB)
亚洲基督教会议 Christian Conference of Asia (CCA)
亚洲及太平洋和平与裁军区域中心 Regional Centre for Peace and Disarmament in Asia and the Pacific

亚洲及太平洋理事会 Asian and Pacific Council (ASPAC)
亚洲开发银行 Asian Development Bank (ADB)
亚洲科学联合会 Federation of Asian Scientific Academies and Societies
亚洲青年理事会 Asian Youth Council (AYC)
亚洲生产力组织 Asian Productivity Organization
亚洲太平洋广播联盟 Asian-Pacific Broadcasting Union (ABU)
亚洲－太平洋通讯社组织 Organization of Asia-Pacific News Agencies (OANA)
亚洲－太平洋邮政联盟 Asian-Pacific Postal Union
亚洲遥感协会 Asian Association on Remote Sensing (AARS)
伊斯兰会议组织 Organization of the Islamic Conference (OIC)
伊斯兰教事务最高理事会 Supreme Council for Islamic Affairs
印度洋特设委员会 Ad Hoc Committee on the Indian Ocean
英联邦 British Commonwealth of Nations (Commonwealth)

字母 Z

中非国家经济共同体 Economic Community of Central African States (CEEAC)
中非国家联盟 Union of Central African States (UEAC)
中美洲共同市场 Central American Common Market
中美洲国家组织 Organization of Central American States

附录七　中国人在国际组织的任职情况

一、九位中国人在联合国担任副秘书长职务的情况如表5－1所示。

表5－1　中国人在联合国担任副秘书长的情况

姓名	出生年	国内职位	分工	任职年限
唐明照	1910	中央对外联络部副秘书长	政治、非殖民化、托管地	1972－1979
毕季龙	1914	外交部国际条法司副司长	技术合作与发展事务	1979－1985
谢启美	1923	中国常驻联合国代表团副代表	技术合作与发展事务	1985－1991
冀朝铸	1929	驻英国大使	技术合作与发展事务	1991－1996
金永健	1934	中国常驻日内瓦联合国代表	联合国发展、资助和管理	1996－2001
陈健	1942	驻日本大使	联合国大会和大会事务	2001－2007
沙祖康	1947	中国常驻日内瓦联合国代表	经济和社会事务	2007－2012
吴红波	1952	驻德国大使	经济和社会事务	2012－2017
刘振民	1955	外交部副部长	经济和社会事务	2017－

二、在重要国际组织任要职的中国人

除已经专文介绍外，其他在重要国际组织中担任要职的中国人如表 5－2 所示（不完全统计）。

表 5－2 中国人在重要国际组织任要职的情况

任命年	姓名	国内职位	国际组织	职位	任职年限
2003	吴建民	驻法国大使	国际展览局	主席	2003－2007
2005	章新胜	教育部副部长	联合国教科文组织	执行局主席	2005－2007
2006	陈冯富珍		世界卫生组织	总干事	2007－2017
2009	王彬颖		世界知识产权组织	副总干事	2009－
2012	章新胜		世界自然保护联盟	主席	2012－
2013	李勇	财政部副部长	联合国工业发展组织	总干事	2013－
2014	赵厚麟		国际电信联盟	副秘书长	2015－
2015	柳芳		国际民航组织	秘书长	2015－
2015	金立群	中金公司董事长	亚洲基础设施投资银行	行长	2016－
2016	张涛	中国人民银行副行长	国际货币基金组织	副总裁	2016－
2018	甘露	广东省海关关税专家	世界海关组织	制度委员会主席	2018－
2019	屈冬玉	农业农村部副部长	联合国粮农组织	总干事	2019－

三、近年来，有多少中国人站在世界关键组织的最高处

2016 年 1 月 12 日，中国财政部官员杨少林，被世界银行任命为世界银行的副行长。

有外媒随后梳理了近年中国人在世界主要经济组织中担任高管的人员名单，并以《更多中国人掌舵国际组织》为题予以报道。

然而，任命一名中国人担任世界主要经济组织的高管，其实对于“任命者”和“被任命者”来说，都并非易事。2 月即将赴任世界银行的杨少林，是由国际猎头公司进行了专业筛选之后，由世界银行遴选委员会进行公开面试，再经历一

系列程序之后才最终胜出。

2008年2月出任世界银行首席经济学家兼发展经济学的高级副行长的林毅夫，早在2007年11月就接到了即将离任的世行首席经济学家布吉尼翁的电话，对方想推荐林毅夫接任。世界银行在遴选重要官员的时候先成立遴选委员会，并列出候选人名单。在林毅夫就此事进行考虑的时候，当时的世界银行行长佐利克来中国访问，对林毅夫进行了“面试”，之后才决定将林毅夫列入推举名单，次年1月16日，林毅夫才被正式提名为世行首席经济学家兼高级副行长。

2007年11月，中国人张月姣被世贸组织选为七名大法官之一，2006年世贸组织在全球寻找这一适合人选时，张月姣被中国政府推荐为两个候选人之一。2007年9月世贸组织总干事以及总理会主席、争端解决机构主席等主要高管组成的遴选委会员对张月姣进行了面试，面试的内容涉及各种专业而深入的问题，张月姣回答准确，甚至比提问题者了解的还要多。

不过，通过“考试”只是程序性事务，而入选国际经济组织高层管理职位，也并非只靠“应试”表现。

比如，杨少林1992年就开始在世界银行担任职位，还曾代表中国在世界银行任职。世界银行行长金墉对杨少林作出评价是，欢迎杨少林回到世界银行，并认为杨少林经验丰富，对世界银行有充分了解。

现任国际货币基金组织副总裁朱民在获得任命之前就有多年世界银行的职业经历，2013年8月任职世贸组织副总干事的易小准除拥有丰富的专业经验外，还被派驻世贸组织任代表和特命全权大使。

然而，一个敏感的问题是：从一个中国人突然转变为一个“世界人”，他们的利益重心该如何进行调整？

朱民就此说过：我将以个人名义成为一个国际公务员，而不是去国际货币基金组织代表中国。

林毅夫在接受采访的时候则这样措辞：在国内的话，站在中国的立场，想中国的问题、世界的问题；但在这个地方（世界银行），考虑问题都必须以全球的视角来考虑问题。

张月姣在宣誓就任后也说，她将本着世贸组织规则的精神，公正独立地处理好上诉案件，为完善和加强以规则为基础的多边贸易体制作出贡献。

至于朱民，自进入国际货币基金组织以后，他就在美国频繁参加讨论活动，除了阐述国际货币基金组织的立场态度，更向美国学者和决策者讲述、解释中国的政策取向和效果。他这样演绎一个“世界人”的角色：他负责90多个国家的年度宏观经济报道，要进行审和批，要经常跟90个国家的总统、总理、财政部部长、央行行长交流。工作面广，出差频繁。他认为自己是在不断流动中工作的：提着行李不停地在机场和会场中转换，日程很紧张，而且要在流动中不断处理各种各样的邮件。

如今，进入世界组织的中国人越来越多，但是一组数据表明，在“绝对数量”方面中国还远远不够。截至2013年在国际组织中担任职务的中国人有11人，低于美国48人，法国18人，日本14人，英国19人，德国17人。①

（一）活跃在国际组织的中国法学家

中国法律人获得连任，表明了世界各国日益高度重视中国在国际事务中的地位和作用，也体现了各国政府和法律界对中国法律人综合能力的充分认可和肯定。

作为一名法学家，中国人民大学证据学教研室主任何家弘总是被同行笑称“私活”太多，他既是“孜孜布道于杏坛的法学家”，又是“声名远著于海外的小说家”。而如今，他更是多了一个身份——国际足联道德委员会调查庭委员。

巴林当地时间2017年5月11日上午，中国足协主席蔡振华、常务副主席兼秘书长张剑、专职执委林晓华一行在巴林首都麦纳麦参加第67届国际足联代表大会。当天，经大会投票表决，中国足协道德与公平竞赛委员会主任何家弘当选国际足联道德委员会调查庭委员，任期4年。

这是继2017年1月中国国际贸易经济合作研究院副院长赵宏之后，又一名中国法律人登上了国际组织的舞台。近年来，有越来越多的中国法律人登上国际舞台，在各个国际组织中任职，他们通过自己的工作来向世界展示着中国法律人的风采。

1. 足球之缘的“推手”

如果说创作侦探小说、翻译编写法律英语教材还算是与自己的法律工作沾边的话，这次进入国际足联，则让很多不太了解何家弘的人有点“看不懂了”。

一个法学家“跨界”似乎毫不沾边的国际足联，这不得不让有些人“怀疑”，何家弘的背后肯定有“幕后推手”。

“我和足球的缘分可能就是那个‘推手’。”每每谈及这个话题，何家弘总会如此开玩笑地表示。

在何家弘的家里，如今还珍藏着一份20多年前的荣誉——一张被装裱在玻璃框内、已经有些微微泛黄的奖状，上书“首届法律公正杯业余足球联赛最佳运动员”。

那是1992年在中国人民大学任教时以“五场独中八球”的成绩荣获的奖项，自幼喜爱足球的何家弘曾经将这个含金量相当于“金靴奖”的奖状视为自己在

① 佚名：“当今，有多少中国人站在世界关键组织的最高处”，载《环球时报》2016年1月24日。

球场上最为辉煌的时刻。

工作的繁忙加之年龄的增大令何家弘逐渐在足球场上力不从心，开始将重心转移到羽毛球上的他可能不会想到，自己和足球的缘分还远没有结束。

何家弘第一次听说“道德与公平竞赛委员会”这个专业名词是在 2014 年夏天的一个早上。当中国足协常务副主席张剑在电话中告诉他，中国足协要成立“道德与公平竞赛委员会”并希望他能担任主任时，他毫不犹豫地答应了，尽管当时的他还并不太了解这是一个什么样的机构。

通过“补课”，何家弘才了解到中国建立足联道德委员会是为了响应国际足联道德委员会的号召，而后者，这个 2006 年成立的机构也来头不小，作为国际足联三大司法机构之一，它可以对每一位国际足联官员进行惩罚，此前国际足联主席布拉特的“禁足令”就是由这个部门宣布的。

“道德委员会并不是针对球赛中发生的裁判误判等这些专业内容进行裁决，而是处理全球范围内与足球有关的腐败、种族歧视、操纵比赛等问题。”何家弘认为，这相当于国际足联中的纪检部门。

“由此可见，这项工作其实是和我的法学专业有交集的。”何家弘曾于 2006 年至 2008 年在最高人民检察院挂职担任渎职侵权检察厅副厅长，他认为足联道德委的工作其实与检察官工作有着不少共通之处，比如，接到某足协高官可能存在权钱交易等贪腐问题的线索之后，要通过证据搜集、梳理事实，举证质证来确定其是否真的存在问题。

2. “进军”国际足联

研究起草《中国足球协会道德与公平竞赛委员会工作规则（试行）》并对 9 名委员的工作制定计划。尽管目前中国足协道德与公平竞赛委员会的工作还处在起步阶段，但这却为何家弘带来了更进一步的机会。

2017 年春节刚过，何家弘便从中国足协综合部主任沈睿打来的电话中得知国际足联要补选一些委员会成员，中国足协决定推荐他去参选。

“推荐离当选还很遥远。”在提交了个人简历后，何家弘对此并未抱有多大信心。直到 5 月 5 日傍晚，他接到了一通来自国际足联的电话，在半个小时的交谈中，何家弘向对方介绍了自己从事法学研究工作以及担任中国足协道德委员会主任的情况。对方也告诉他，这项工作不会占用太多时间，除非有特别重大的案件，一年大概只开一两次会议。

当天晚饭时，何家弘告诉家人，自己可能真的要去国际足联了。

比朋友们的祝福略晚，5 月 20 日，何家弘收到了国际足联秘书长法蒂玛萨穆拉的来信，正式通知他当选为国际足联道德委员会调查庭委员。

“国际足联道德委员会的工作是调查与裁决相分离的。”何家弘向法治周末记者介绍，目前该委员会共有 16 名委员，调查庭与裁决庭各 8 人。这些成员基本都是国际知名的法学家，比如，负责调查庭的主席为瑞士律师考奈尔，负责裁决庭的主席为德国法官埃克尔特。

这让何家弘欣喜异常，因为能够加入其中不仅代表着自身能力被肯定，和这些国际法学精英共事更能让他的阅历和专业水平得到新的提升。

“不同于处理国内案件，国际足联面对的都是牵涉多国的复杂案情，这不仅要求法学知识过硬，更要懂得外交之道，协调处理各国间的关系。”何家弘准备通过工作来提升自己这方面的能力。

与目前在国际足联任职的竞赛委员会委员孙雯和球员身份委员会委员刘永灼不同，作为半个“圈外人”，何家弘算得上是首个进军国际足联的中国法律人。

“在足球专业知识上我需要不断补强，法律理论、反腐调查等方面则是我的优势。”目前，何家弘还没有真正参与国际足联道德委员会的相关工作，但他已做好准备，要在这项工作中展现中国法律人的风采与能力。

事实上，除了何家弘外，当前有一些中国法律人正在他们所任职的国际组织中“崭露头角”。

（二）他们成为国际大法官

辩护人迈克尔·卡尔纳瓦什一跃而起，措辞激烈，指责起诉人在萨布拉尼察大屠杀后所做的调查有失公允，没有核实一位目击证人当初提供给波斯尼亚警察的证词。

“必须让他闭嘴!”起诉人彼得·麦克洛斯基则暴跳如雷，厉声反驳，“这是蔑视法庭，没有规矩就会一塌糊涂”……

这是2002年在前南斯拉夫问题国际刑事法庭（以下简称前南国际刑庭）上发生的一幕，当时正在审理的是萨布拉尼察案，这个名不见经传的波黑小镇，在20世纪末由于种族灭绝事件成为世界的焦点。

“这是法庭，不是真相调查委员会。当事人双方必须尊重证人并作为法庭的同事相互尊重。如果这种情况继续出现，我们将不得不采取其他措施了。”面对法庭上的争斗，身着红黑相间法官袍服的首席法官，双手合十，平静的言语中又透露着威严，这是一张亚洲人的面孔——来自中国的法官刘大群。

由于在前南地区发生的严重违反国际人道主义法的罪行激起了国际社会的义愤，联合国于1993年5月25日通过827号决议成立了前南国际刑庭。

平日里有着彬彬有礼的态度和维持和谐的信念，在法庭上能以亚洲人的沉着、冷静和意味深长的幽默化解无数次激烈的争执，刘大群已经被不少人视为前南国际刑庭的支柱。

事实上，从年龄和任期来看，1950年出生的刘大群也算得上这个法庭的“元老”之一。

自从 2000 年被联合国秘书长提名作为前南国际刑庭法官来接替任期未满、因病辞职的中国法官王铁崖，到 2015 年 11 月 17 日正式担任前南国际刑庭副庭长，至今刘大群已经在这个法庭工作了 17 年，主审过多起重大案件。

而截至目前，前南国际刑庭共起诉了 161 人，所有被起诉者全部被缉拿归案，成为国际上最有效率的国际刑事审判机构。

同样作为“50 后”，1955 年出生的联合国国际海洋法法庭法官高之国的发展之路与刘大群有着不少相似之处。

为了填补中国法官许光健因身体原因辞职而出现的空缺，2008 年 1 月 30 日，在联合国总部举行的国际海洋法法庭法官补缺选举中，中国政府提名的候选人高之国以 136 票赞成、1 票弃权的表决结果被补选为法庭法官，接替许光健的职务。

成立于 1996 年的国际海洋法庭是《联合国海洋法公约》设立的解决有关公约解释和适用争端的重要司法机构。法庭由 21 名独立法官组成，均要求是在海洋法领域内具有公认资格的人士。

彼时，作为中国国家海洋局海洋发展战略研究所所长，高之国是国内外同行公认的国际能源法、环境法和海洋法专家。

在 2011 年 6 月 16 日举行的第 21 次《联合国海洋法公约》缔约国会议上，高之国在 149 个投票缔约国中，以 141 票的高票成功获得连任联合国国际海洋法法庭法官。

在“双重的男人世界”里，“我将光荣地、忠诚地、公正地、尽责地履行我作为法官的职责，行使我作为法官的权力”。

在荷兰海牙当地时间 2010 年 9 月 13 日上午 10 时，来自中国的身穿黑色法官长袍的薛捍勤在荷兰海牙和平宫现场约一百名各国外交官、国际法学专家及来宾的注视下庄重宣誓，成为国际法院继史久镛之后的又一位中国籍女法官。

当日，美国籍女法官琼·多诺霍同时宣誓就职，这是自 1946 年国际法院成立以来，首次有两位女性法官同时任职。在薛捍勤看来，有越来越多的女性加入主要国际司法机构的工作中，是社会文明的进步。

事实上，在就任国际法院法官的 4 个月前，薛捍勤刚刚当选为联合国国际法委员会第 62 届会议主席，成为该委员会历史上第一位女主席。

作为一名中国女性，薛捍勤在国际组织中锋芒尽显，这主要得益于其在外交部条约法律司的长期工作实践，曾任外交部条约法律司司长的她出席过许多重要的国际会议，主持过很多双边、多边国际谈判。

因此，在国际法院前首位中国院长、法官史久镛于 2010 年 5 月 28 日辞职留下空缺后，薛捍勤就成为最佳人选。

自宣誓就职后接下格鲁吉亚诉俄罗斯联邦这第一起案件，不到两年的时间薛捍勤便参与了9个案子的判决。与国内法院法官审理案件不同，“国际法院经常会三四个案子同时进行，且案子之间并无交集，一会儿是边界问题，一会儿是主权豁免问题，要看的卷宗都是一摞一摞的”。

除此之外，依照工作流程，当事国提交书面陈述之后要进行口头辩论，辩论之后的每一关，法官都要亲自写出自己对此的意见，工作量很大。

薛捍勤也因此被媒体冠以“铁娘子”“女强人”等称号。但其实她本人并不喜欢这些称呼。她曾幽默地表示，外交官和法学专家在常人看来应以男性为主，自己则处在这样一个“双重的男人世界”。

（三）WTO“龙女”

当前处在“双重男人世界”里的中国女法学家并不只薛捍勤一人。

2017年1月25日，中国国际贸易经济合作研究院副院长赵宏在瑞士日内瓦宣誓就任世界贸易组织（WTO）争端解决机构上诉机构成员，成为当前WTO上诉机构7名成员中唯一的女性。

值得一提的是，赵宏所接替的，在2016年10月结束8年工作任期的WTO上诉机构首位中国法官张月姣，同样是女性。

世界贸易组织上诉机构有着世界贸易“最高法院”之称，世界贸易组织成员之间发生贸易争端并提请世界贸易组织立案解决时，上诉机构报告作为“终审判决”具有强制执行力。

在世界贸易迅猛发展的当下，这一位置无疑具有强大的吸引力，因此，与赵宏一起“竞争”上岗的还有来自日本、尼泊尔、澳大利亚等国的6位候选人。

最终赵宏能够脱颖而出，除了有曾在中国外经贸部、反垄断局、世界贸易组织司等单位任职经历外，更重要的是她是个敢于为发展中国家发声、善于运用规则捍卫中国及发展中国家权益的“Dragon Lady”（龙女）。

这个名号缘于一件轰动WTO圈的事情。

2006年，美国、日本发起《反盗版贸易协定》，到了2010年已有39个国家就协定文本达成一致，但其谈判却是秘密进行，因为与现行WTO《与贸易有关的知识产权协定》相比，它有更强硬的知识产权保护标准，关系众多发展中国家的利益。

在该文本列入WTO与贸易有关的知识产权理事会的议程后，作为中国常驻WTO代表团公使衔参赞的赵宏代表中国做了40多分钟的演讲，其中引用世界贸易组织关于贸易政策透明度的规则，指出该协议是秘密谈判，且涉及众多成员利益，并从世界贸易规则的角度逐条评论了该协议违背或超出世界贸易规则的内容及后果。

最终，这个协议在欧盟议会的讨论中被否决，敢于发声并维护发展中国家利益的赵宏也因此一举成名。

这一次历经40多次面试才最终入选，赵宏在欣喜之余更是深感责任重大。

工作的第一年，赵宏就赶上了“案件海啸”之年，2016年WTO上诉机构一共作出了6个报告，而2017年预计约有20个报告上诉到上诉机构。

根据规定，上诉机构成员采取轮流方式处理案件，每一个案件由其中3位法官处理，3人对案件审理负全责，每一个报告的作出，都需要与其他几位法官沟通。因此，在日内瓦除了每周要工作7天，平时还要审阅大量的案件材料。

不过，在赵宏看来，裁决案件要依照法律，秉持独立公正和法治的精神，每一份裁决都要经得起历史的检验，这也是不断提高自身能力的过程。

（四）个人能力与经验

纵览这几位当前活跃在各国际组织的中国法学家的履历背景，除了赵宏没有找到明确的年龄信息外，其余几位均属“50”后。

对于这样的年龄层次，何家弘分析指出，“在国际组织任职，需要丰富的阅历和积累，更要在其专业领域有比较深刻的研究，具有一定的国际影响力，因此，年龄会相对偏大”。

不同于在国内机构工作，就职于国际组织不仅相关工作要以外语为主，更需要任职者熟知国际法律关系。

法治周末记者注意到，上述几位法学家均有在国外留学深造的经历，且大多有在外交部等涉及国际事务的政府部门工作的经历。

比如，刘大群与薛捍勤就都曾在外交部条约法律司任职。何家弘虽未在相关国际部门任职，但也有着多年在美国、英国、法国等海外讲学交流的经历。

这些在国际组织任职所需的“标配”，却恰恰是当前很多中国法律人所欠缺的。

国际法院每年都要招实习生和助手，这一难得的工作学习机会自然面临巨大竞争，往往是几百人争七八个位子。但薛捍勤却遗憾地发现，中国人往往在第一关就被刷掉了，因为有些中国学者虽然有过硬的理论知识，但英文的写作能力、调研能力却相对差一些。

“中国学者和企业在对外交流中语言能力不高，对外国的文化特点、法律环境一知半解，已成为一大短板。”薛捍勤直言，这对于中国“走出去”的战略发展是不利的。

张月姣对此也深有体会。如何培养更多的国内法律人才，让他们站上国际舞台？张月姣认为，应在提高法律、国际关系、国际政治经济等多领域知识的同时，注重培养他们的语言能力、抗辩能力、分析能力等综合素质。

“作为世界第一贸易大国，在上诉机构中理应有中国的代表。”当选WTO上诉机构成员后，赵宏的这一番话深刻表明了能够在国际组织中任职，不仅代表着个人荣誉，彰显的更是国家的实力和地位。

同样，在担任国际法院法官的工作中，薛悍勤曾针对审理的案件发表过几次个人反对意见，这其实是需要很大勇气和决心的，因为公布出来后所有的国际法学界都会研究这一意见。尽管挑战很大，但薛捍勤觉得“作为中国法官，我们的讲话在国际上有分量是相当自豪的”。

在前南斯拉夫问题国际刑事法庭多年的工作中，刘大群结合实际案例提出了共同犯罪组合的第三种类型不应适用在要求有特殊犯意的罪行中，继任指挥官应承担刑事责任以及弹劾法官的标准等一系列法律创新。突出的工作成绩也帮助其在2001年和2004年获得连任，并最终当选副庭长。

事实上，上述法学家中除了新近当选的何家弘与赵宏外，其余几位都在其国际组织岗位上获得过“连任”。在何家弘看来，中国法律人获得连任，表明了世界各国日益高度重视中国在国际事务中的地位和作用，也体现了各国政府和法律界对中国法律人综合能力的充分认可和肯定。

“在国际法院等重要国际司法机构中有中国法官任职，更是极大地提升了中国乃至众多发展中国家在国际问题上的话语权。”何家弘说。

作为现任国际海洋法法庭法官中5位亚洲法官之一的高之国就曾表示，自己的这一席位不仅代表了中国，在一定程度上也代表着发展中国家。

何家弘曾到过很多国家考察交流，近年来他越发感觉到，有越来越多的国外学者愿意主动和中国学者交流甚至是学习，这说明中国的国际影响力在不断地提升，而这些在国际组织中任职的中国精英功不可没。

国家实力和国际地位的上升，同样有助于助力更多国人加入国际组织中。

“我的成功连任与国家长期支持和投入密不可分。”连任联合国国际海洋法法庭法官后，高之国将其更多归功给了自己背后的强大“靠山”——祖国，“正是这个负责任的、不断上升中的大国为我提供了当选的台阶。”①

① 赵晨熙：“活跃在国际组织的中国法学家”，载《中国法律》2017年第3期，第118~125页。

附录八　第一个总部设在中国的国际组织——国际竹藤组织

国际竹藤组织（International Network for Bamboo and Rattan，INBAR）是第一个总部设在中国的、独立的、非营利性政府间国际组织，是唯一一家针对竹和藤这两种非木质林产品的国际发展机构。1997 年 11 月 6 日，中国、加拿大、孟加拉国、印度尼西亚、缅甸、尼泊尔、菲律宾、秘鲁和坦桑尼亚等 9 国共同发起并签署《国际竹藤组织成立协定》，成立国际竹藤组织。总部设在北京。

INBAR 的宗旨是，在竹藤资源可持续的前提下，促进竹藤生产者和使用者的福利。INBAR 通过开创新的竹藤应用，在环境和生态保护、扶贫与促进全球公平贸易方面发挥着独特的作用。INBAR 的全球合作伙伴网络把政府部门、私有部门和非政府组织联合起来，共同制定和实施竹藤促进包容性绿色发展的全球战略。

INBAR 的成立和发展受到东道国——中国政府的一贯大力支持。中国政府为 INBAR 专门成立中方协调领导小组，建造了总部办公大楼，并成立了国际竹藤中心（ICBR）支持 INBAR 开展研究、国际交流和培训等活动，为促进 INBAR 的顺利运作和发展发挥了至关重要的作用。

截至 2020 年 5 月，INBAR 成员数量达到 46 个，广泛分布在全球各地。

主要参考文献

1. 王铁崖．国际法［M］．北京：法律出版社，1995.
2. 饶戈平．国际组织法［M］．北京：北京大学出版社，1996.
3. 梁西．国际组织法（总论）［M］．武汉：武汉大学出版社，2001.
4. 杨泽伟．宏观国际法史［M］．武汉：武汉大学出版社，2002.
5. 曾令良，饶戈平．国际法［M］．北京：法律出版社，2005.
6. 葛勇平，孙珺．欧洲法析论［M］．北京：法律出版社，2008.
7. 邵津．国际法［M］．北京：北京大学出版社．高等教育出版社，2011.
8. 梁西．梁著国际组织法［M］．杨泽伟，修订．武汉：武汉大学出版社，2011.
9. 马呈元．国际法［M］．中国人民大学出版社，2012.
10. 葛勇平．国际关系理论与实践［M］．哈尔滨：哈尔滨工业大学出版社，2014.
11. 葛勇平．国际组织法［M］．北京：知识产权出版社，2018.

后记（第1版）

笔者一人无法完成本书《国际组织法》的全部工作。在此，衷心感谢所有直接和间接为本书的撰写与出版作出贡献的人，包括被我引用文献的作者们。

衷心感谢我的博士生导师 Gilbert Gornig 教授（我给他起了个中文名字：高内阁）。没有他的言传身教和鼓励，我难以获得德国马尔堡大学的国际法学博士学位；没有这个学位，我将不能在厦门大学、哈尔滨工业大学、河海大学的法学院教授国际法；没有他无私提供的部分书稿，本书的总论将不够系统和深入。Gornig 教授提供了德文的国际组织及联合国的基本理论。21 世纪以来，Gornig 教授几乎每年都来中国讲学，并到我工作的城市和学校与我会面，在讲座和促膝谈心中，良师成了良师益友。

衷心感谢厦门大学的陈安教授，2001 年，他热情邀请我的妻子和我到厦门大学法学院工作。衷心感谢时任院长廖益新教授和教学院长陈晓明教授，2004 年，安排我为在职法律硕士生讲授国际组织法课程。

衷心感谢武汉大学的梁西教授，他撰写的教材《国际组织法》质量非常高，我引用了许多处。我没有见过梁老本人，但认识他的一些学生，例如修订《梁著国际组织法》的杨泽伟教授。借每年的国际法、海洋法、欧洲法等学术年会，我从梁老的学生那里受益良多。杨老师近日微信我：梁老今年 94 岁，思路清晰，能上下四楼。闻之甚幸！

衷心感谢武汉大学的杨泽伟教授，他的学术著作《宏观国际法史》和《国际法析论》开阔了我的眼界。

衷心感谢北京大学的饶戈平教授，他主编的教材《国际组织法》质量非常高，还有其他学术论文，我引用了许多处。饶戈平老师对我的研究和教学工作非常关心，并进行了许多有益的指导和帮助，我在 2015 年出版的拙作《一个中国原则下两岸关系和平发展法律问题研究》中向他致谢，仍感觉很不足以表达我的敬意和谢意。

衷心感谢哈尔滨工业大学法学院的首任院长、后就职于国家法官学院的赵海峰教授，2005 年，安排我为本科生讲授国际组织法课程。

衷心感谢武汉大学的黄德明教授，他一直关心我的学术研究，编辑审定了拙文《论欧盟成员资格的取得标准与丧失》，发表在《法学评论》2009年第5期，预见了欧盟成员的退出，例如英国。黄老师的发表在《法学评论》1998年第6期的论文《略论欧洲共同体与欧洲联盟的法律人格》对我很有启发。

衷心感谢河海大学校长助理、法学院前任院长邢鸿飞教授、法学院现任院长杨春福教授、副院长陈广华教授、副院长晋海教授、国际法和比较法研究所所长孙珺教授对本书的指导和支持。

本书第二编和第三编的部分资料或初稿出自各届学生参与课程的部分作业，衷心感谢他们，特别是周俊伟、李运辰、崔佳怡、郭有利、王相臣、武术、孙淼淼、孟璐、于焕等女士和先生们。第四编所列的教学实例是在授课过程中与学生们密切互动的成果，当年上国际组织法课程时，许多学生配合我的课程安排，积极参与其中。如果那些如今已经工作的学生读到本书，还会在第四编模拟会谈“联合国安理会改革新闻发布会”和模拟谈判“南海六国七方会谈”及学生感想部分看到自己的影子，勾起一些校园青春的回忆。

衷心感谢河海大学法学院研究生苏铭煜、田雪协助收集资料。

衷心感谢责任编辑彭小华先生，他认真细致高效的工作态度令我非常钦佩。

最后，衷心感谢我的父母，特别是我的父亲葛步桃，今年81岁，近乎疯狂地喜爱阅读我的国际法学、国际关系学著作，不论质量如何。2008年出版的《欧洲法析论》把他折磨得够呛，也激发了他对欧盟的兴趣。2014年出版的《国际关系理论与实践》获得他的称赞，他说他读懂了，并认为教学实践很棒。

2015年，我父亲通过阅读和学习发现了问题：世界太乱。他分析了问题，认为根本原因是：个人私欲无法受到有效控制，导致各国政府（领导人）片面追求本国利益，忽视国际社会的整体利益。为了解决问题，他常常思考。在自我否定了“基因控制法”后，他郑重向我建议，以后联合国、各国领导人上任前，应该先经过国际法考试，合格后宣誓依据国际法工作才行。我说，“我帮你转达联合国啊。”后来，他多次提及此事，念念不忘。附录四介绍了联合国秘书长有关事项及历任秘书长，并提及“2016年4月12日，新任联合国秘书长的八位候选人开始接受安理会面试。候选人将与联大会员国对话，陈述其竞选主张。”对于联合国秘书长选任制度的改革，我父亲或许会以为，他的合理化建议被部分采纳了。

有如此关心国际大事和国际法的父亲，夫复何求！

那么多人指导我、扶持我，使我终身受益，我却无以回报。只能心存感激，努力做好自己的本职工作，教书和做研究。

葛勇平

河海大学法学院教授

2018年4月于南京

后记（第2版）

2020年年初，新冠肺炎病毒爆发，世界卫生组织命名其为“COVID－19”。3月11日，世界卫生组织宣布其构成全球性大流行。截至6月下旬，全球超过一千万人确诊感染，至少五十万人死亡。在应对国际性卫生安全危机的过程中，再次凸显了国际法、国际组织和国际团结与合作的关键作用。

2020年4月17日，第十三届全国政协第34次双周协商座谈会在北京召开。中国国际法学会会长黄进教授指出，要“完善法学学科体系，创新涉外法治人才培养机制”。联合国国际法委员会委员、外交部国际法咨询委员会主任委员黄惠康大使建议，“从战略高度推进高素质涉外法律人才队伍建设”，将国际组织人才队伍建设纳入涉外法治人才队伍建设的大盘子。他具体指出，应该发挥高校法科教育的资源优势，引进并对标国际组织职员选拔标准，强化外国语和外交实务教学，鼓励高素质涉外法律人才投身国际组织，开通国际组织高端人才快速培养通道等。①

在此过程中，国际组织法的教学与研究具有基础性的作用。本次《国际组织法》教材修订，意在继续为中国培养国际法学人才、为国际组织人才队伍建设贡献力量。

衷心感谢武汉大学梁西先生②和杨泽伟老师、北京大学饶戈平老师、厦门大学刘志云老师、南京大学张华老师、安徽师范大学史国普老师、西南政法大学杨永红老师等高校同行的关心、认可和探讨。

衷心感谢华东政法大学的张皎老师，应我想听取梁西先生的建议和意见之

---

① 黄进和黄惠康的发言，详见《国际法研究》2020年第3期，第7～17页。

② 2020年2月26日，生于1924年8月29日的国际法学家梁西先生逝世。他被视为中国国际组织法学的开拓者和重要奠基人。1977年年底，梁西先生在北京大学率先开设了国内有史以来第一门国际组织法课程，并构建出了研究国际组织法的基本体系。他在1984年出版《现代国际组织》一书，这是国内首部比较全面系统论述国际组织的专著，并于1993年出版《国际组织法》，对国际组织法的教学和研究具有开创性的贡献。陈恒：“梁西：中国国际组织法学的奠基人”，载《光明日报》2019年5月29日，第4版。

请，2018年10月24日下午，她微信我：

“我上午去了梁西老师家，提到您的那本书，他直接从座位右边的椅子上就拿出来了！”

“说是目录、框架、脚注、附录都看了，整体结构很合理，从脚注来看，参考的资料也很全面、丰富，附录部分的文件作为参考资料也体现了作者的用心。其中的内容梁先生还没来得及仔细阅读，但他说就在座椅旁边，将会仔细学习的。”

“他说，非常希望能够看到更多的人研究国际组织法。”

这些信息当时令我非常感动和鼓舞；如今觉得，应该继续认真完善。

张皎是曾令良先生①的众多优秀弟子之一，给本科生和研究生（留学生）用双语讲授国际组织法，令人钦佩。她把握了许多机会，向德高望重的前辈讨教，真是令人羡慕。

衷心感谢武汉大学的肖永平老师，他独著的《国际私法原理》给我留下了深刻印象，特别是该书附录的教学方法论文②，给我诸多启发。2012年10月25日和27日，在德国小城哥廷根和马尔堡，我们当面交流教学心得，非常难忘。

衷心感谢河海大学法学院2016级本科生的积极配合。他们在国际组织法课程中，进入角色，认真完成了模拟谈判“英国脱欧”和模拟会谈“伊朗核协议”，并总结个人得失。这些同学2020年本科毕业，希望他们学有所成。

衷心感谢河海大学法学院2017级本科生的积极配合。他们在国际组织法课程中，承受了我类似苏格拉底教学方法中的“拷问”，认真完成了与授课内容密切相关的课程报告，回答了问卷，为课程完善和教材修订提供了部分素材。

衷心感谢河海大学2020年重点教材立项项目的支持，感谢教务处陈磊处长、李丽萍、黄炜栋等老师的指导和督促。衷心感谢河海大学法学院2018年法学学科行动计划建设任务的支持，感谢法学院张秋野书记、陈广华、王春业、李祎恒等副院长、陈文琪、孙珺等老师的协助。没有学校、学院领导和同事们的支持，本书无法出版。

在《国际组织法》（第二版）的修订即将完成之际，衷心感谢张素英女士提

---

① 曾令良（1956—2016），国际法学家、教育部长江学者特聘教授、让-莫内欧洲联盟法讲席教授、武汉大学人文社科资深教授，在国际公法、欧盟法、世界贸易组织法等方面研究硕果累累。

② 肖永平：“法律的教与学之革命——利用多媒体开展国际私法教学的理念、模式和方法”，载肖永平：《国际私法原理》，法律出版社2007年版，第504～516页。

出她深念的卫生健康、失业、贫困和难民等涉及人类基本生存问题。我已把这些内容记录在第三版的修订备选清单中。

最后，衷心感谢知识产权出版社及责任编辑彭小华先生对我的信任，得以再次合作。我们都衷心希望，把《国际组织法》教材做成精品，惠及各方。

葛勇平

河海大学法学院教授

2020年6月于南京